ANARCHIE UND EVOLUTION

ANARCHIE UND EVOLUTION

Glaube und Wissenschaft in einer Welt ohne Gott

Von **BAD RELIGION**-Sänger
und Evolutionsforscher

GREG GRAFFIN

mit Steve Olson

riva

Bibliografische Information der Deutschen Nationalbibliothek:
Die Deutsche Nationalbibliothek verzeichnet diese Publikation in der
Deutschen Nationalbibliografie; detaillierte bibliografische Daten sind
im Internet über http://d-nb.de abrufbar.

Für Fragen und Anregungen:
info@rivaverlag.de

2. Auflage 2016
© 2011 by riva Verlag, ein Imprint der Münchner Verlagsgruppe GmbH
Nymphenburger Straße 86
D-80636 München
Tel.: 089 651285-0
Fax: 089 652096

Die amerikanische Originalausgabe erschien 2010 bei HarperCollins Publishers,
New York, unter dem Titel *Anarchy Evolution. Faith, Science and Bad Religion in a
World without God.* © 2010 by Greg Graffin. All rights reserved. This edition pub-
lished by arrangement with !t Books, an imprint of HarperCollins Publishers, LLC.

Übersetzung: Chris Wilpert
Redaktion: Caroline Kazianka
Umschlaggestaltung: Mary Schuck
Layout: William Ruoto
Satz: Daniel Förster
Druck: Books on Demand GmbH, Norderstedt
Printed in Germany

ISBN 978-3-86883-158-0
ISBN E-Book (PDF) 978-3-86413-110-3
ISBN E-Book (EPUB,Mobi) 978-3-86413-027-4

Weitere Informationen zum Thema finden Sie unter

www.rivaverlag.de

Gern übersenden wir Ihnen unser aktuelles Verlagsprogramm.

**Für
Allison, Graham und Ella
fcf**

**Für
Sarah und Eric
SO**

INHALT

1. KAPITEL

DAS AUTORITÄTS-
PROBLEM

»Majestät, diese Hypothese habe ich nicht benötigt.«[1]
Pierre-Simon Laplace

»Zur Strafe für meine Autoritätsverachtung hat mich
das Schicksal selbst zu einer Autorität gemacht.«[2]
Albert Einstein

Ich hatte schon immer ein Problem mit der Anerkennung von Autoritäten. Als ich die dritte Klasse der Lake-Bluff-Grundschule am Rande von Milwaukee besuchte, wusste meine Lehrerin Wanda Rood genau, dass ich es hasste, mit meinem vollen Namen Gregory aufgerufen zu werden. Für meine Freunde und meine Familie war ich stets nur Greg gewesen, und immer wenn Miss Rood mich Gregory nannte, um mich zu demütigen oder einzuschüchtern, kochte ich vor Wut. Eines Tages schließlich, als ich im Unterricht zu viel mit meinen Freunden redete, sagte Miss Rood:»Gregory, gibt es etwas, das du uns allen mitteilen möchtest?« Ich antwortete:»Nennen Sie mich nicht Gregory, Wanda.«

Als meine Mutter hörte, was ich gesagt hatte, lachte sie.»Dein loses Mundwerk wird dir noch viel Ärger einbringen«, meinte sie. Und den bekam ich auch, vor allem als meine Mutter von dem Gespräch mit dem Schuldirektor zurückkam. Insgesamt jedoch schimpfte sie mich und meinen Bruder selten für die rebellischen Dinge, die wir als

Kinder anstellten. Vielleicht befürchtete sie, dass sie auch das Gute vertreiben könnte, wenn sie das Böse unterdrückte.

Wir alle werden Tag für Tag mit Meinungen von Leuten bombardiert, die uns vorschreiben wollen, wie wir zu handeln und zu denken haben. Politiker versuchen, uns davon zu überzeugen, dass sie die Lösungen für die Probleme der Welt haben und wir uns nur ihrer Sache anschließen müssen. Priester, Pastoren und Imame erzählen uns, dass wir ein Leben in Übereinstimmung mit uralten Regeln führen sollen, da wir ansonsten die Konsequenzen im Leben nach dem Tod zu tragen haben. In der Werbung, in Filmen, im Radio, in Fernseh-Talkshows, selbst in Musik und Büchern sind wir permanent mehr oder weniger subtilen Botschaften ausgesetzt, wie wir uns verhalten sollen.

Noch alarmierender als die Vielzahl dieser Aufforderungen ist jedoch oftmals die Intoleranz ihrer Vertreter. Mein ganzes Leben lang war ich den dogmatischen und fundamentalistischen Einstellungen von Autoritätspersonen unterworfen. Vielleicht habe ich ja eine angeborene Abneigung gegen Autorität, aber ich habe auch den Eindruck, dass ich inmitten von Fundamentalismus aufgewachsen bin – und es scheint so, als ob dieser heute immer machtvoller wird. Meine Vorfahren waren streng evangelisch, aber immerhin respektierten meine älteren Verwandten jedermanns Recht auf Glaubensfreiheit. Heute kann ich keine Zeitung mehr aufschlagen, ohne von religiösen Fanatikern zu lesen, die Bomben explodieren lassen, die sie sich an den Körper gebunden haben, oder die Abtreibungsbefürworter zu Tode schikanieren. Politische Parteien stellen ihren Mitgliedern die Gretchenfrage, um sicherzugehen, dass sie bei wichtigen Entscheidungen nicht von der Parteilinie abweichen. Auch in den beiden Bereichen, in denen ich mich den Großteil meines Lebens bewege – Musik und Wissenschaft –, bin ich oft mit Autoritäten aneinandergeraten, die an überkommenen Dogmen festhalten und auf anmaßende Weise Loyalität fordern.[3]

Es gibt zwei Möglichkeiten, diesen Forderungen zu begegnen. Die eine ist, darauf einzugehen – entweder vorbehaltlos oder skeptisch. Viele meiner Freunde sind religiös und haben mir unterschiedlichste Erklärungen für ihren Glauben gegeben. Die einen sagen:»Ich will in den Himmel kommen und ewig leben.«»Ich möchte keine Sünde begehen«, antworten andere oder:»Ich will ein gutes Leben nach dem Vorbild der Märtyrer führen.«Diese Antworten ähneln denen meiner nichtreligiösen Freunde, wenn ich sie frage, warum sie sich den Forderungen der Autoritären beugen:»Weil ich nicht unangenehm auffallen will«,»Das Leben ist einfacher, wenn man Konflikte vermeidet«oder »Ich habe keine eigene Philosophie, also versuche ich es mit der von jemand anderem«. Es gibt offenbar viele Wege, sein Verhalten vor sich und anderen zu rechtfertigen.

Die zweite Möglichkeit ist, der Autorität Widerstand zu leisten, entweder im Stillen oder in lautem Protest. Als Bad Religion 1988 das dritte Album *Suffer* veröffentlichte, war auf dem Cover ein brennender Teenager abgebildet, der in einer makellosen Vorstadtsiedlung stand. (Dieses Bild fiel mir und meinem Freund Jerry, der es malte, ein, als wir in einem Restaurant in L. A. am Salatbüfett arbeiteten.) Das Bild fing gleichermaßen die Wut, die Machtlosigkeit und den Trotz meiner Jugendjahre ein, Emotionen, die das Songwriting und die Auftritte in den Anfangstagen der Band befeuerten. Und es schien auch eine nachhaltige Wirkung auf viele Bad-Religion-Fans zu haben, denn ich habe Hunderte von Oberkörpern und Armen gesehen, die ein»Suffer Boy«- Tattoo schmückte.

Wenn man sich den Autoritäten widersetzt, gibt es allerdings ein großes Problem: Worauf kann man sich noch verlassen, wenn man sich auf sie nicht verlassen kann? Viele Leute fühlen sich unwohl, wenn sie die Sicherheiten aufgeben, auf denen ihr Leben gründet. Ohne das Fundament des Glaubens scheint ihre Existenz keinen Sinn und keine Bedeutung zu haben. Religiöse Menschen glauben zum Beispiel oft, dass es ohne Religion keine Moral geben kann. Sie gehen davon aus, dass die Menschen ihren freien Willen dazu nützen würden, schreckliche Dinge zu tun – Diebstahl, Vergewaltigung und Mord –, wenn sie nicht daran glauben würden, dass ein liebevoller Gott über sie wacht und sie auf den rechten Weg führt.

Für diejenigen von uns, die ohne übernatürliche Mächte auskommen, ist das eine ziemlich eigenartige Überzeugung, die unser Leben als abartig und amoralisch brandmarkt. Außerdem ist diese Annahme empirisch nicht haltbar, denn in den am wenigsten religiösen Ländern gibt es, statistisch gesehen, die gesetzestreuesten und großzügigsten Bürger.[4] Wie Philosophen seit der Zeit von Sokrates betont haben, macht solch ein Glaube auch gar keinen Sinn.[5] Entweder ist es falsch, anderen Menschen Unrecht zu tun, dann ist Gott dabei unnötig, oder es ist richtig, anderen Unrecht zu tun, dann sind Gottes Ermahnungen unsinnig.

Manche Leute haben eine ganz grundlegende Angst. Ich hatte einmal Freunde, die waren überzeugt, dass ihnen in ihrem Leben ein langer und einsamer Abstieg in Richtung nihilistischer Anarchie bevorstehen würde, wenn sie ihren Glauben an Gott, eine spirituelle Macht oder ein »höheres Ziel« infrage stellen würden. Sie fürchteten, dass sie sich dann selbst bloß als seelenlose Tiere empfinden würden, als einen biologischen Mechanismus, als Bruchstücke eines vergänglichen Bewusstseins, das bald für immer verschwunden wäre.

Diese Befürchtung ist nicht völlig unberechtigt. Die natürliche Welt und der evolutionäre Prozess, die uns hervorgebracht haben, sind anarchisch. Und unsere Existenz hat kein definiertes Ziel. Wir werden von Eltern geboren, die uns lieben – wenn wir Glück haben – und die wollen, dass wir im Leben gut zurechtkommen. Aber wir wurden nicht mit einer göttlichen Bestimmung auf die Welt geschickt, die sich nur in einer spirituellen Welt offenbaren kann.

Allerdings begehen die Menschen einen großen Fehler, wenn sie aus der Anarchie der physischen Welt schließen, dass das Leben keinen Sinn hat. Ich bin sogar zu der gegenteiligen Überzeugung gelangt. Die Sinnlosigkeit der natürlichen Welt unterstreicht nur die enorme Bedeutung, die unserer menschlichen Welt innewohnt.

Ich habe lange gebraucht, um herauszufinden und beschreiben zu können, auf was ich mich anstelle der Autoritäten verlassen kann. Ich musste mit unterschiedlichen Vorstellungen experimentieren und in die Welt hinausgehen, um zu sehen, welche Vorstellungen funktionieren und welche nicht. Was für mich funktioniert, mag für jemand anderen nicht funktionieren. Dennoch bin ich bei meiner Suche nach

Sinn auf ein paar Dinge gestoßen, die meiner Meinung nach auch andere wissen sollten.

+

Ich hatte das große Privileg, mein Leben am Schnittpunkt von Kunst und Wissenschaft zu führen – oder besser gesagt, am Schnittpunkt von Evolutionsbiologie und Punkrock. Auf den ersten Blick haben diese beiden Bereiche nicht viel gemeinsam. Wenn ich an der UCLA (Universität von Kalifornien in Los Angeles) Biologie lehre, wissen die wenigsten der Studenten, dass ich der Sänger von Bad Religion bin, obwohl ich ab und an jemanden entdecke, der sich auf seinem Laptop offensichtlich gerade einen meiner Auftritte anschaut. Und wenn ich auf der Bühne stehe, wissen oder kümmert es die wenigsten, was ich im Rahmen der Evolutionsbiologie geleistet habe. Für mich gibt es zwischen diesen beiden Bereichen eine tiefer gehende Gemeinsamkeit – das Feiern der Kreativität, die dem Leben innewohnt –, und das macht diese Kombination gar nicht mehr so ungewöhnlich.

Für religiöse Leute ist die ganze Schöpfung ursprünglich auf Gott zurückzuführen, aber ich habe nie an Gott geglaubt. Meine Eltern haben mir diesen Glauben nie aufgedrängt, und ich habe keinen Grund gesehen, ihn zu übernehmen. Ich habe nie das Gefühl gehabt, dass irgendeine meiner Handlungen durch eine Kraft jenseits der Natur, die die physische oder biologische Welt beeinflusst, verursacht worden wäre. Wenn es dafür irgendeinen Beweis gäbe, müsste ich meine Überzeugungen komplett überdenken. Aber ich glaube nicht, dass es diesen Beweis gibt, und auch die meisten religiösen Menschen erwarten weder, dass so etwas bewiesen werden kann, noch wünschen sie es grundsätzlich. Für mich ist die Existenz oder Nichtexistenz Gottes gar kein Thema.

Wenn jemand mich nach meiner Weltsicht fragt, antworte ich, ich sei ein Naturalist. Die meisten denken bei diesem Begriff an jemanden, der viel Zeit draußen verbringt, Vögel beobachtet und die Landschaft bewundert – diese Beschreibung trifft tatsächlich auch auf mich zu.

Aber für mich ist Naturalismus eher eine Philosophie als ein Lebensstil. Philosophisch gesehen, glauben Naturalisten, dass das physische Universum das *ganze* Universum ist. Anders gesagt, es existieren keine *über*natürlichen Instanzen oder Mächte, die in der Natur wirken, weil es empirisch nicht zu beweisen ist, dass es etwas außerhalb oder jenseits der Natur gibt. Naturalisten gehen davon aus, dass das Universum bloß auf vier Dingen aufbaut: Raum, Zeit, Materie und Kraft – das war's.[6] Im Universum können Materie und Kraft im Laufe der Zeit eine im Wesentlichen unendliche Anzahl von Kombinationen eingehen, die für komplexe Systeme über längere Zeiträume nicht mit Bestimmtheit vorhergesehen werden können.[7] Aber Materie und Kraft beeinflussen weder übernatürliche Mächte, noch werden sie von ihnen beeinflusst.

Ich wurde Punker, lange bevor ich mich selbst als Naturalist sah, aber eigentlich haben diese beiden Weltbilder vieles gemeinsam. Idealerweise umfasst Punkrock die Freude am Experiment, Vertrauen in Vernunft und Beweiskraft und Misstrauen gegenüber allgemein akzeptierten Vorstellungen. Genauso geht es in den Wissenschaften, die auf einem naturalistischen Weltbild aufbauen, um Zweifeln und nicht darum, sich auf ein Dogma zu verlassen. Wenn eine neue Idee aufkommt, die bewiesen werden kann, müssen wir das Althergebrachte überdenken. Würde Darwin heute leben, würde er sich meines Erachtens der Idee von Punkrock verbunden fühlen.

Weder Punkrock noch der Naturalismus liefern Vorgaben, wie wir unser Leben zu leben haben. Sie beantworten keine der grundsätzlichen Fragen, mit denen wir konfrontiert werden. Ist eine Person gut oder böse? Wie sollen wir uns ihr gegenüber verhalten? An wen können wir uns wenden, wenn wir Hilfe suchen? Auf was und wen können wir vertrauen? Logisches Denken spielt nur eine kleine Rolle bei der Beantwortung dieser Fragen. Der Großteil unseres Lebens verläuft vielmehr spontan, instinktiv und scheinbar automatisch. Das Bewusstsein, was wir kontrollieren können und was nicht, ist allerdings essenziell für die Beantwortung dieser Fragen.

Meiner Meinung nach liefert die Evolution den Rahmen für unser Leben. Sicher, der Glaube an die Evolution führt zu manchen Überlegungen, die für tiefes Unbehagen sorgen können. Aber wenn es um wichtige Fragen geht, müssen wir nach der Wahrheit suchen, selbst wenn die Wahrheit schwer zu akzeptieren ist. Naturalismus kann die Grundlage bilden, auf der ein stimmiges und einheitliches Weltbild aufbaut und von der aus wir wichtige Entscheidungen treffen können. Ich würde sogar behaupten, dass es die einzige Perspektive ist, die sowohl unser individuelles Glück als auch unser Überleben als Spezies gewährleistet.

+

Bis ich 15 wurde, wusste ich nicht viel von der Welt. Ich kannte nur einen kleinen Teil davon: den Südosten von Wisconsin. Meine Eltern waren nicht religiös (obwohl mein Urgroßvater mütterlicherseits, Edward M. Zerr, in der ersten Hälfte des 20. Jahrhunderts ein namhafter Verfasser von Bibelkommentaren war). Sie waren beide Akademiker, arbeiteten an der Universität und machten meinen Bruder und mich mit Carl Sagan, Andy Warhol, *Monty Python*, *Saturday Night Live* und Pop-Radio vertraut.[8] Schon als Kind wollte ich Sänger werden. Bis zur Highschool hatte ich nie einen besseren Notendurchschnitt als eine Zwei minus, und auch danach war ich kein besonders guter Schüler. Zusammengefasst gesagt: Die *großen* Fragen des Lebens spielten in meiner glücklichen Kindheit keine Rolle. Ich war zufrieden mit der Liebe meiner Familie und mit meinem Freundeskreis.

Als ich in der zweiten Klasse war, trennten sich meine Eltern. Die Umstellung, in zwei Haushalten zu leben, fiel meinem Bruder und mir eher leicht. Unter der Woche, nach der Schule zum Hausaufgabenmachen und für den normalen Tagesablauf, wohnten wir bei unserer Mutter in ihrem neuen Haus in einem Vorort von Milwaukee namens Shorewood. Unser Vater lebte weiter in unserem alten Haus in Racine, das vierzig Kilometer südlich von Milwaukee liegt. Bei ihm verbrachten wir die Wochenenden und den Großteil unserer Sommerferien. Wir waren dann jeden Tag stundenlang im Freien, fuhren Fahrrad oder trieben mit den Kindern aus der Nachbarschaft Sport – einige davon gehören heute immer noch zu meinen besten Freunden. Meine Eltern kamen auch nach der Trennung noch gut miteinander aus, sodass wir nicht mit einem zermürbenden Scheidungskrieg belastet wurden. Ich würde mein Leben damals zwar nicht als idyllisch bezeichnet haben, aber im Rückblick erscheint es mir doch denkbar nah an die Vorstellung von einer großartigen amerikanischen Kindheit heranzukommen.

Eines Tages – ich war noch in der sechsten Klasse – bat meine Mutter mich und meinen Bruder, am Esstisch Platz zu nehmen. Sie eröffnete uns, dass sie eine Anstellung in der Verwaltung der UCLA angenommen habe und dass wir drei nach Kalifornien ziehen würden. Meine erste Frage war: »Und was ist mit den Erdbeben?« Sie versicherte uns, dass die nicht besonders oft vorkämen (obwohl ich in der Zwischenzeit einige erlebt habe). Meine zweite Frage war: »Und was ist mit unserem Vater?« Sie erklärte uns, dass wir weiterhin jeden Sommer und die Weihnachtsferien bei ihm verbringen würden, so wie wir es bisher auch getan hatten.

Als wir 1976 nach Kalifornien umzogen, war alles anders und neu. Als Mittelstufenschüler, der noch nie in den Bergen oder in der Wüste gewesen war, fand ich es dort ungemein heiß, trocken und fremdartig. Auch meine Altersgenossen waren ganz anders als in Wisconsin – viel cooler als ich und, zumindest anfangs, auch viel unfreundlicher als meine Kumpane in Wisconsin. Die Mädchen schienen viel erfahrener im Umgang mit ihrer Sexualität und ihrer Kleidung. Sie interessierten sich für Mode und schlossen jeden aus, der für sie anders war.

Ich hatte dunkelbraune gewellte Haare, die sich unmöglich in eine Frisur ummodeln ließen, die irgendwie der angesagten Rock-'n'-Roll-Haartracht der 1970er nahekam. Meine Kleidung bestand aus Veloursshirts vom Discounter und Cordhosen, weil die viel billiger waren als Jeans. Ich besaß billige Schuhe, die auch von Discountern stammten, immer abgetragen waren und von blöden Logos geschmückt waren, die nur die Markenlogos der Schuhe, die die anderen Kinder trugen, imitierten. Mein Zehn-Gang-Rad von Schwinn war so schwer und träge, dass man damit weder springen noch rutschen konnte. Mein taubenblaues Plastik-Skateboard mit lauten Reifen und offenem Reifenlager war völlig ungeeignet für die in Südkalifornien so beliebten Skateboard-Parks. Ich war in meinem ganzen Leben auch noch nie am Meer gewesen und hatte mir den Strand als einen Ort vorgestellt, wo es nur ums Schwimmen ging, nicht um ein Symbol für eine Lebenseinstellung.

Als ich nach Kalifornien kam, fragten mich meine Altersgenossen als Erstes:»He, Mann, stehst du auf Partys?«Natürlich dachte ich dabei an unsere Kinder-Neujahrspartys zu Hause in Racine. Dann blieben wir bis nach Mitternacht auf, aßen Eis und tranken Limonade. Es dauerte rund sechs Monate, bis ich begriff, dass»Party«eine Umschreibung für High-Werden war. Viele meiner Mitschüler kamen in der siebten Klasse mit roten Augen, einem euphorischen Grinsen und nach Gras riechend in den Unterricht. Meine Klassenkameraden im Werkunterricht hatten geheime Projekte laufen, die sie nur hervorholten, wenn der Lehrer gerade seine Zigarettenpause machte. Ihre Projekte bestanden aus gebrauchten Polyurethane-Zylindern, die an der Unterseite verschlossen waren, oben glatt geschliffen und in die mit dem Handbohrer einige Löcher gebohrt waren. Ich wunderte mich sehr darüber, bis einer meiner Klassenkameraden meinte:»Alter, schau dir mal meine Bong an. Die ist doch geil, oder?«Ich hatte nicht nur keine Ahnung, was eine Bong war, sondern konnte auch weder mit dem Adjektiv etwas anfangen, das er gebrauchte, noch wusste ich, warum er sie versteckte. Alles, was ich begriff, war, dass da eine geheime Sache lief und dass ich nicht eingeweiht war.

Wer seinen sozialen Status an meiner Schule verbessern wollte, musste mit seinem Wissen über die Rock-'n'-Roll-Kultur prahlen und seine geheime Sammlung schwarzer Schönheiten, Quaaludes und Joints vorzeigen.[9] Wenn man bei diesen Spielchen mitmachte, gehörte man dazu, war einer der Eingeweihten. Wenn man sich aber nicht traute mitzumachen, war man sozial geächtet und als Verlierer abgestempelt. Anders gesagt: Wer sich mit dem Strom bewegte, nichts hinterfragte und von sich überzeugt war, wurde akzeptiert und mit sozialer Achtung belohnt. Wenn man die Norm hinterfragte oder sich nur irgendwie anders verhielt, stand einem ein ungemütlicher sozialer Abstieg bevor.

Entgegen dem Mythos, dass das Leben in Kalifornien frei und einfach sei, führte mir meine Schulzeit deutlich vor Augen, dass es nur wenige akzeptierte Möglichkeiten gab dazuzugehören. Ich fühlte mich in meinem sozialen Umfeld in Wisconsin wesentlich wohler, aber für solche Leute war kein Platz an der Spitze Amerikas. In Kalifornien wurde ich daher zu einem Einzelgänger.

Ich hing also mit den Leuten herum, die als Streber, Langweiler, Nieten, Weicheier und Schlappschwänze abgestempelt waren – den Luschen. Wir verbrachten einen Großteil unserer Zeit damit, Musik zu hören und darüber zu reden, ein Hobby, dem ich bereits in Wisconsin mit Hingabe nachgegangen war. Mit den Bands, die die»Fertigen« hörten, also die, die Drogen nahmen und Led Zeppelin, Rush, Kiss, Foreigner, Styx, Ted Nugent, Bad Company, Lynyrd Skynyrd und so weiter bevorzugten, konnte ich allerdings nichts anfangen. Ich interessierte mich für andere Musik.

Gegen Ende der Mittelstufe wurde ich von einer neuen Szene angezogen, die in Kalifornien gerade erst Gestalt annahm – den Punkrockern, die nichts mit dem Mainstream am Hut hatten und von den meisten Highschoolschülern in Los Angeles verachtet wurden. Punk war zu der Zeit ebenso eine ästhetische und philosophische Haltung wie ein Musikgenre. Punk lehnte Autorität jeder Art ab, und ich bin mir sicher, dass das der Grund war, warum ich das Ganze so reizvoll fand. Es passte auch zu dem anarchischen Geist, der mein Leben in Kalifornien ausmachte. Punk-Kids schienen in Bezug auf das, was die kalifornische Kultur versprach, vollkommen desillusioniert. Die Hoffnungen und Träume der Eltern der meisten waren nicht in Erfüllung gegangen, und so waren viele Teenager auf sich allein gestellt, weil in ihrem ruhigen Vorortzuhause keiner war, der sich um sie kümmerte. Scheidungen nahmen zu, und viele alleinstehende Eltern, so auch meine, mussten sich abmühen, um genug Geld aufzubringen, um den amerikanischen Traum bezahlen zu können. Von den Kindern wurde erwartet, dass sie sich anständig benahmen und sich Beschäftigungen suchten, die nicht destruktiv oder illegal waren. Die Vororte von Los Angeles wuchsen so rasant und großflächig, dass die ganze Region zu

einem einzigen urbanen Gefüge wurde. Die größte Ironie des Vorort-
ideals von Los Angeles liegt darin, dass viele der Vororte letztlich die
schlimmsten Aspekte des großstädtischen Lebens übernommen haben.
Schwangerschaft im Jugendalter, Drogenmissbrauch, Diebstähle und
das Fehlen elterlicher Fürsorge – aufbauend auf der falschen Annahme, dass Vororte ein sichereres Pflaster seien als die Innenstadt – führten zu einer gefährlichen Mischung bei vielen der Kinder in den Vor-
orten. Diese Konstellation verschaffte der kalifornischen Punkszene
ihren Aufschwung. Kalifornischer Punk bestach durch ein chaotisches
Zusammenströmen von Einflüssen, von Surf über Reggae und Folk
bis hin zu Pop war alles dabei. Die Musik war so vielseitig wie die
kulturelle Palette in und um die Weltstadt Los Angeles selbst. Der jugendliche Zwiespalt, der aus diesem Gemisch entstand, sickerte in das
kollektive Bewusstsein der Punkbewegung durch. Punks, die ganz im
Gegensatz zur stillschweigenden Konformität des vorstädtischen Ka-
liforniens standen, wurde sowohl mit Furcht als auch mit Verachtung
begegnet.

Mit 15 wurde ich Punk. Ich schnitt mein welliges Haar ganz kurz,
färbte es pechschwarz und malte mit einer Schablone schwarze Buchstaben auf meine T-Shirts. Ich ging nie so weit, mir Piercings stechen
oder mich tätowieren zu lassen, aber auf Fotos und Videos aus der Zeit
wirke ich dennoch wie ein bedrohlicher junger Punk. An meiner Highschool gab es drei Punks, und jeder von uns wurde irgendwann einmal
von den Leuten an der Schule zusammengeschlagen, weil die was gegen unser Aussehen oder gegen unseren Musikgeschmack hatten. Ich
wurde auch täglich von einem Lehrer verspottet, dessen Klassenzimmer sich neben meinem Spind befand. »Punkrock!«, rief er jedes Mal
im gleichen sarkastischen und abfälligen Tonfall. »Müssen wir uns
deswegen Sorgen machen?« Dass ein Lehrer mich richtig schikanierte,
war für mich eine völlig neue Erfahrung. Meine Eltern waren beide
Dozenten, die niemals jemanden deswegen niedergemacht hätten, weil
er seine Individualität ausdrückte.

Die Gewalt durch andere Schüler schüchterte mich ein und bestärkte mich gleichzeitig. Sie zeigte mir, wie schwach die meisten der

Konformisten eigentlich waren und wie leicht sie so weit getrieben werden konnten, dass sie die Kontrolle verloren. Ich fand einen großartigen Rückhalt in der Gemeinschaft der Punker, die von anderen Schulen kamen, aus anderen Wohngegenden oder anderen Kulturen und die doch alle ähnliche Erfahrungen von Unterdrückung und Ablehnung gemacht hatten. Ich entdeckte, dass es durchaus einen Weg gab, mit meiner sozialen Entfremdung in meiner Umgebung an der Westküste klarzukommen. Dazu musste ich Fragen stellen und Herausforderungen annehmen und mich nicht einfach anpassen und alles akzeptieren. Das Beste an dieser Zeit als jugendlicher Punk war, dass ich lernte, ein Individuum zu sein.

Als ich in die zehnte Klasse kam, war ich von der Szene an der Schule völlig abgeschottet. Ich lebte bloß für die Sommer, die ich in Wisconsin mit meinen alten Freunden verbringen konnte. In Los Angeles war ich die meiste Zeit allein oder mit den wenigen anderen Ausgestoßenen zusammen, die die tägliche Bürde, als Punk beleidigt zu werden, auf sich nahmen.

Zwei Dinge bewahrten mich davor, während der Highschool in eine bedeutungslose Existenz abzudriften. Die erste war die Musik. Ich freundete mich mit einem Jungen an, der zwei Klassen über mir war, er hieß Brett Gurewitz. Er war wie ich Punk, interessierte sich nicht für die Schule, war aber sehr klug. Er wollte eine Band gründen, hatte Gitarren, Mikrofone und eine PA-Anlage, aber er hatte kein Vertrauen in seinen Gesang. Ein gemeinsamer Freund stellte uns einander mit den Worten vor:»He, Brett, das ist Greg – er ist ein großartiger Sänger.« Ehrlich gesagt, hatte ich bis zu diesem Zeitpunkt noch nie in meinem Leben ein Mikrofon in Händen gehalten. Aber irgendwie war es mir gelungen, meinen Freund davon zu überzeugen, dass ich ein erfahrener Sänger war. Innerhalb einer Woche schrieben und spielten Brett und ich Songs zusammen, er als Gitarrist und ich als Sänger. Brett kannte noch einen Schlagzeuger, Jay Ziskrout. Als wir das erste Mal zusammen probten, schrie ich mir die Seele aus dem Leib, und wir waren alle der Meinung, dass wir so gut gewesen waren, dass wir uns in einer Woche wieder treffen würden. Wir überredeten noch einen weiteren

Freund, Jay Bentley, von Gitarre auf Bass umzusteigen. Innerhalb eines Monats waren wir eine Vier-Mann-Band mit sechs Songs, die Brett und ich geschrieben hatten. Von da an probten wir jeden Tag in der Garage meiner Mutter – ein drückend heißer und dunkler Raum, der abseits des Hauses lag und den wir liebevoll das »Höllenloch« nannten. Schließlich mussten wir uns mit einem Problem auseinandersetzen, das alle neuen Bands haben: Wie sollten wir uns nennen? Viele Leute fragten uns nach dem Namen unserer Band. Schließlich trafen wir nach vielen Stunden Brainstorming eine Entscheidung. Wir waren damals fünfzehnjährige Punks und wollten die Leute vor den Kopf stoßen. Alles, was Eltern, Lehrer und andere Autoritäten ärgern würde, erschien uns erst einmal gut. Außerdem suchten wir nach einem Namen, der als Logo für Aufkleber und T-Shirts geeignet war. Wir hatten viele verlockende, aber auch unmögliche Vorschläge. Smegma, Vaginal Discharge und Head Cheese wären für ein Logo durchaus passend gewesen, wurden aber abgeschmettert, weil sie den Inhalt unserer Songs nicht repräsentierten. Wir überlegten viele Namen, die das Wort »Bad« enthielten – Bad Family Planning, Bad Politics. Als uns schließlich Bad Religion einfiel, fanden wir das perfekt. Denn in diesem Jahr, 1980, hatten Fernsehevangelisten wie Jimmy Swaggart, Pat Robertson und Jim Bakker großen Erfolg.[10] Im Jahr davor hatte der fundamentalistisch-baptistische Pastor und Fernsehprediger Jerry Falwell die Moral Majority gegründet, die großen Einfluss auf den Wahlkampf zwischen Jimmy Carter und Ronald Reagan ausübte.[11] Religion war ein heißes Eisen, und diese Fernsehprediger erschienen uns ein geeignetes Ziel zu sein, obwohl wir nicht damit rechneten, dass sie länger als ein paar Jahre eine Rolle spielen würden. Da die meisten Leute in puncto Religion sehr empfindlich waren, konnten wir sicher sein, dass viele sich durch unseren Namen angegriffen fühlen würden – ein großes Plus für den Namen! Und dann hatte Brett die Idee für ein Logo, das genau unseren philosophischen Standpunkt abbildete. Damit war die Sache komplett.

30 Jahre später ärgern sich immer noch Leute über den Namen Bad Religion. Ebenso wie über unser Logo – ein Kruzifix mit einem

roten Strich quer darüber (es wurde als Crossbuster bekannt). Aber keiner von uns bereute je die Entscheidung für den Namen und das Logo. Für uns war der Crossbuster das Gleiche wie ein Parkverbotsschild. Wer das Logo aufhängte, signalisierte: Hier gibt es kein Christentum. Der Name und das Logo zeigten auch von Anfang an, dass wir eine Band waren, die sich Gedanken machte, dass unsere Songs einen philosophischen Ansatz hatten. Sie hielten uns auch die Leute vom Leib, die jeglicher Musik äußerst kritisch gegenüberstanden, die Konventionen infrage stellte. Kurz gesagt: Das Ganze gab uns die Freiheit zu tun, was wir wollten.

Die andere Sache, die mich während der Highschool rettete, war, dass ich die Wissenschaften und insbesondere die Evolution für mich entdeckte. Zu Weihnachten 1977 bekam ich von meiner Mutter ein Buch mit dem Titel *Atlas of Early Man* von Jacquetta Hawkes geschenkt, ein Buch, das immer noch in meinem Bücherregal steht.[12] Es zeichnet die Geschichte der Menschheit über 35 000 Jahre bis zur Gegenwart nach, verfügt über viele Bilder und Zeittafeln, die wichtige Entwicklungen veranschaulichen. Ich habe das Buch in der Mittelstufe sehr genau gelesen, habe aber nicht alles verstanden, weil darin Überlegungen enthalten sind, die zu der Zeit zu kompliziert für mich waren. Aber die grundsätzliche Erzählung war so fesselnd, dass ich die wesentliche Chronologie der menschlichen Kultur durchaus begriff.

Zwei Weihnachten später schenkte meine Mutter mir das Buch *Origins* von Richard Leakey und Roger Lewin, das die Entwicklung der Menschen von ihren affenartigen Vorfahren beschreibt.[13] Dieses Buch eröffnete mir eine viel reichhaltigere Geschichte unserer Spezies. Das war ungefähr zu der Zeit, als Brett und ich Bad Religion gründeten, und der Text eines frühen Songs, den ich als Zehntklässler in der Highschool schrieb, war von diesem Buch beeinflusst. Hier die letzten Zeilen aus *Origins*:

We are One People, and we can all strive for one aim:
the peaceful and equitable survival of humanity.

To have arrived on this earth as the product of
a biological accident, only to depart it through
arrogance, would be the ultimate irony. [14]

Der Song, den ich schrieb, trug den Titel »We're Only Going to
Die from Our Own Arrogance« und wir packten ihn auf unser erstes
Album – ich war gerade 16 geworden. Hier der Text:

Early man walked away as modern man took control.
The minds weren't all the same, to conquer was his
goal.
So he built his great empire and he slaughtered his own
kind.
Then he died a confused man, killed himself with his
own mind.
We're only gonna die from our own arrogance. [15]

Dieser Song war wegweisend für die Haltung von Bad Religion.
Ich singe ihn auch heute noch auf Konzerten, und andere Bands zollten
uns Tribut, indem sie ihn als Cover auf ihren Alben veröffentlichten.
Im Rückblick führt mir der Song vor Augen, dass ich die Welt bereits damals durch die Brille der Evolution gesehen habe. Ich war aber
noch weit davon entfernt, ein stimmiges naturalistisches Weltbild zu
entwickeln. Da ich über Wissenschaften las und darüber in der Musik
schrieb, entdeckte ich, dass Kunst und Wissenschaft sich fantastisch
verbinden lassen. Ich wollte als Songschreiber ernst genommen werden, und das wissenschaftliche Weltbild lieferte dafür meine Inspiration.

Ich hatte kein Gespür für Mode, sah nicht besonders aus und hatte
auch keine coole Frisur. Aber durch mein Studium der Evolution und
der Biologie eignete ich mir ein besonderes Weltbild an. Und ich konzentrierte mich ganz darauf, über außergewöhnliche Themen zu singen, denn dann würde es auch keine Rolle spielen, ob ich uncool war
oder Drogen nahm. Ich schuf mir meine eigene, einzigartige Nische in

der Welt des Punk – als Sänger von sprachlich starken Songs mit einem naturwissenschaftlichen Subtext.

Obwohl die Schule ja eigentlich ein Ort ist, an dem man etwas über die Evolution lernen sollte, fand ich dort nicht viel Unterstützung. Wie es an den meisten Highschools im Biologieunterricht der Fall war, wurde auch an meiner Schule der Evolution wenig Zeit gewidmet. Obwohl sie der Schlüssel zur Biologie ist, hatten wir pro Woche nur eine Unterrichtseinheit zu diesem Thema. Daher musste ich mich selbst bilden. Ich kaufte mir also eine billige Taschenbuchausgabe von Darwins *Entstehung der Arten* und nahm mir vor, jeden Abend vor dem Einschlafen darin zu lesen. Ich fing auch an, mir eine Bibliothek zum Thema Evolution anzulegen, die heute einen ganzen Raum meines Hauses einnimmt.

Für unser Abschlussprojekt mussten wir über etwas, das wir dieses Jahr gelernt hatten, eine Präsentation vorlegen. Anstatt wie die meisten Schüler nur eines unserer Laborexperimente aufzuwärmen, wollte ich den berühmten Paläoanthropologen Donald Johanson imitieren. Er hatte eine inspirierende öffentliche Vorlesung gehalten, die ich besucht hatte, und über die Entdeckungen gesprochen, die er in Afrika gemacht hatte, einschließlich seines berühmtesten Fossils, Lucy.[16] Ich lieh mir also von der El Camino Real High School den Diaprojektor aus, machte Fotografien von Farbabbildungen aus meinen Büchern und stellte die vermutlich rudimentärste Erklärung der menschlichen Evolution zusammen, die es je gegeben hat. Ich erläuterte meinen Klassenkameraden, dass die Evolution auf Konkurrenz basierte und dass manche Lebensformen besser im Überleben seien als andere. Ich erzählte der Klasse, dass Evolution immer nach Perfektion strebe und dass, abgesehen von einigen Fehlstarts und Sackgassen, der erfolgreichste und kunstvollste Stammbaum in der Evolution der der menschlichen Spezies sei. Ich führte weiter aus, dass alle menschlichen Eigenschaften ursprünglich auf die Anpassung an das

Leben in den Savannen in Afrika zurückzuführen seien. Kurz gesagt, ich entwickelte eine *just so story* der menschlichen Existenz, die auf der Annahme basierte, dass der Sinn des Lebens für alle Arten einfach darin bestand, sich zu fortgeschrittenen und perfekten Individuen weiterzuentwickeln.[17] Ein Großteil dessen, was ich in dem Vortrag sagte, war falsch. Evolution zielt nicht auf Perfektion ab. Sie beruht ebenso sehr – wenn nicht sogar mehr – auf Kooperation und Zufall denn auf Konkurrenz. Evolution hat keine bestimmte Richtung. Sie ist anarchisch, jedoch sind aus dieser Anarchie biologische Wesen von großer Raffinesse und Schönheit entstanden. Viele unser wichtigsten menschlichen Eigenschaften entstammen nicht der Anpassung an eine prähistorische Umgebung, und die Menschen sind auch weit davon entfernt, die Krönung der Schöpfung zu sein.[18] Ich bin mir sicher, dass die meisten meiner Klassenkameraden die Gelegenheit genutzt haben, um während meines Vortrags ein Nickerchen zu machen. Aber ich erhielt in diesem Fach eine Eins, und mein Lehrer schrieb in mein Zeugnis:»Er hat einen sehr guten Vortrag über Evolution gehalten.«

Ich bin immer noch stolz auf diese Note, aber ich weiß, dass ich damals überzeugt war, dass ich noch viel lernen musste. Die Gründung von Bad Religion und die Entdeckung der Evolution haben mich dazu gebracht, mich mit den wichtigen Themen des Lebens zu beschäftigen. Ich war mir aber auch bewusst, dass ich, um aus einer wissenschaftlichen Perspektive über die Dinge des täglichen Lebens zu singen, noch viel mehr über das Leben und die Welt erfahren musste.

+

Eine der berühmtesten Äußerungen über die Evolution lautet:»Nichts in der Biologie ergibt Sinn, außer im Licht der Evolution.«[19] In der Highschool interpretierte ich diese Äußerung so, dass wir das Leben nicht verstehen, wenn wir die Evolution nicht verstehen. Ich war mir sicher, dass die Evolutionswissenschaft die großen Fragen meiner Jugend beantworten könne.

Ich glaube auch heute noch, dass jeder zumindest über ein oberflächliches Verständnis der Evolution verfügen sollte. Auch wenn manche Menschen zutiefst erschüttert sind von den Konsequenzen, die sich aus der Evolution ergeben – sie ist ein bestimmender Teil der Geschichte der modernen Lebenswissenschaften. Ich muss denjenigen widersprechen, die Evolution zugunsten der kreationistischen Philosophie ablehnen, insbesondere wenn sie ihre Ablehnung darauf zurückführen, dass religiöse Autorität den Vorrang vor den Wissenschaften haben sollte. Die Menschen müssen die Grundlagen der Evolution verstehen, wenn sie sie ablehnen – ansonsten haben sie nichts Produktives zur modernen Gesellschaft beizutragen. Für mich bedeutet die Weigerung, die Evolution zu akzeptieren, eine Ablehnung jeglichen wissenschaftlichen Fortschritts des 20. Jahrhunderts und eine Rückkehr in die Zeit, als eine kreationistische Naturtheologie gestützt von der kirchlichen Autorität das Denken und Wissen über die Welt bestimmte.

Die Mechanismen, die in der Evolution wirken, unterscheiden sich von den Ereignissen, die meine Gefühle bestimmen. Trotzdem hat mir das Lesen über die Evolution durch viele schwere Zeiten geholfen. Die Evolution ist voller Sackgassen, genau wie die Erfahrungen des menschlichen Lebens – Beziehungen enden, Zeit wird vergeudet, Songs bleiben unvollendet, und Ziele werden nicht erreicht. Jeder Organismus und jede Spezies stirbt, genau wie jeder von uns sterben muss. Doch all diese Tragik bringt auch Kreativität und Möglichkeiten mit sich. Im Laufe eines langen Zeitraums der Evolution sterben manche Arten aus, und die Erde wird von neuen bevölkert. Um es mit dem wissenschaftlichen Leiter in Michael Crichtons *Jurassic Park* zu sagen: »Das Leben findet einen Weg.«

Ich habe mich nie dem Nihilismus zugewandt wie einige andere Punkrocker, die ich kenne. Auch die Aussage »Alles ist scheiße, aber wen kümmert's« entspricht nicht meiner Lebenseinstellung. Menschen, die glauben, dass Selbstzerstörung die einzige logische Konsequenz in einer Welt ohne Gott ist, sind keine ernst zu nehmenden Realisten – sie sind im besten Falle fehlgeleitet oder teilweise einfach geisteskrank. Was wir tun, hat einen wesentlichen Einfluss nicht nur auf unser unmittelbares Umfeld, sondern auf einen viel größeren Kreis von Menschen, als wir uns vorstellen können. Es gibt mir ein Gefühl für meinen Platz, wenn ich in der Geschichte des Lebens auf diesem Planeten eine Rolle spiele. Es eröffnet mir eine Perspektive, von der aus ich unangenehme Situationen betrachten kann. Es hilft mir, meine Bedeutung für die Menschen um mich herum wahrzunehmen und die Notwendigkeit, deren Leben zu bereichern und nicht zu verschlechtern.

Kann der Naturalismus mit der Religion in Konkurrenz treten, wenn es darum geht, eine Grundlage für ein sinnvolles Leben zu schaffen? Ich glaube, dass er das kann. Naturalismus ist keine Religion. Er setzt keine Welt außerhalb unserer Welt, die wir sinnlich erfahren können, voraus, wie es die meisten Religionen tun. Aber der Naturalismus kann eine Vorlage bieten für ein sinnvolles, in sich logisches Weltbild. Und ein Verständnis der Evolution kann zumindest die Grundlage dafür bieten, dass wir als vernunftbegabte Wesen zusammenkommen, die in den Antworten auf die schwierigen Fragen einer Meinung sind.

2. KAPITEL
DAS LEBEN VERSTEHEN

»Ob ich denke, dass es nützlich ist, die Evolution zu studieren? Die Antwort ist Ja, weil das Weltbild, das wir wollen, das ich will, ein materialistisches ist. Jede Wahrheit, die wir über die Natur lernen können, fügt sich in unser Verständnis der stofflichen Welt ein, und das ist wünschenswert.«
Richard C. Lewontin[20]

»Auch wenn zwei Weltbilder völlig unvereinbar zu sein scheinen, bringen manche Menschen in ihrem Denken und ihren Gefühlen diese beiden Sachen zusammen und glauben gleichzeitig an beides. Nun bitte mich nicht, das zu erklären. Ich betrachte das als etwas, was nicht erklärt werden kann.«
Ernst Mayr[21]

»Darwins Erbe ist, dass es einen logischen Zusammenhang zwischen dem Leben und der Zeit gibt.«
Lynn Margulis und Dorion Sagan[22]

Als ich das erste Mal als Punkrocker bei einem Konzert sang, war ich so nervös, dass ich in Gedanken ins 3200 Kilometer entfernte Wisconsin abschweifte, wo meine besten Freunde ihrem gewohnten Tagesablauf nachgingen und nicht mitbekamen, wie ich gerade dabei war, sozialen Selbstmord zu begehen. Ich stand bei einer Party in einer Lagerhalle in Santa Ana in Kalifornien auf einer provisorischen Bühne. Links und rechts von mir waren Brett und Jay und hielten ihre Instrumente in der Hand. Unser ursprünglicher Schlagzeuger Jay Ziskrout saß einsam hinter uns auf dem Hocker seines Schlagzeugs. Der Vater eines Mädchens besaß eine kleine Firma, die Konserven lieferte und lagerte, und hatte seiner Tochter erlaubt, die Lagerhalle für eine kleine Geburtstagsparty für sie und ihre Punker-Freunde zu nutzen. Mehr als 200 Gratulanten aus ganz Los Angeles waren mit ihren Irokesenschnitten, Stiefeln, Halstüchern, Ketten und ihrer negativen Einstellung erschienen, um dann festzustellen, dass an dem Gerücht von Freibier nichts dran war. Und jetzt sollte ich zum ersten Mal in der Öffentlichkeit singen, und das vor einer ziemlich aufgebrachten Menge.

»Wir sind Baaaad Religion« waren die ersten Worte, die ich bei einem Konzert herausbrachte. Ich hatte mich nach vorne gebeugt und starrte auf die Spitzen meiner Armee-Springerstiefel aus der Zeit des Vietnamkrieges. Ich hatte mich nie darum gerissen, der Frontmann einer Punkrockband zu sein. Es machte mir zwar Spaß, die Menschen mit meinen Songs zu provozieren, aber es ist eine Sache, in seiner Garage davon zu träumen, und eine ganz andere, auf der Bühne zu stehen. Ich hatte die Hosen daher ziemlich voll.

Ich rannte auf der Bühne von links nach rechts wie ein Speedskater, ohne jemals irgendjemanden direkt anzusehen. Keiner wusste, wo sich das Mädchen, das Geburtstag hatte, befand. Eigentlich kannte sie auch keiner aus der Band, und es wusste auch keiner, wieso wir überhaupt zu dieser Geschichte eingeladen worden waren. Das Einzige, was ich wusste, war, dass wir unsere acht Songs so laut und schnell wie möglich herunterspielen und von hier wegkommen mussten, ohne zu viel Ärger zu bekommen. Immerhin kamen wir aus dem San Fernando Valley, einer Gegend, die eher für ihre Highschool-Football-Mannschaften und Garagenflohmärkte am Wochenende bekannt war als für Punkbands. Diejenigen Bands, die tatsächlich aus dem »Valley« stammten, versuchten verzweifelt, ihre geografische Herkunft zu verschleiern.

Als wir unseren ersten Song spielten, waren selbst die Punker über den Klang und die übermäßige Verzerrung von Bretts Gitarrensound erschrocken. Ich erinnere mich noch, dass ich erleichtert war, dass die Aufmerksamkeit sich für einen kurzen Moment von mir abwandte. Vielleicht konnte Brett ihr Gespött ja ignorieren. Dann musste ich endlich singen. Als die ersten Worte aus meinem Mund kamen, hatte ich das surreale Gefühl, dass die Zeit stillstand. Ich hatte viel Zeit und Energie in die Ideen und Konzepte unserer Songs investiert, aber das spielte nun keine Rolle mehr. Jetzt musste ich eine Show abliefern. Meine Stimme war aufgrund der übersteuerten Verstärker und der Spielzeuglautsprecher der Soundanlage kaum zu hören. Ich hatte keine Ahnung, wie das Publikum reagieren würde, aber nach ein paar Zeilen hatte ich schließlich den Mut, aufzuschauen und einen flüchtigen Blick nach vorne zu werfen. Was ich erblickte, grenzte an ein Wunder. Die Wut war verschwunden, und das Publikum hatte sich in eine verzückte Menge aus wild um sich schlagenden Gliedern und wippenden Köpfen verwandelt. Sie warfen sich ungehemmt gegeneinander, hatten die Augen weit aufgerissen und schrien im Rhythmus mit. Unsere Musik hatte eine zerfahrene, aggressive, emotionale und kollektive Bewegung ausgelöst. Ich fühlte mich sofort eigenartig wohl. Wenn ich sang, reagierte die Menge darauf. Trotz aller Schwierigkeiten als fünfzehnjähriger Zehntklässler war ich hier zum Mittelpunkt dieses wahnwitzigen, tanzenden, kakofonischen Chaos geworden.

Natürlich wäre es schlecht angekommen, wenn ich meine Freude in irgendeiner Weise gezeigt hätte. Zwischen den Songs habe ich kaum Ansagen gemacht, und beim dritten Song hatte ich es dann raus. Mit gestrecktem Mittelfinger und Speedskater-Pose hatte ich die perfekte Formel entdeckt, die über Jahre funktionieren sollte.

Am Ende unseres Auftritts hatte ich genug Selbstvertrauen gewonnen, um anzukündigen:»Als Nächstes kommen Social Distortion.« Die Reaktion der Menge war verhalten, und einen Moment lang dachte ich, dass ich etwas Falsches gesagt hätte. Aber es stellte sich heraus, dass die Punks bloß mehr von dem schnellen Schlagzeug und den verzerrten Gitarren wollten – wer spielte, war ihnen egal. Dennoch war ich so überzeugt, wie es nur ein Fünfzehnjähriger sein kann, dass das Publikum mehr von dem wollte, was Bad Religion zu bieten hatte: anspruchsvolle, tiefsinnige Texte über Gott, Evolution und die großen Fragen des Lebens. Und ich glaubte genug an diese Illusion, um Bad Religion zum Mittelpunkt meines Lebens zu machen.

+

Wir gründeten Bad Religion während einer wichtigen Phase in der Geschichte des amerikanischen Rock 'n' Rolls. Alte Formen gerieten ins Wanken, was enorme Möglichkeiten zur Entfaltung neuer musikalischer Stile eröffnete. »Klassische« Rockbands wie Aerosmith, Journey und Kiss füllten Arenen, aber ihre Musik war völlig sinnentleert – sie waren beinahe ihre eigene Parodie. Disco war gekommen und wieder verschwunden, ohne eine einzige nennenswerte Band zu hinterlassen. Auch Prog-Rock brach, trotz einiger vielversprechender Experimente in den frühen 1970ern, unter seinem eigenen Gewicht zusammen.

Der Aufstieg des Punkrock in der Mitte der 1970er wurde durch mehrere Faktoren bedingt.[23] Zum Teil war er eine Reaktion auf die bombastische Mainstream-Musik, teilweise eine Rückbesinnung auf die Schlichtheit von Rock 'n' Roll und auch ein sowohl musikalisches wie philosophisches Bekenntnis zur Selbstbestimmung. Die Brutstätten des Punk waren drei Zentren: England, New York und Kalifornien. Zu der Zeit, als wir Bad Religion gründeten, spielten Bands wie die Ramones, The Dead Boys und Blondie im »CBGB's«, »Max's Kansas City« und anderen Läden in New York. In England hatten sich die Sex Pistols selbst zerstört, aber Sham 69, The Clash und The Buzzcocks waren bekannt genug, um ihre eigenen Touren in den Vereinigten Staaten zu spielen, wo sie wiederum einen großen Einfluss auf jüngere Bands ausübten.[24] In Kalifornien war die Punkszene besonders vielseitig. Unter den einflussreichsten Bands fanden sich The Weirdos, Black Flag, The Circle Jerks, X, The Germs, The Gears, The Dickies und Fear.[25] Vor 1981 verschmolzen in der Punkszene von Los Angeles die unterschiedlichsten Stile. In den Anfängen der Bewegung konnten in einem Punk-Club am selben Abend zuerst eine Art-Rock-Band wie Geza X and The Mommymen spielen, im Anschluss eine Rockabilly-Band wie The Gears und als Höhepunkt eine Hardcore-Punk-Band wie

Black Flag. Die Szene war zu dieser Zeit tolerant und offen, und die Leute fanden viele Möglichkeiten, ihren Lebensstil als Punks auszudrücken. Doch das sollte nicht so bleiben.

Brett und ich hörten in unserer Jugend viele verschiedene Popstile, von Prog-Rock bis zu den Top-40-Charts, und alle diese Musikrichtungen haben unser Songwriting beeinflusst. Wir selbst sahen uns aber als Punkrocker, und entsprechend schrieben wir Punkrock-Songs. Wir waren vor allem von den kompromissloseren Punkbands beeinflusst, die sich mit großer Intensität der Pop-Songstruktur widmeten wie The Dickies, Buzzcocks, X, Sham 69, The Ramones und unsere Zeitgenossen The Adolescents. Sänger wie Elvis Costello oder Bands wie The Germs, die sehr poetische Texte schrieben, inspirierten uns dazu, uns in unseren Songs auf einen tieferen Inhalt zu konzentrieren. Wir übernahmen sogar Zeilen von den Beatles, Elton John oder Todd Rundgren, auch wenn wir das zu der Zeit nie zugegeben hätten, weil Punks die Musik so verachteten, die nichts mit Punk zu tun hatte.

Die nonkonformistische Tendenz unseres Songwritings führte, zumindest teilweise, dazu, dass wir Ereignisse der amerikanischen Geschichte in dieser Zeit aufgriffen. Das Land entwickelte sich politisch in eine konservative und konformistische Richtung. Südkalifornien war die Brutstätte für Tele-Evangelismus und rechte Kleinstadtpolitik. Punk ermöglichte es uns, auf dieses abgestumpfte Gruppendenken zu schimpfen, und eröffnete uns gleichzeitig eine Alternative zum politischen Mainstream. So gesehen, entstand die Punkbewegung in Südkalifornien aus einem vorstädtischen Unbehagen, ganz im Gegensatz zur englischen Szene, die die Verstimmung der Arbeiterklasse widerspiegelte, oder zur New Yorker Szene, die bloß eine urbane Gegenbewegung war, die gegen die vorherrschenden künstlerischen Maßstäbe rebellierte. Die Fokussierung auf den vorstädtischen Lebensstil im südkalifornischen Punk unterschied ihn von den Spielarten des Punk in anderen Städten, und das war es teilweise auch, was ihn für die spätere Rockmusik so einflussreich machte.

Obwohl unsere Musik oft so wütend und verzweifelt war, hatten wir doch auch das Gefühl, dass uns gewisse Türen offen standen.

1980 fanden wir uns inmitten einer neuen und blühenden Musiksze-ne wieder, die im bewussten Widerspruch stand zu den ausgelaugten Hippie-Idealen vorangegangener Jahrzehnte. Es war eine Zeit großer sozialer Umbrüche, und wir wollten mitmischen. Im Rückblick kann ich nicht sagen, dass wir die Bedeutung der Veränderungen, die in der Gesellschaft zum Besseren wie zum Schlechteren stattfanden, in ihrer Gänze erfasst hätten. Aber die Punkszene hielt uns am Leben. Wir hat-ten einen Weg gefunden, uns auszudrücken, der uns auch mit anderen Leuten zusammenbrachte, die genauso gefangen waren zwischen der aussterbenden Jugendkultur der 1960er und 1970er und den unergrün-deten und unheilvollen Jahrzehnten, die bis zum neuen Jahrtausend noch anstanden. Wir glaubten, Musik würde das soziale Bindemittel liefern, das wir bräuchten, um eine neue Vorstellung der Zukunft zu erschaffen.

Als jemand, der Evolutionsbiologie studiert hat, scheint mir dieser kurze Überblick über die Anfänge von Bad Religion damit vergleich-bar zu sein. Die Evolution schreitet voran, wenn Populationen von Organismen den Vorteil von, im Nachhinein betrachtet, enormen und unerwarteten Möglichkeiten nutzen. Aber Populationen von Organis-men haben keine Ahnung von ihren Möglichkeiten, wie wir sie hatten, als wir unsere Band gründeten. Im Laufe der Naturgeschichte können scheinbar kleine Neuerungen manchmal globale Auswirkungen haben. Beispielsweise fing vor einer Milliarde Jahren ein einzelliger Organis-mus an, innerhalb eines anderen einzelligen Organismus zu leben.[26] Diese wechselseitige Beziehung war so erfolgreich, dass heute jeder mehrzellige Organismus von diesem erfinderischen Vorfahren ab-stammt.[27] Irgendwann vor 375 Millionen Jahren verbrachte eine Fisch-art mehr Zeit an Land, wahrscheinlich auf der Suche nach Beute oder auf der Flucht vor den gefährlichen Raubtieren in den paläozoischen Meeren.[28] Dieses fischartige Wirbeltier war der Vorfahre von jedem vierbeinigen Landtier, das je gelebt hat, uns eingeschlossen. Ungefähr vor 100 000 Jahren verbreitete sich eine kleine Gruppe anmutig gebau-ter und außergewöhnlich intelligenter Menschen außerhalb ihrer Hei-mat in Ostafrika und wanderte in Gebiete, die von anderen Menschengruppen wie den Neandertalern in Europa und einer Menschenspezies namens *Homo erectus* in Asien besetzt waren.[29] Heute stammen alle Menschen von dieser kleinen Gruppe aus Ostafrika ab, während die Neandertaler und der *Homo erectus* ausgestorben sind. Bei jedem Wandel sah die agierende Bevölkerung die Konsequenzen ihres Handelns nicht voraus. Sie reagierte lediglich auf die Umweltbedingungen ihrer Zeit. Und doch kamen dadurch tief greifende Veränderungen in Gang, die die Welt neu gestalteten.

Ich will die Parallelen zwischen der biologischen Evolution und der kulturellen Evolution aber auch nicht zu weit treiben. Das sind wirklich sehr unterschiedliche Prozesse, die zu sehr verschiedenen Ergebnissen führen. Einige Evolutionsbiologen wehren sich hartnäckig dagegen, dass menschliche Angelegenheiten mit Fachausdrücken aus der Evolution beschrieben werden. Als ich an meiner Doktorarbeit saß, interviewte ich zwölf namhafte Evolutionsbiologen in den USA und England, und einer von ihnen, George Williams von der State University in New York, gehört auf jeden Fall in dieses Lager.»Wenn das Verhalten natürlich ist, ist es schlecht, ist es böse«, sagte er zu mir.[30] Auch der Betreuer meiner Doktorarbeit, William Provine von der Cornell-Universität, lehnte es ab, Vergleiche zwischen der Evolution und kulturellen Veränderungen zu ziehen.»Die Evolution ist nicht mein Freund«, schrieb er mir.»Die Evolution schert sich nicht um mich. Sinn bekommt mein Leben durch die Leute, denen ich wichtig bin.«[31]

Ich würde nicht so weit gehen und die Evolution als böse bezeichnen. Evolution ist einfach die Art und Weise, wie die biologische Welt funktioniert, ob uns das gefällt oder nicht. Wenn man die Gegebenheiten der Evolution akzeptiert, ist sie von merkwürdiger und abschreckender Schönheit. Sie spielt sich in Zeiträumen ab, die jenseits des menschlichen Fassungsvermögens liegen. Sie hat Organismen von fantastischer Komplexität und in unermesslichem Ausmaß erschaffen. Allerdings müssen wir dem widerstehen, was Philosophen den»naturalistischen Trugschluss« nennen – die Vorstellung, dass wir aus den Gebilden der Natur moralische Vorstellungen ableiten könnten.[32] Die biologische Evolution rechtfertigt keine Grausamkeit gegenüber anderen Menschen in der irrigen Annahme, so besser vorwärtszukommen. Sie rechtfertigt auch keine repressiven sozialen Einrichtungen, die auf Verzerrungen von evolutionären Ideen basieren. Trotzdem kann die biologische Evolution, wenn man sie richtig versteht, eine gute Quelle für die Beschäftigung mit Themen des täglichen Lebens sein. Und während meiner Jugend in Kalifornien befriedigte die biologische Evolution meine Neugierde und brachte mich dazu, mich kritischer mit den großen Fragen des Lebens zu befassen. Die Beschäftigung mit der Evolution war wesentlich befriedigender als alles, was ich von den politischen, religiösen oder kulturellen Schlüsselfiguren zu hören bekam. Immer wenn ich über mein Leben nachdachte, kamen mir zwangsläufig Analogien zur Evolution in den Sinn.

Kulturen vermitteln ihre Traditionen, Ideen, Worte und Musik von einer Generation zur nächsten, und in diesem Prozess entwickeln sie sich schrittweise weiter. Aber es gibt einen großen Unterschied zwischen der kulturellen Evolution und der biologischen Evolution von Organismen. Zum einen entwickeln sich Organismen nicht innerhalb eines Lebens biologisch weiter. Sie verändern sich tief greifend, wenn zum Beispiel eine befruchtete Eizelle in einem erwachsenen Menschen heranwächst. Aber das ist keine biologische Evolution, das ist eine biologische Entwicklung. Evolution ist ein Prozess, der in Populationen von Organismen über mehrere Generationen läuft. Eine Population entwickelt sich weiter, wenn Individuen mit bestimmten Merkmalen aussterben und durch eine Nachkommenschaft mit anderen Merkmalen ersetzt werden. Das ist einer der Gründe, der die biologische Evolution sowohl bedeutsam als auch Furcht erregend macht. Es ist im wahrsten Sinne des Wortes eine Frage von Leben und Tod.

Wenn Evolution darin besteht, dass sich Merkmale über mehrere Generationen verändern, was ist dann ein Merkmal? Es kann vieles sein. Ein Merkmal kann eine anatomische Besonderheit sein, so etwas wie die Größe oder Form einer Gliedmaße, die Färbung der Haut oder des Fells oder die Anzahl der Blütenblätter einer Blume. Ein Merkmal kann aber auch eine Verhaltenseigenschaft sein, die wiederum die anatomischen Verbindungen der Gehirnzellen eines Tieres widerspiegeln kann. Ein Merkmal kann aber auch bloß biochemischer Natur sein, so etwas wie die Verbindungen, die im Blut zirkulieren, oder die molekulare Zusammensetzung eines Skelettes. Es gibt viele Ursachen für Merkmale. Die Leute denken heute meist, dass die Merkmale von den »Genen« bestimmt werden, die in den DNA-Molekülen unserer Zellen verschlüsselt sind.[33] Aber Gene sind nicht die einzigen Quellen für unsere Merkmale. Die Eizellen und Spermien, aus denen wir alle entstanden sind, enthielten noch eine Menge anderer Moleküle außer der DNA, und diese Moleküle übten einen großen Einfluss auf die Entwicklung unserer Körper aus. Außerdem wurden unsere Körper von den Nähr- und Giftstoffen und sogar von den Geräuschen beeinflusst, denen wir in der Gebärmutter ausgesetzt waren. Aber was am wichtigsten ist: Sobald wir geboren wurden, befanden sich die biologischen Moleküle in unseren Körpern im permanenten Austausch mit einer gewaltigen Vielzahl an Faktoren, die uns umgeben, angefangen bei der Luft, die wir atmen, bis hin zu den Gesprächen, die wir mit anderen führen. Wenn mich heute jemand fragt, was ich in der endlosen Debatte darüber, was am wichtigsten ist für die Entwicklung menschlicher Eigenschaften – Natur oder Erziehung –, favorisiere, gebe ich die einzige für mich sinnvolle Antwort: Ich bin ein Verfechter des Interaktionismus.[34] Die Eigenschaften von Individuen sind das Ergebnis eines permanenten Wechselspiels zwischen ihren biologischen Molekülen und der Umgebung, der sie zeit ihres Lebens ausgesetzt sind.

Für die biologische Evolution braucht es zwei Dinge. Zum einen muss sich der Nachwuchs von seinen Eltern unterscheiden. Bei Organismen, die sich wie wir sexuell fortpflanzen, ergibt sich diese Variation von selbst. Aus der Verbindung biologischer Moleküle, inklusive der DNA, zweier verschiedener Organismen entstehen einzigartige Kombinationen von Merkmalen. Genauso wie sich die biologischen Moleküle von einer Generation zur nächsten verändern können, können sich auch die Umwelteinflüsse verändern, und aus der Interaktion dieser Faktoren ergeben sich Unterschiede im Nachwuchs. Wie sehr unterscheiden sich Menschen doch von ihren Eltern oder von ihren

Geschwistern, obwohl sie dieselben biologischen Eltern haben. Auch bei Arten, die sich asexuell fortpflanzen – einzellige Organismen, die sich einfach teilen –, verändern sich die Merkmale allmählich durch Änderungen in den biologischen Molekülen und durch die Interaktionen dieser Moleküle mit der Umgebung.

Die zweite Voraussetzung für die Evolution ist, dass ein Merkmal biologisch vererbbar ist. Merkmale, die in der DNA verschlüsselt sind, können durch Eizellen, Spermien oder durch Zellteilung an die Nachkommen weitergegeben werden. Aber die genetische Vererbung ist nicht garantiert. Beispielsweise könnte ein Merkmal in einem Teil der DNA verschlüsselt sein, das nicht an die Spermien oder die Eizelle verteilt wird. Oder die Umwelt verändert sich so, dass das Merkmal nicht zum Tragen kommt. Die Überführung von Merkmalen durch die DNA von einer Generation zur nächsten ist ein wesentlicher Bestandteil der Evolution, aber es ist nicht der einzige Weg, wie Merkmale vererbt werden.

Historisch betrachtet, hat sich die Evolutionsbiologie auf eine bestimmte Art von Veränderungen der vererbbaren Merkmale konzentriert. Manche Eigenschaften ermöglichen es einem Organismus, mehr Nachkommen zu haben als ein anderer Organismus der gleichen Population. Auf diese Weise kann ein vererbbares Merkmal in der nächsten Generation häufiger auftreten. Das ist eine einfache Rechnung. Neue Merkmale treten zuerst bei einem einzelnen Organismus auf (wie die Songs auf einem wegweisenden Debüt-Punkalbum). Aber sie treten mit jeder Generation bei einer zunehmenden Zahl von Organismen auf, wenn sie den Organismen helfen, dass sie mehr Nachkommen haben als andere aus der gleichen Population (vergleichbar damit, dass diese Songs andere Songwriter dazu motiviert haben, eine eigene Band zu gründen). Nach einigen Generationen kann ein Merkmal so weit verbreitet sein, dass es unentbehrlich und universal vorhanden ist innerhalb einer Population von Organismen (so wie Punk Mainstream wurde und Punksongs, wie es heute der Fall ist, im kommerziellen Radio gespielt werden). Wenn dagegen ein neues Merkmal dafür sorgt, dass ein Organismus weniger Nachwuchs hat, wird dieses Merkmal wahrscheinlich nicht länger bestehen (genauso, wie viele Experimente im Punk fehlschlugen, man nehme nur Bad Religions ungewöhnliches Album *Into the Unknown*).

Im vorangegangenen Absatz hab ich Parallelen zwischen der biologischen Evolution und der Geschichte des Punk gezogen. Aber es ist immer wieder wichtig zu betonen, dass diese beiden Prozesse natürlich grundverschieden sind. Die am weitesten verbreitete Sichtweise über die biologische Evolution ist die, dass durch einige Organismen einer Population, die mehr lebensfähigen Nachwuchs als andere hinterlassen, bestimmte Merkmale schrittweise zunehmen. Auf diese Weise passen sich Populationen von Organismen schrittweise besser an die Umgebung an, in der sie leben. Die Punkszene entwickelte sich nicht aufgrund einer vererbbaren Veränderung, sondern aufgrund von kulturellen Neuerungen, die den Nerv einer bereitwilligen Gruppe von Außenseitern trafen. Es fällt mir immer noch schwer, keine Parallelen zur Evolution zu ziehen. Ich habe mir immer vorgestellt, dass jedes Bad-Religion-Konzert ein einzigartiges Zusammenspiel bestimmter Gegebenheiten war. Wir konnten versuchen, unsere Popularität dadurch zu steigern, dass wir bessere Songs spielten und eine bessere Show ablieferten. Oder wir konnten miserabel sein und Fans verlieren, was auf Dauer ein Aussterben zur Folge gehabt hätte. So oder so, die Parallelen lagen für mich auf der Hand.

Mein Widerstand gegen Autoritäten übertrug sich auch auf meine Forschung. An der Hochschule habe ich einmal Nachforschungen über die Evolution von Fischen betrieben. Der allgemeine Konsens unter Evolutionsbiologen lautet, dass Fische im Salzwasser entstanden sind, wahrscheinlich in küstennahen Untiefen. Viele anerkannte Wissenschaftler pflichten dieser Ansicht bei, aber kaum einer von ihnen hat geologische Untersuchungen der Gesteinsablagerungen vorgenommen, in denen die ältesten fossilen Fische erhalten sind. Der Betreuer[35] meiner Abschlussarbeit erkannte meine jugendlich antiautoritäre

Haltung und wusste, dass dies das perfekte Projekt für mich war. Ich konnte dabei einige Grunddaten sammeln, die unter den Göttern der paläontologischen Gemeinde für Aufregung sorgen würden. Eine kleine Gruppe von Wissenschaftlern vertrat eine alternative Annahme, laut deren Fische in Süßwasserseen und -bächen entstanden sind. Ihre Behauptung stützten sie auf vergleichende anatomische und physiologische Daten, nicht aber auf geologische Arbeit und Feldstudien. Um diese These zu bestätigen, mussten versteinerte Fische sorgfältig untersucht werden. Denn aufgrund der Analyse der Steine, die die frühesten fossilen Fische einschlossen, konnte die Umgebung bestimmt werden, in der diese Fische gelebt hatten.

Ein paar Sommer lang arbeitete ich in den Bergen in Sangre de Cristo in Colorado. Weit oberhalb der Baumgrenze befinden sich dort Gesteinsablagerungen, die einige der ältesten Fischfossilien enthalten. Wir waren etwa 30 Kilometer von jeder Menschenseele entfernt, weit über den Wäldern von Colorado, und hatten einen fantastischen Blick auf das San Luis Valley, das ungefähr 2740 Meter unter uns lag. Wir zelteten wochenlang und transportierten unsere gesamte Ausrüstung auf Pferden. Am Sommeranfang deutete Ted, der Leiter der Feldstudie, auf eine Seite des gewaltigen Tales, über dem wir standen, und meinte: »Das Gebiet da übernimmst du. Ich mache die andere Seite. Wir treffen uns dann zum Abendessen wieder im Lager.«

Ich sammelte den ganzen Tag Gesteinsproben und winzige Knochenstücke. Mittags aß ich auf windgepeitschten Felsvorsprüngen Müsliriegel und Trockenfleisch. Ich wechselte zehn Stunden am Stück kein einziges Wort mit jemand anderem. Es war eine einsame Beschäftigung, aber es war auch angenehm, dass meine Stimme sich erholen konnte. Denn als Sänger muss man seine Stimme oft über Gebühr strapazieren, und es kann manchmal sehr erholsam sein, nicht sprechen zu müssen.

Abgesehen von der Einsamkeit gefiel mir meine Arbeit sehr gut. Ich sammelte Bruchstücke des Hartgewebes der ersten Wirbeltiere, der ersten Organismen mit einem Knochenskelett. Die Bruchstücke packte ich dann in kleine Leinensäcke. Dort im Westen konnte man damals in Kleinstadtbanken gehen und angeben, dass man Steine und Fossilien sammelte. Dann verkauften sie einem bereitwillig alle überschüssigen Geldsäcke, die sie hatten. Ich habe immer noch Säcke mit Proben aus dieser Zeit. Als ich wieder im Labor an der UCLA war, analysierte ich die Gesteinsablagerungen unter dem Mikroskop. Zu meiner Genugtuung bestätigten sie nicht den vorherrschenden Konsens. Ganz im Gegenteil, denn es stellte sich heraus, dass die ältesten Fischfossilien sich in Steinen befanden, die aus Süßwasser stammten. Die Steine wiesen keine Spuren auf, die auf eine Salzwasserumgebung hätten schließen lassen. Vielleicht sogar noch wichtiger war, dass die Gesteine, die diese frühen Wirbeltierfossilien einfassten, charakteristische Merkmale enthielten, sogenannte Signaturen, die sich bestimmten Flusssystemen zuordnen ließen und nicht einer seichten, küstennahen Umgebung.

Abgesehen von der Veröffentlichung in einer bedeutenden paläontologischen Fachzeitschrift wurde meine Studie nicht besonders wahrgenommen.[36] Aber auf dem Gebiet der Paläoichthyologie (der Wissenschaft von fossilen Fischen) gibt es mittlerweile Fortschritte. Heute existieren noch ältere Fischfossilien als die, mit denen ich gearbeitet habe, aber die Frage, ob Wirbeltiere ursprünglich aus dem Meer oder aus Flüssen stammen, ist nach wie vor nicht ganz geklärt. Wie in allen Bereichen der Wissenschaften führen Entdeckungen zwar zu genauen und überzeugenden Kenntnissen über die Vergangenheit, aber gleichzeitig entstehen dadurch neue Fragen, die nach Antworten verlangen. Ich habe aber nie vergessen, dass das Sammeln wissenschaftlicher Daten eine großartige Möglichkeit sein kann, sich gegen anerkannte Autoritäten zu stellen.

Angesichts meiner Erfahrungen in diesem Bereich fand ich es äußerst interessant, von einer bahnbrechenden Feldstudie zu lesen, die in den letzten Jahren von einem Team von Paläontologen von der Universität von Chicago, der Akademie für Naturwissenschaften in Philadelphia und der Harvard-Universität durchgeführt wurde.[37] Die Forscher suchten auf der Ellesmere-Insel in Kanada, weit oberhalb des nördlichen Polarkreises, nach Fossilien. Sie konnten jeden Sommer nur wenige Wochen dort arbeiten, nachdem der Schnee vom letzten Winter geschmolzen war und bevor die ersten Herbststürme einsetzten, und sie mussten oft kräftige Winde und eiskalte Temperaturen ertragen. Aber für einen Fossilienjäger ist diese Gegend perfekt. Der Boden weist keine Vegetation auf, und die Steine sind von dem andauernden Wechsel von Frost und Tauwetter aufgebrochen. Fossilien können aus den sie umgebenden Steinen auftauchen wie ein Schwimmer aus dem Wasser.

Sie untersuchten Steine, die aus ungefähr 375 Millionen Jahre alten Ablagerungen entstanden waren, die von mäandernden Strömen auf ihrem Weg zum Meer gebildet worden waren. Damals sah die Landschaft völlig anders aus als heute. Aufgrund der Kontinentalverschiebung lag das, was wir heute als Ellesmere-Insel kennen, in der Nähe des Äquators. Der Boden war von urzeitlichen Pflanzen bedeckt, von uralten Farnen, Zinnkraut und den ältesten samentragenden Pflanzen. Das Meer war von Haien und Fischen bevölkert, aber die einzigen Tiere, die schon länger an Land lebten, waren Gliederfüßer wie Milben, Skorpione und andere sehr frühe Insekten.

Am Ende ihrer Untersuchungen im Jahr 2004 fanden die Wissenschaftler, wonach sie gesucht hatten. Es handelte sich um das Fossil eines Fisches mit Schuppen, Flossen, einem flachen Kopf und Augen oben auf dem Kopf. Allerdings verfügte der Fisch über einen Hals, sodass er seinen Kopf im Gegensatz zu heutigen Fischen unabhängig von seinem Körper bewegen konnte. Wie einige heutige Fische auch besaß er eine Lunge, sodass er Sauerstoff aus der Luft atmen konnte und nicht auf seichtes, sauerstoffarmes Wasser angewiesen war. Aber was am wichtigsten ist: Seine Vorderflossen bestanden aus einem langen Knochen, der mit zwei kleineren Knochen verbunden war, die in eine Reihe weiterer Knochen übergingen: die gleiche Anordnung wie bei den Knochen unserer Arme. Biologen nennen diese Anordnung »epipodial« und »propodial«. Als Epipodialia werden die Verbindungen zu den Füßen und Händen bezeichnet; in den Beinen heißen die Epipodialia Schien- und Wadenbein, in den Unterarmen Speiche und Elle. Die Propodialia verbinden die Epipodialia mit dem restlichen Körper. Beim Menschen sind die Propodialia in den Beinen die Oberschenkelknochen und in den Armen die Oberarmknochen.

Das Fossil, das auf dieser arktischen Expedition gefunden worden war, ähnelte in beinahe jeder Hinsicht einem Fisch. Aber die Struktur seiner Glieder ähnelte der der ersten an Land lebenden Wirbeltiere und nicht im Geringsten der eines Fisches. Die Forscher nannten das Fossil *Tiktaalik*, was in der Sprache der einheimischen Inuit »Süßwasserfisch« heißt.

Tiktaalik ist ein wunderbares Beispiel für ein Fossil, das sich am Übergang von zwei Abstammungslinien der Evolution befindet. Es weist sowohl viele Eigenschaften der Fische auf, die damals die Ozeane bevölkerten, als auch viele Merkmale der Amphibien, die innerhalb weniger Millionen Jahre den Großteil ihres Lebens an Land verbringen sollten. Die Amphibien könnten schließlich zu Reptilien werden, diese wiederum zu Säugetieren, die zu Primaten und diese schließlich zu einem ungewöhnlichen Primaten, der als *Homo sapiens* bekannt ist. So ist es! Menschen sind also Nachkommen dieser eigentlich sehr unwahrscheinlichen Abfolge von Wirbeltier-Abstammungslinien, von denen jede von einem Ahnenstamm abzweigt.

Wie lässt sich *Tiktaaliks* Evolution von den vorangegangenen Arten beschreiben? Evolutionäre Rekonstruktionen beinhalten wie alle historischen Darstellungen immer ein spekulatives Element, aber eine plausible Darstellung sähe etwa so aus: Ungefähr vor 375 Millionen Jahren hat eine Fischart in den von der Vegetation erdrückten Süßwasserflüssen in einer tropischen Umgebung gelebt. Aufgrund einer natürlichen Variation der Merkmale bei einzelnen Individuen hatten einige Angehörige dieser angestammten Art längere, mehrgliedrigere Flossen als andere Angehörige dieser Art. Diese Flossen haben diesen Individuen Vorteile in den Flüssen verschafft, in denen sie lebten. *Tiktaalik* hatte kräftige Muskeln in seinen Vorderflossen, die zu der Vermutung Anlass geben, dass er seine Flossen dazu eingesetzt hat, sich aus dem Wasser zu schieben. Vielleicht war ein Individuum mit längeren und stärkeren Gliedmaßen besser dazu in der Lage, nach Beute Ausschau zu halten, sodass es ein besserer Jäger war als die anderen Mitglieder seiner Gruppe. (*Tiktaalik* besaß außerdem scharfe und spitze Zähnen, was den Schluss zulässt, dass er kein Vegetarier war.) Wenn das so war, hatten Individuen mit stärkeren Gliedmaßen sicherlich mehr Nachwuchs, und ein Großteil dieses Nachwuchses wies wieder die besser entwickelten Glieder der Eltern auf. Vielleicht hatten Teile des Nachwuchses noch andere Fähigkeiten, die sich günstig auf die Jagd an Land auswirkten, etwa ein besseres Sehvermögen, größere Bewegungsfähigkeit oder einen Kreislauf, der für das Leben an Land besser geeignet war. Im Laufe Tausender Generationen nahmen diese Merkmale dann in den nachkommenden Populationen zu. Dadurch, dass diese veränderten Lebewesen dann in verschiedene Mikrolebensräume in der Umgebung an Land ausströmten, ergaben sich neue Variationen. Letztlich unterschieden sich die Individuen mit den neuen Merkmalen enorm von ihren Vorfahren, die im Meer lebten. Wenn diese weiterentwickelten Lebewesen sich dann untereinander fortpflanzten, entstanden eigenständige und deutlich veränderte Arten.

Die Artenbildung ist besonders auffällig, wenn eine Art eine neue Lebensform übernimmt, so wie es *Tiktaalik* gemacht hat, der sich mit der Zeit häufiger außerhalb des Wassers aufgehalten hat als darin. In einem Lebensraum, in dem es keine Raubtiere gab, entfalteten sich dann plötzlich bisher ungenutzte Fähigkeiten. Nachdem der erste Ausflug an Land erfolgreich gewesen war, bildeten sich sehr schnell weitere Arten aus, da Lebewesen entstanden, die die neuen Möglichkeiten vorteilhaft nutzten. Nach einigen Millionen Jahren verbrachten die meisten Amphibienarten den Großteil ihres Lebens außerhalb des Wassers. Und schließlich ähnelten die getrennten Abstammungslinien der Amphibien einander immer weniger. Merkmale, die für die besonderen Lebensbedingungen an Land von Vorteil waren, nahmen zu und führten zu weiteren neuen Arten, die sich von ihren Ahnen unterschieden.

Dieser Vorgang, bei dem aus einer ursprünglichen Art eine Fülle neuer Arten entsteht, nennt sich »adaptive Radiation«.[38] Neue Merkmale entstehen als Reaktion auf die Besiedlung neuer Lebensräume. Je größer die Vielfalt der Lebensräume ist, auf die eine Art trifft, wenn sie sich in neuen geografischen Regionen verbreitet, desto wahrscheinlicher teilt sie sich im Laufe vieler tausend Generationen in eine größere Vielfalt an nachkommenden Arten auf. Der Übergang an Land war hier besonders bedeutsam. Aus diesen ersten fischartigen Tieren, die den Schritt an Land wagten, entstand alles Weitere, von Dinosauriern und Rentieren über Elefanten und Kolibris bis hin zu Schlangen und Menschen. Die Ausbildung neuer Arten aus früher existierenden Arten führt uns zum Bild vom Baum des Lebens.[39] Jede heute lebende Art wird am Ende eines der dünnen Zweige an der Spitze des Baumes dargestellt. Aber jede Art stammt von einer anderen Art ab, was uns in der Zeit zurückführt, von den Zweigen über die Äste bis zum Stamm des Baumes. Folglich ist jede Art mit jeder anderen verwandt. Manche Arten sind enger verwandt, beispielsweise Menschen und Schimpansen, andere sind nur entfernt verwandt, so wie der Mensch und der Schleimpilz. Aber alle heute vorkommenden Arten haben Gemeinsamkeiten, weil sie von einer älteren Art abstammen, auch wenn man weit in die Vergangenheit zurückgehen muss, um sie zu finden.

Vor etwas mehr als eineinhalb Jahrhunderten legten Charles Darwin und Alfred Russel Wallace dar, dass die Arten auf der Erde das Produkt einer Vorfahren-Nachfahren-Kette sind.[40] Das war die wichtigste Entdeckung, die in der Wissenschaft je gemacht wurde – wichtiger als die Entdeckung, dass die Erde um die Sonne kreist, wichtiger als die Erkenntnis, dass die Erde Milliarden Jahre alt ist, sogar bedeutender als die Entdeckung der Bestandteile eines Atoms. Die Bestätigung der biologischen Evolution veränderte die Art und Weise, wie die Menschheit von sich und ihrem Verhältnis zum Rest des Universums dachte, völlig. Es verwundert daher nicht, dass es immer noch Leute gibt, die sich mit den Konsequenzen der Evolution noch nicht abgefunden haben.

Um ein Zitat, das ich in Kapitel 1 gebraucht habe, umzuformen: In der Biologie hatte nichts Sinn, bis Darwin und Wallace 1859 ihre Gedanken vorstellten – außer für die Anhänger der Naturtheologie. Vor Darwins und Wallaces' Veröffentlichungen haben die meisten derjenigen, die wir heute als Wissenschaftler bezeichnen würden, die Natur erforscht, um die heiligen Intentionen eines zielgerichteten Gottes zu entschlüsseln. Manche davon wurden »Naturphilosophen« genannt und andere »Naturtheologen«. Sie interpretierten die Verteilung und Eigenschaften aller Lebewesen als Beweis für bewusste Gestaltung der Schöpfung durch Gott. Für Naturtheologen waren Arten »Gottes Gedanken«, den Grund für ihre gegenwärtige Form und ihren gegenwärtigen Lebensraum wusste nur Gott. 1829 gab der ehrwürdige Francis Henry Egerton, der achte und letzte Earl von Bridgewater, auf seinem Sterbebett eine Bücherreihe über »die Allmacht, Weisheit und Güte Gottes, wie sie sich in der Schöpfung manifestiert« in Auftrag. Die Bücher sollten »die Vielfalt und Entstehung der göttlichen Schöpfung«, »die Wirkung der Verdauung«, »den Aufbau der Hand« und »eine Vielzahl an weiteren Argumenten« enthalten, die Gottes Werk in der Gestaltung der Natur erleuchten sollten. Acht der sogenannten Bridgewater-Abhandlungen wurden zwischen 1833 und 1840 veröffentlicht.[41] Sir Charles Bell beginnt sein Buch *The Hand: Its Mechanism and Vital Endowments as Evincing Design*[42] von 1834 beispielsweise mit den Worten: »Wenn wir irgendein Objekt aus der Gesamtheit der belebten Natur auswählen und es vollständig und in all seinem Verhalten betrachten, werden wir mit Sicherheit zu dem Schluss kommen, dass es eine Gestaltung der mechanischen Konstruktion gibt, Güte in der Ausstattung seiner lebenden Eigenschaften und dass das Ergebnis zum Nutzen für die Gesamtheit ist.«

Die Evolutionstheorie von Darwin und Wallace stellte die Naturtheologie auf den Kopf. Ihre Erklärung für die biologische Artenvielfalt zeigte, dass alle Arten auf der Erde durch natürliche Prozesse und ohne göttliche Intervention entstehen konnten. So ist beispielsweise die Hand keine Vorrichtung, die Gott konstruiert hat, um den menschlichen Bedürfnissen entgegenzukommen. Vielmehr ist sie eine über Millionen von Generationen vollzogene Abwandlung der Flosse, die *Tiktaalik* (oder *Tiktaaliks* nächster Verwandter) nutzte, um sich aus dem Wasser zu schieben.[43] Nach der Veröffentlichung von Darwins *Entstehung der Arten* war die Rolle Gottes im Schauspiel der Schöpfung unbedeutend geworden.

Die Entdeckung der Evolution veränderte den Blick der Menschen auf die Welt tief greifend – auch wenn es ein langwieriger Prozess über mehrere Generationen war, bis sie wirklich akzeptiert wurde. Es lässt sich mit Sicherheit sagen, dass um die Mitte des 19. Jahrhunderts die meisten Biologen religiös waren. Darwin selbst bereitete sich in Cambridge auf das Pfarramt vor, bevor er auf der *Beagle* seine fünf Jahre währende Reise um die Welt unternahm, die dazu führte, dass er das Bild von einer die Natur ordnenden Macht infrage stellte. Darwin verschob auch die Veröffentlichung seiner Erkenntnisse um 20 Jahre, weil er um deren gesellschaftliche Sprengkraft wusste (und weil er seine fromme Frau nicht verletzen wollte). Nachdem Darwin der Öffentlichkeit seine Gedanken schließlich vorgestellt hatte, bestand zunächst noch eine große Abneigung dagegen, deren Bedeutung voll und ganz zu erforschen. Diese Abneigung illustriert eine Äußerung des schottischen Schriftstellers Thomas Carlyle gegenüber dem englischen Biologen Thomas Huxley:»Wenn mein Urahn ein Affe war, so wäre ich Ihnen, Mr Huxley, sehr verbunden, wenn Sie die Güte hätten, es mir vorzuenthalten.« [44]

In der ersten Hälfte des 20. Jahrhunderts wurde der religiöse Glaube von Wissenschaftlern selbst zum Studienobjekt. 1914 befragte James Leuba, ein amerikanischer Psychologe am Bryn Mawr College in Pennsylvania, 100 Wissenschaftler, die in dem biografischen Verzeichnis American Men of Science als äußerst prominent bezeichnet worden waren. [45] Leuba fragte sie, ob sie an einen Gott glaubten,»zu dem man betet in der Erwartung, dass die Gebete erhört werden«. Weiter wollte er wissen, ob sie an Unsterblichkeit oder ein Leben nach dem Tod glaubten. Die Studie ergab, dass ungefähr ein Drittel (32 Prozent) an einen personifizierten Gott glaubte und etwas mehr (37 Prozent) an die Unsterblichkeit.

1933 wiederholte Leuba diese Umfrage. Sowohl der Glaube an einen Gott als auch an die Unsterblichkeit hatten enorm abgenommen – auf etwa ein Siebtel. [46] Leuba prognostizierte, dass der Glaube an einen Gott und an die Unsterblichkeit unter den angesehensten Angehörigen des Wissenschaftsbetriebes immer weiter abnehmen würde.

Ich wurde als Doktorand auf dieses Projekt aufmerksam, als mein Betreuer, Will Provine, zu mir sagte:»Du schreibst schon seit Jahren Musik und singst über das Übel Religion, und du kennst dich gut im Bereich der Evolution aus. Warum machst du kein Projekt über religiösen Glauben unter Evolutionsbiologen?« Mir war sofort klar, was für ein großartiger Vorschlag das war. Dadurch eröffnete sich mir die Möglichkeit, die Verbindungen zwischen Religion und Evolution zu untersuchen und gleichzeitig mit Experten darüber zu diskutieren, was sie über die Auswirkung der Evolution auf den althergebrachten Glauben dachten. Also befragte ich 271 kompetente Evolutionswissenschaftler, die in 28 Nationalakademien auf der ganzen Welt Mitglieder waren. Davon beantworteten 149 Evolutionswissenschaftler aus 27 Ländern meinen Fragebogen.[47] Ich führte auch persönliche Gespräche mit zwölf von ihnen, um einen tieferen Einblick in ihre Ansichten zu erlangen.

Einer der Höhepunkte meines Projekts war ein Nachmittag in England, in Oxford, an dem ich mich mit Richard Dawkins unterhielt. Wir tranken in seinem»Garten« Tee, was in England so viel bedeutet wie »auf der Terrasse«. Er meinte, dass er einige Aspekte meines Fragebogens großartig finde und sie für durchaus untersuchenswert halte – eine wichtige Bestätigung für mich. Unabhängig davon, in welchem Umfang diese Ergebnisse in der Forschung zitiert werden, betrachte ich die Daten als einen Maßstab dafür, wie sehr sich Evolution und Religion in der Generation der maßgeblichen Evolutionsbiologen des 20. Jahrhunderts vereinbaren lassen.

Im Großen und Ganzen bestätigten meine Ergebnisse Leubas Prognose. Nur 13 von 149 Befragten – ungefähr neun Prozent – glaubten an einen Gott, der eine aktive Rolle in der Welt spielt. Andere Umfragen, die in den letzten Jahren durchgeführt wurden, förderten ähnliche Ergebnisse zutage.[48] Der Glaube an einen Gott, der einen Einfluss auf die Welt der Natur ausübt, ist unter angesehenen Biologen zwar noch nicht auf null gesunken, aber Gläubige sind in dieser Gruppe von Wissenschaftlern zu einer kleinen Minderheit geworden.

Ich wollte in meiner Umfrage auch zwischen zwei verschiedenen Glaubensformen unterscheiden. Viele religiöse Menschen gehen davon aus, dass es einen Gott gibt, der jede Materie und alle Kräfte im Universum erschaffen hat, in alltägliche Angelegenheiten aber nicht eingreift. Nach der Vollendung der Schöpfung zog Gott sich zurück und überließ seine Schöpfung sich selbst. Dieser Glaube wird gemeinhin Deismus genannt, allerdings gibt es da auch noch beträchtliche Unterschiede. Manche glauben, dass Gott das Universum erschaffen hat und sich dann zurückzog, um zu sehen, was passiert. Andere gehen davon aus, dass Gott die Welt immerhin so weit beeinflusst hat, dass der Mensch entstanden ist. Wieder andere sehen in der Moral der Menschen einen Beweis für Gottes Existenz. Manche Deisten glauben sogar an ein Leben nach dem Tod. Aber meist lehnen Deisten die Vorstellung eines Gottes, der auf Gebete antwortet und in menschliche Angelegenheiten eingreift, ab.

Eher konservative Gläubige verehren einen Gott, der in alltägliche Angelegenheiten eingreift. Diese Position nennt sich Theismus und wird von den meisten religiösen Menschen vertreten. Sie glauben an einen Gott, der Gebete beantwortet, sich um das Wohl aller kümmert und zum Vorteil für jemanden oder etwas Dinge in Gang setzt. Theisten haben eine persönliche Beziehung zu ihrem Gott, und die meisten von ihnen sind überzeugt, dass es ein Leben nach dem Tod gibt. Es ist wenig überraschend, dass sie normalerweise Probleme mit dem Deismus haben, weil er die Existenz eines persönlichen und mitfühlenden Gottes ablehnt.

In meiner Umfrage konnten sich die Befragten als Anhänger einer Glaubensform oder einer Kombination verschiedener Glaubensformen bezeichnen. Nur zwei der 149 Befragten sahen sich selbst als reine Theisten, keiner als reiner Deist. Und 116 – fast 80 Prozent der Ausgewählten – sahen sich als reine Naturalisten.

Von denjenigen, die angaben, an eine Kombination zu glauben, schätzten sich elf mehr als Naturalisten ein denn als Deisten, vier sahen sich gleichwertig als Naturalisten und Deisten und zwei mehr als Deisten denn als Naturalisten. Weitere elf gaben an, Facetten des Theismus zu vertreten. Folglich gaben 30 der Befragten an, sie würden einen religiösen Glauben vertreten. (Einer meiner Befragten gab zu diesem

Teil des Fragebogens keine Antwort.) Aber weniger als die Hälfte von ihnen glaubte an einen Gott, der in die Welt eingreift.

In meinem Fragebogen gab es insgesamt 17 verschiedene Fragen und Platz für etwaige Kommentare. Er umfasste also wesentlich mehr Aspekte als frühere Umfragen. Eine Frage, die ich unbedingt beantwortet haben wollte, war die, ob Evolutionsbiologen sich als Monisten oder Dualisten sahen. Anhänger des Monismus, dessen Bezeichnung von dem griechischen Wort für »einzig« oder »allein« herrührt, gehen davon aus, dass alle Gegebenheiten, die in den Naturwissenschaften untersucht werden, von natürlichen Kräften gelenkt werden, die mit den Methoden der Naturwissenschaften analysiert werden können. Monisten bestreiten die Existenz eines übernatürlichen Bereiches, der irgendeinen Einfluss auf das physische Universum hat. Dualisten dagegen ziehen die Existenz eines übernatürlichen Wesens in Betracht. Sie glauben, dass das Universum aus einem natürlichen und einem übernatürlichen Bereich besteht. Sowohl Theisten als auch Deisten sind Dualisten, weil sie an zwei Bereiche glauben: die Natur und das Reich Gottes.

Für die Naturwissenschaften ist der Monismus das vorgegebene Weltbild. In den Wissenschaften muss sich eine Erklärung auf empirische Beweise gründen. Oder anders gesagt: Eine wissenschaftliche Aussage muss überprüfbar sein, um als solche zu gelten – es muss irgendeine Art von Test geben, der angewendet werden kann, um zu beweisen, dass die Aussage falsch oder richtig ist. Beispielsweise ist die Aussage, dass der Mond aus Käse ist, eine wissenschaftliche Aussage, weil sie widerlegt werden kann. Bei so einer Behauptung werden Fakten betrachtet (so etwa die Dichte und Geologie des Mondes, die von seiner Kreisbahn abgeleitet wurden, Beobachtungen mit einem Teleskop oder Experimente mit den Steinen, die von den Astronauten der Apollo mitgebracht wurden), und die Behauptung kann zurückgewiesen werden.

Man kann Wissenschaft aber auch so beschreiben, dass sie auf Skeptizismus basiert. In der Wissenschaft wird die Richtigkeit einer Aussage so lange mit Skepsis betrachtet, bis es Beweise gibt, die die Aussage stützen. Wenn es in einer wissenschaftlichen Erklärung unbestätigte Behauptungen gibt, erfordern diese Behauptungen weitere Forschungen und Untersuchungen.

Wissenschaftler glauben, dass sie dem, was als »die Wahrheit« bezeichnet werden kann, durch Beobachtung, Experimente und Überprüfung näherkommen. Sie können nie wissen, ob sie die absolute Wahrheit erlangt haben – soweit so etwas überhaupt bestimmt werden kann.

Aber wenn eine Aussage so lange einer Überprüfung standgehalten hat, dass realistischerweise davon auszugehen ist, dass weitere Tests keine Abweichungen bringen werden, bezeichnen Wissenschaftler diese Aussage nicht mehr als Theorie oder These, sondern als Fakt.

Folglich ist es ein Fakt, dass die Erde die Sonne umkreist, dass die Menschen zum Überleben Sauerstoff benötigen und dass die biologische Evolution für die Vielfalt an Lebewesen, die auf diesem Planeten leben, verantwortlich ist. Kein ernsthafter Wissenschaftler überprüft diese Aussagen noch, weil alle diese Aussagen schon so weit bestätigt wurden, dass weitere Tests nicht mehr notwendig sind.

Religionen dagegen sind Weltbilder, die zumindest teilweise von der Einflussnahme eines übernatürlichen Wesens ausgehen. Religiöse Texte werden nicht überarbeitet oder mit neuen Erkenntnissen in Einklang gebracht, so wie das Wissensgebilde, auf das sich die Wissenschaften stützen. Traditionelle Religionen fördern auch nicht die Entdeckung von neuem empirischen Wissen, außer es dient ausdrücklich dazu, die Aussagen, die in religiösen Schriften enthalten sind, zu bestätigen. Die religiösen Texte können umfangreicher werden, aber sie werden nie falsifiziert. Religiöse Menschen glauben vielleicht, dass »die Wahrheit« durch stille Einkehr oder durch einen Dialog zwischen einem einzelnen Individuum und einer Gottheit gefunden werden kann, aber dieses Wissen gründet nicht auf Dingen der physischen Welt. Es ist persönlich, nicht messbar, subjektiv und selbstbezogen. Daher hält es dem Test entsprechend dem naturalistischen Weltbild auch nicht stand, denn diese Wahrheit fußt für eine religiöse Person nicht auf den Prinzipien des naturalistischen Wissens: Entdecken, Experimentieren und Überprüfen.

Einer der großen Vorteile des naturalistischen Weltbildes ist, dass es eine Basis bietet, deren allgemeine und grundlegende Regeln für alle Menschen gültig sind und diese verbinden. In der Wissenschaft ist Wissen öffentlich zugänglich, es ist nicht privat, da es anderen zum Nachweis oder zur Widerlegung vorgelegt werden muss. Ein Naturalist geht davon aus, dass die empirische Wahrheit bloß darauf wartet, entdeckt zu werden, und dass wir uns alle auf die empirische Wahrheit einigen können, solange wir an einige wichtige Kriterien glauben. Wissenschaft kann es in jeder Kultur und jeder Nation geben. Sie ist ein weltweites Unterfangen, bei dem Menschen mit völlig verschiedenen Erfahrungen zusammenkommen und sich auf dieselbe Wahrheit einigen können. In einer Zeit, in der vermehrt Differenzen über Fragen nach der Wahrheit und große Meinungsunterschiede bestehen, ist gerade das so faszinierend am Naturalismus, dass er es ermöglicht, sich in wichtigen Belangen zu einigen.

Naturalisten anerkennen nichts Übernatürliches, von daher war es keine Überraschung, dass der Monismus das Weltbild der Mehrheit der Evolutionsbiologen war, die meinen Fragebogen beantworteten. Auf die Frage, ob der Mensch nur aus materiellen Eigenschaften, nur aus spirituellen Eigenschaften oder einer Kombination beider bestünde, gaben 73 Prozent nur materielle Eigenschaften als Antwort. Sogar mehr – 88 Prozent – lehnten die Vorstellung von Unsterblichkeit ab.

In meiner Umfrage befragte ich die Evolutionsbiologen nach ihrer Einschätzung des Verhältnisses von Evolution und Religion. Zugebenermaßen hatte ich bestimmte Erwartungen, was sie antworten würden. Da es aufgrund von früheren Umfragen wahrscheinlich war, dass die Mehrheit nicht an Gott glauben würde, ging ich davon aus, dass sie antworten würden, dass Religion und Wissenschaft sich gegenseitig ausschlössen. Immerhin werden im Rahmen der Religion viele Behauptungen aufgestellt, die die Natur betreffen. In der Bibel steht zum Beispiel, dass die Sintflut alles Leben auf der Erde zerstörte, dass die Sonne stillstand, dass Jesus als Sohn einer jungfräulichen Mutter geboren wurde und dass die Toten wieder zum Leben erweckt werden. Obwohl man einige dieser Aussagen sicherlich als metaphorisch betrachten kann, sind einige davon sicherlich wörtlich gemeint, da sich ein großer Teil der christlichen Theologie auf ihre Wahrhaftigkeit stützt.

Von den Antworten, die ich bekam, war ich allerdings ziemlich überrascht. Die Mehrheit der Evolutionsbiologen (72 Prozent) verstand Religion als ein soziales Phänomen, das sich mit der biologischen Evolution unserer Spezies entwickelt hat. Anders gesagt: Sie betrachteten Religion als Teil unserer Kultur und sahen sie nicht notwendig im Widerspruch mit der Wissenschaft. Das kam mir eher wie soziale Rücksichtnahme vor als wie intellektuelle Ehrlichkeit. Die Evolutionsbiologen schienen eher daran interessiert zu sein, in der Öffentlichkeit in einem guten Licht zu erscheinen, als verantwortungsvoll die Auswirkungen ihres Weltbildes zu erläutern. Es ist möglich, Wissenschaft und Religion so voneinander zu trennen, dass sie nicht miteinander in Konflikt geraten. Aber mögliche Konflikte zwischen Wissenschaft und Religion zu vermeiden, indem man den unangenehmen Fragen aus dem Weg geht, heißt, den streitlustigen Geist der wissenschaftlichen Forschung zu verleugnen. Behauptungen, die von Autoritäten in der stillschweigenden Annahme aufgestellt werden, dass sie aus Ehrfurcht vor denen, die das Sagen haben, unangefochten bleiben werden, sind genau die Art von Behauptungen, die ich untersuchen und bestreiten möchte. Schließlich verlangt die wissenschaftliche Praxis, dass wir alle Behauptungen auf die gleiche Art und Weise untersuchen: durch Beobachten, Experimentieren und Überprüfen. Wenn Wissenschaftler dazu bereit sind, diese Methoden auf einen kompletten Bereich des menschlichen Lebens nicht anzuwenden, wie können sie dann erwarten, dass jemand diese Methoden respektiert? Indem sie sich selbst vor einer öffentlichen Gegenreaktion auf ihr monistisches Weltbild schützen wollen, untergraben sie genau den Standpunkt, den sie vertreten.

In einem Naturschutzgebiet nicht weit von meiner Heimat im Hinterland von New York begegne ich manchmal kirchlichen Gruppen mit Kindern, die Ausflüge durch die Natur machen. Da sich nur wenige

Amerikaner wirklich für die grundlegende Naturgeschichte interessieren, fällt es mir schwer, diese Aktivität zu verurteilen, selbst wenn ein Sonntagsschullehrer meist damit zufrieden ist, jede Frage mit den Worten zu beantworten:»Gott hat wirklich tolle Sachen erschaffen.« Ich habe meinen beiden Kindern schon sehr früh beigebracht, die Natur genau zu beobachten – nicht, um sie mit irgendeiner religiösen Perspektive zu indoktrinieren, sondern um sie zu lehren, die Welt so zu sehen, wie sie ist. Je mehr Menschen die vielen Insekten, Amphibien, Pflanzen und Gesteinsformationen in ihrer Umwelt wahrnehmen, umso besser.

Die Kinder machen bei solchen Kirchenausflügen im Grunde das, was Naturtheologen vor 200 Jahren machten. Ich hoffe, dass sie in ihrem Leben eine ähnliche Entwicklung durchlaufen werden, wie sie die Biologie in den letzten zwei Jahrhunderten durchgemacht hat. Einige der Biologen, mit denen ich sprach, gaben frühere religiöse Vorstellungen auf, als sie tiefer in die Welt der Natur eintauchten. Einer von ihnen, John Bonner von der Princeton-Universität, erzählte mir:»Der Grund, warum ich eines Tages entschied, dass ich in diesem Alter – ich war zu der Zeit ungefähr 14 – keine Religion brauchte, war der, dass die Vögel, die Spatzen vor meinem Fenster, ein tolles Leben zu führen und ausgesprochen gut zurechtzukommen schienen … Ich dachte mir: ›Die kommen ohne Gott aus‹, und so beschloss ich, dass Religion nichts für mich sei. Von diesem Moment an glaubte ich wirklich nicht mehr an Gott.«

Vielleicht machen diese Kinder auf ihren Ausflügen in die Natur eines Tages dieselbe Erfahrung. Sie stolpern über etwas, das sie fasziniert und zwingt, ein wissenschaftliches Fachbuch in die Hand zu nehmen. Vielleicht motiviert sie das wiederum, im College Naturwissenschaften zu belegen. Und in dem Alter, in dem sie ins College kommen, sind sie wahrscheinlich in der Lage, die Spannungen zwischen einer dualistischen und einer monistischen Perspektive zu erkennen. Wenn sie immer noch an das glauben, was sie in der Sonntagsschule gelernt haben, dann werden sie es zunehmend schwieriger finden, an ihrem dualistischen Weltbild festzuhalten, je tiefer sie in die Wissenschaften einsteigen. Wenn sie ihre Methoden, um etwas zu entdecken, zu experimentieren und zu beobachten, verbessert haben, werden sie schließlich zugeben müssen, dass das monistische naturalistische Weltbild besser zu ihrem Interesse passt als das religiöse Weltbild ihrer Jugend.

Natürlich ist Naturalismus nicht jedermanns Sache. Für viele Menschen sind die Hoffnung auf ein ewiges Leben und eine persönliche, innige Beziehung zu Gott der Dreh- und Angelpunkt ihres Bewusstseins. Forderungen nach wissenschaftlicher Begründung stehen ihren Denkmustern bloß im Weg und machen die meisten ihrer Hoffnungen zunichte. Meiner Meinung nach ist es das gute Recht eines Philosophen oder Theologen, wissenschaftliche Fakten als göttlich gegeben zu interpretieren, wenn ihm danach ist. (Wenn er will, kann er ja auch mit einem Federkiel schreiben!) Aber wenn Menschen empirische Wahrheiten ablehnen – wenn sie zum Beispiel über die Evolution spotten oder behaupten, dass die Menschen so, wie sie heute sind, vor einigen tausend Jahren erschaffen wurden –, geraten Religion und Wissenschaft in Konflikt. Ich wäre gerne überzeugt davon, dass die amerikanische Gesellschaft tolerant und Intellektuellen gegenüber respektvoll ist, aber dieser Wunsch entbehrt wohl jeglicher Realität. Und wenn die Fundamentalisten sich durchsetzen, kommt vermutlich eine neue Ära der Intoleranz und der starren Überzeugungen auf uns zu.

Wenn ich Biologie unterrichte, versuche ich, den Studenten die Fakten zu präsentieren und es ihnen selbst zu überlassen, ihre Schlüsse daraus zu ziehen. Wenn ich sie dazu bringe, wesentliche Fragen zu stellen – die Art von Fragen, die ich mir als Student gestellt habe –, erachte ich meine Bemühungen als erfolgreich.

Wenn ich einen Song schreibe, verfolge ich den gleichen Denkansatz. Ich will den Leuten nicht vorschreiben, was sie zu denken haben, aber ich will, dass sie nachdenken. Manchmal muss man dabei unangenehme Wahrheiten betonen und die Menschen in der Hoffnung, einen fruchtbaren Dialog zu provozieren, dazu zwingen, ihre vorgefassten Meinungen zu hinterfragen. Für unser 2004er-Album *The Empire*

Strikes First, das eines der politisch klarsten Bad-Religion-Alben ist, schrieb ich den Song *God's Love* mit dem folgenden Refrain:

> *Tell me, where is the love?*
> *In a careless creation, when there's no ›above‹.*
> *There's no justice, just a cause and a cure.*
> *And a bounty of suffering, it seems we all endure.*
> *And what I'm frightened of is that they call it God's*
> *love.*[49]

Unsere Entscheidungen und Handlungen spiegeln wider, wie wir über die Welt denken. Wenn jemand die Obrigkeiten herausfordert und die Dogmen, die unsere Gesellschaft prägen, macht ihn das nicht zu einem durchgeknallten Nihilisten, der nur auf Zerstörung aus ist. Aufgeschlossene Geister können durch solche Herausforderungen zu einem sachkundigen gesellschaftlichen Diskurs und zu einer offenen Gesellschaft beitragen. Das ist auch der Grund, warum es letztendlich so wichtig ist, über die Evolution Bescheid zu wissen: weil sie die Art und Weise, wie wir über uns und die Welt um uns herum denken, verändern kann.

3. KAPITEL

DAS FALSCHE GÖTZEN-
BILD NATÜRLICHE
SELEKTION

»Weder reagiert die natürliche Selektion auf etwas,
noch entscheidet sie sich (für oder gegen etwas),
noch erzwingt, vergrößert, erschafft, verändert, formt,
bedient, begünstigt, erhält, treibt, stößt, passt sie etwas
an. Die natürliche Selektion macht nichts.«
William B. Provine[50]

In der Highschool war ich so darauf erpicht, mehr über die Evolution zu lernen, dass ich beim Naturhistorischen Museum des Bezirks Los Angeles anfragte, ob ich als freiwilliger Helfer arbeiten könne. Ich hatte zwar keinerlei Erfahrung mit der Arbeit im Museum, und meine Noten wiesen mich auch nicht gerade als vielversprechenden Nachwuchswissenschaftler aus, aber die Abteilung für Paläontologie hatte immer mehr Proben, die untersucht werden mussten, als die Angestellten bewältigen konnten, also akzeptierten sie meine Bewerbung und steckten mich in das Labor zur Präparation von Fossilien.

Vom Haus meiner Mutter aus brauchte ich zum Museum einfach eineinhalb Stunden mit dem Bus, aber die Mühe war es mir wert. Die Museumsangestellten sammelten enorme Mengen an Steinen, die eine große Ausbeute an Fossilien enthielten. In der Fossilienpräparation arbeiteten zwei Vollzeitangestellte, von denen jeder über einen aufwendig ausgestatteten Labortisch verfügte, der mit Werkzeugen und Fossilien vollgestellt war, die wie Außerirdische aussahen. Außerdem waren da noch einige Studenten mit kleineren Tischen, und es gab einen bescheidenen Arbeitsplatz für die freiwilligen Helfer. Meine Aufgabe war es, mithilfe von Zahnarztwerkzeug, Zahnbürsten und einem Druckluftgerät den Stein vorsichtig abzuschlagen und das von Sandstein eingefasste Fossil freizulegen. Sobald ich fertig war, wurde der Stein sofort zu Studienzwecken in einen anderen Teil des Gebäudes gebracht.

Die Arbeit war größtenteils extrem langweilig. Es dauerte ungefähr zwei Stunden, um einen etwa zwei mal zwei Zentimeter großen Teil eines Knochens freizulegen oder einen Zahn aus dem körnigen Sandsteinboden zu befreien. Mit der Zeit verbesserte ich meine Technik, und ich bemerkte, dass ich mehr über die Tiere lernen wollte, deren Fossilien ich präparierte. Ich wusste, dass es einen größeren Kontext geben musste, innerhalb dessen diese Fossilien von Bedeutung waren. Und ich wollte unbedingt wissen, was diese Fossilien bedeuteten, nicht bloß, was sie waren.

Das Einordnen von Organismen in Kategorien wird Taxonomie genannt.[51] In vielen Berufen ist eine vergleichbare Vorgehensweise erforderlich. Ein erfahrener Maurer weiß mehr über die Eigenschaften von Steinen, als wir uns vorstellen können. Er wird vermutlich in der Lage sein zu bestimmen, aus welcher Sandgrube der Sand kam, wie stark er erhitzt wurde und was für Formen benutzt wurden. Wenn er all die verschiedenen Arten von Steinen bestimmt, ist das vergleichbar mit der Praxis der Taxonomie.

Meine Arbeit am Naturhistorischen Museum war für einen angehenden Naturwissenschaftler wichtig, weil ich lernen musste, die Organismen zu benennen und zu kategorisieren. Es machte mir auch großen Spaß, die korrekten wissenschaftlichen Bezeichnungen für Pflanzen und Tiere zu lernen – eine Art Geheimwissen, über das ich verfügte und die meisten anderen Menschen nicht. Wenn man allerdings Dinge benennt, bezeichnet und einordnet, geht man davon aus, dass sie alle in eine starre Ordnung passen, und die wirklich wichtigen Dinge im

Leben sind nicht feststehend, sie verändern sich permanent. Was mich interessierte, war die Systematik – die Beziehung zwischen den Fossilien und den heute lebenden Organismen.

Haben Sie jemals jemanden getroffen, der ein umfangreiches enzyklopädisches Wissen über obskure Rockbands hat? Ich kenne ein paar Leute in Los Angeles, die ihre Zeit damit verbringen, in Plattenläden die Kisten mit gebrauchten Platten zu durchwühlen, die aus einer Zeit stammen, als Musik noch auf Vinyl gepresst wurde (ein Phänomen, das heute wieder ein Comeback erlebt, obwohl die meisten Jugendlichen nie etwas anderes gehört haben als auf 128 kbit/s komprimierte digitale Aufnahmen). Einige dieser Leute waren so besessen von der Entdeckung obskurer Bands, dass sie den Spitznamen »Plattenwurm« verdienten. Sie erstellten Listen mit Bandnamen und wussten genau, welches die seltensten Platten waren, die es gab. Das konnte eine obskure Garagenband aus England sein, die nur 500 Exemplare eines Albums veröffentlicht hatte. Keiner von uns wird je von dieser Band gehört haben, aber so ein Plattenwurm konnte mehr darüber erzählen, als andere wissen wollten.

Das Problem mit den meisten Plattenwürmern, die ich kenne, ist, dass sie sich ihr Urteilsvermögen von all den Belanglosigkeiten, die sie gesammelt haben und wissen, verderben lassen. Ich kann mich nicht daran erinnern, dass ich je mit einem eine Diskussion darüber geführt hätte, ob eine dieser Bands wirklich gut war, es ging ihnen nur um ihr enzyklopädisches Wissen. Vielleicht handelte es sich bei einer Band, die nur 500 Alben veröffentlicht hatte, ja um einen unentdeckten Diamanten, oder aber die Musik war so schlecht, dass keine Plattenfirma die Gruppe unter Vertrag nehmen wollte, um ein weiteres Album aufzunehmen. Ich habe nie herausfinden können, was die meisten der Plattenwürmer über die Qualitäten von Bands oder Genres dachten, weil sie nie von etwas anderem sprachen als von belanglosen Fakten und Statistiken.

Von diesen Plattenwürmern habe ich gelernt, dass es beim Sammeln von Informationen darauf ankommt, was man damit macht. Die »Geheimsprache« der Taxonomie gab mir damals das Gefühl, besonders zu sein, aber Worte allein, die sich auf fossile Arten (oder obskure Platten) bezogen, genügten mir nicht. Taxonomie ist eine große Kunst, aber ohne Theorie dahinter verkommt sie zu einem Etikett in einem Museum. Auch heute noch werden beachtlich viele Arten entdeckt und beschrieben, und jede neu entdeckte Art erhält einen einzigartigen offiziellen Namen. Aber was sagen die Benennung und Klassifizierung einer Art über deren Beziehung zu anderen Arten oder zu uns aus? Ich wollte an Weisheit zulegen, nicht nur über mehr faktisches Wissen verfügen.[52]

Auch wenn mir das zu der Zeit noch nicht klar war, so wiesen meine Erfahrungen am Naturhistorischen Museum interessante Parallelen mit der Geschichte des Fossiliensammelns aus den Jahren vor Darwin auf. Bereits im 16. Jahrhundert haben Naturalisten in Europa und ansatzweise auch in anderen Teilen der Welt angefangen, Fossilien, exotische Pflanzen und Tiere und andere Gegenstände aus der Natur zu sammeln.[53] Diese Gegenstände wurden dann zu Sammlungen zusammengefügt, die oft als »Kuriositätenkabinette« angepriesen und der Öffentlichkeit gegen Eintritt präsentiert wurden. Genau wie die Plattenläden aus alten Zeiten waren das Aufbewahrungsorte für obskure Artefakte. Einige der umfangreichsten Sammlungen bilden heute die Herzstücke der berühmtesten Naturhistorischen Museen.

Die ersten Naturalisten waren Dualisten: Sie glaubten an eine geordnete, von einem intelligenten Wesen gestaltete Natur, die sich nicht konstant veränderte und nur darauf wartete, von Gottes neugierigen Kindern erforscht zu werden. Sie gingen davon aus, dass alle Arten von Gott erschaffen worden waren. Die offensichtlichen Ähnlichkeiten zwischen den Organismen mussten also Teil des Plan Gottes sein. Aber eben weil diese Ähnlichkeiten von Gott geschaffen waren und nicht als wesentlicher Teil der Natur verstanden wurden, wandten die ersten Naturalisten jeweils ihr eigenes Schema zur Organisation und Benennung der Tiere und Pflanzen in ihren Sammlungen an. Das führte zu enormer Verwirrung. Das war so, als hätten die Plattenwürmer, ohne sich untereinander abzusprechen oder eine gemeinsame Klassifikation zu vereinbaren, ihr eigenes Schema zur Kategorisierung von Bands und

Musikgenres kreiert. Aber ohne die geeignete Taxonomie wird man Gottes Gestaltung der Natur vielleicht nie verstehen. Das Problem der Benennung und Einordnung von Organismen wurde im 17. Jahrhundert von dem schwedischen Botaniker Carl von Linné gelöst. Er entwickelte ein System, wonach jeder Art zwei Namen zugeordnet wurden, so wie wir auch meistens zwei Namen tragen. Der erste Name ordnet einen Organismus einer Gattung von weitestgehend ähnlichen Organismen zu, eine Praxis, die mit unseren Vornamen vergleichbar ist. Aber normalerweise gibt es eine ganze Menge Leute mit dem gleichen Vornamen. Der Vorname macht einen also noch nicht einzigartig. Vergleichbar damit, gab Linné einer Gruppe von verwandten Arten einen »Vornamen«, der als »Genus« bezeichnet wird, um eine Gattung von Organismen zu bezeichnen. Beispielsweise gehören zu der Gattung *Canis* Hunde, Kojoten, Wölfe und Schakale. Der zweite Name bezeichnet eine einzigartige Untergruppe von Organismen innerhalb einer größeren Gattung. Diese Untergruppe wird Art genannt. Die Kojoten, die die Wälder in der Nähe meines Hauses im Hinterland von New York durchstreifen, heißen *Canis latrans*. Nach Linnés System wird der Mensch *Homo sapiens* genannt. Gegenwärtig sind wir die einzige Art unserer Gattung – *Homo* –, aber in der Vergangenheit existierten teilweise gleichzeitig noch verschiedene andere Arten unserer Gattung.

Linné verfügte über ein enzyklopädisches Wissen über die Arten, die er entdeckt hatte, und er wusste, dass sie untereinander in unterschiedlichen Graden anatomische Ähnlichkeiten aufwiesen. Er ging aber von der dualistischen Annahme aus, dass die Natur von einem Schöpfer sorgsam eingerichtet worden war. Sein Ziel war es, Gottes Plan zu ergründen, nicht die übernatürliche Macht der Schöpfung infrage zu stellen. In verschiedenen Teilen der Welt leben beispielsweise unterschiedliche Arten auf anscheinend sehr ähnliche Weise und verfügen über sehr ähnliche biologische Funktionen. Aber das verlangte zu Linnés Zeit nach keiner Erklärung, sondern wurde als Gottes Plan hingenommen. Zu zeigen, wie verschiedene Pflanzen und Tiere sich in einer intelligent gestalteten Welt anpassten, war die gesellschaftlich akzeptierte Form einer intellektuellen Beschäftigung. Vom 17. bis zum

19. Jahrhundert war es sehr schwer, durch das Studium von Organismen zu tieferen Einsichten zu gelangen.

Die Darstellung der Evolution, die Darwin und Wallace lieferten, zerstörte die bequeme intellektuelle Gewissheit der Naturtheologie. Sie zeigten auf, dass bereits geringe Veränderungen eines Organismus dazu führen konnten, dass Individuen in einer bestimmten Umgebung mehr oder weniger gut überleben konnten. Wenn diese Merkmale vererbbar waren, konnten sie an den Nachwuchs weitergegeben werden und verbreiteten sich dann in den kommenden Generationen immer mehr. Darwin bezeichnete diesen Effekt als »natürliche Selektion«, weil die Natur ja in der Tat aus den in einer Population vorhandenen Merkmalen auswählt, genau wie ein Pflanzen- oder Tierzüchter Organismen mit vielversprechenden Merkmalen auswählt, um einen Nachwuchs zu erhalten, bei dem diese Merkmale vorherrschend sind. Die natürliche Selektion als automatisch ablaufender Prozess lieferte eine einfache Erklärung für die unglaublich vielfältigen Erscheinungen, die die Biologen bis dahin dem Wirken Gottes zugeschrieben hatten: die Tarnung von Insekten, die Stöcken oder Blättern ähneln, die Schönheit von Blumen, die Grausamkeit von Raubtieren, unsere haarlose Haut, der aufrechte Gang und das große Gehirn.

Darwin war sich bewusst, dass er starke Argumente liefern musste, um die natürliche Selektion zu belegen. Viele Biologen, darunter auch sein Großvater Erasmus Darwin, hatten bis dahin aufgrund der offensichtlichen Ähnlichkeiten von lebenden und ausgestorbenen Organismen bereits darüber spekuliert, dass es eine Evolution gegeben haben musste. Aber die Idee war noch nicht wirklich akzeptiert, weil niemand herausgefunden hatte, wie das Entstehen ähnlicher Arten ausgehend von gemeinsamen Vorfahren zu erklären war. Die natürliche Selektion bot dafür eine Antwort. Sie machte deutlich, dass Populationen einer einzelnen Art schrittweise über viele Generationen verschiedene Merkmale erwerben konnten, ohne dass eine weise Gottheit eingriff, und dies nur durch die gottlose Handlung einer erfolgreichen oder misslingenden Fortpflanzung. Die natürliche Selektion war für Darwins Argumentation so wichtig, dass der volle Titel seines 1859 erschienenen Buches, in dem er seine Ideen beschreibt, *On the Origin of Species by Means of Natural Selection, or the Preservation of Favoured Races in the Struggle for Life* lautete.[54] (»Rassen« bezog Darwin hierbei einfach auf Gruppen von Organismen, die bestimmte Merkmale teilen, und nicht auf die Klassifikation von Menschen nach »Rassen« oder Ethnien.) Die natürliche Selektion spielte eine zentrale Rolle in Darwins Weltbild, und auf ihr fußte auch seine Überzeugung, dass die Naturtheologie falschlag und dass es keine höhere Weisheit in der Gestaltung der Natur gab.[55]

Das gesamte Buch *Die Entstehung der Arten* ist geprägt von der Darlegung der natürlichen Selektion. Darwin ging davon aus, dass neue Merkmale bei Organismen mehr oder weniger zufällig entstanden, er zog aber auch in Erwägung, dass manche durch den wiederholten Gebrauch oder Nichtgebrauch biologischer Bestandteile auftauchten. Diese Merkmale begünstigten das, was Darwin als »unterschiedliches Überleben und Fortpflanzen« bezeichnete – dass Organismen aufgrund ihrer Merkmale überleben oder sterben. Diejenigen mit geringfügig günstigeren Merkmalen haben tendenziell mehr Nachwuchs als die mit den weniger vorteilhaften Merkmalen. Außerdem erkannte Darwin, dass Organismen wesentlich mehr Nachwuchs hervorbringen, als die Umgebung über lange Zeit am Leben erhält. Daher befinden sich die Individuen insofern in einem »Überlebenskampf«, als alle Organismen um knappe Ressourcen konkurrieren. Daraus ergibt sich von Generation zu Generation eine allmähliche Zunahme der vorteilhaften Merkmale. Und so kommt es, dass spätere Populationen sich von ihren Vorfahren unterscheiden. Darwin bezeichnete diesen Prozess als »Abstammung mit Abwandlung«, und er ging davon aus, dass dieser Prozess zu der Entstehung neuer Arten führte, da die Populationen von Organismen sich allmählich veränderten.

Darwins Definition der natürlichen Selektion richtete sich an ein viktorianisches Publikum im 19. Jahrhundert. Im viktorianischen England passte das Bild vom »Überlebenskampf« ideal zu den Bedingungen des alltäglichen Lebens. Die Kindersterblichkeit war weitaus höher als heutzutage. Zwei der zehn Kinder von Darwin starben sehr jung, und seine Tochter Annie starb im Alter von zehn Jahren. Aufgrund dieser Tragödie verabschiedete sich Darwin von den letzten Spuren seiner Religiosität.[56] Die Fabrikarbeiter dieser Zeit arbeiteten viele Stunden unter unerträglichen und gefährlichen Bedingungen für geringe Löhne. Der Terminus vom Kampf ums Dasein schien die Lebensbedingungen der meisten Leute dieser Zeit sehr gut zu beschreiben.

Bei den Europäern des 19. Jahrhunderts fand das Konzept der natürlichen Selektion aus anderen Gründen großen Anklang. Es erschien vielen Leuten als plausible Erklärung und Rechtfertigung für die enormen Ungleichheiten in der Gesellschaft. Die schwächeren Mitglieder der Gesellschaft würden sukzessive scheitern und durch Armut, Hunger und Krankheit aussterben, während die stärkeren Mitglieder vorankommen und sich fortpflanzen würden. In Anlehnung an Darwins »Überlebenskampf« sprach sein Zeitgenosse, der Philosoph Herbert Spencer, vom »Überleben des Stärkeren«. Darwin selbst empfand diese Formulierung als exzellente Beschreibung der natürlichen Selektion.

Das Modell der natürlichen Selektion sprach auch viele Wissenschaftler dieser Zeit an, da es anscheinend Ordnung in die wilde Anarchie der biologischen Welt brachte. Verglichen mit den Gesetzen der Natur, die von anderen Wissenschaften aufgestellt wurden, hatte es eine innere Logik und Zwangsläufigkeit. Da die Selektion den dem Konzept der »Abstammung mit Abwandlung« zugrunde liegenden Mechanismus erklärte, war der verzweigte Baum des Lebens sowohl zwangsläufig als auch verständlich, da eine Verbindung zwischen existierenden (den heute lebenden) Arten und ausgestorbenen Arten, die nur als Fossilien bekannt waren, hergestellt wurde.[57]

Die natürliche Selektion trug auch im Verborgenen ein theologisches Moment in sich, da sie einen Weg zu einem endgültigen Sinn des Lebens aufzuzeigen schien. Die Lebewesen entwickelten sich mit der Zeit immer weiter, und wenn neue Generationen von Organismen neue Merkmale erwarben, passten sie sich besser an ihre Umgebung an. Was konnte ein besserer Beweis für die weise und vorherbestimmte Gestaltung der Natur durch die Vernunft Gottes sein? Selbst Nichtgottesgläubige konnte die Ordnung, die die natürliche Selektion anbot, zumindest teilweise für den Verlust eines allmächtigen Gottes entschädigen.

+

Viele Erklärungen der Evolution konzentrieren sich im Wesentlichen auf eine Beschreibung der natürlichen Selektion und deren Rolle in der Auf- und Verteilung der Arten. Diese Darstellungen bieten ein Schema für die Evolution an und gehen davon aus, dass die angebotenen Erklärungen alles abdecken. Aber über die Jahre hinweg wurde die natürliche Selektion als Erklärung für alle evolutionären Veränderungen für mich immer weniger zufriedenstellend. Und da ich der Ansicht bin, dass Dogmen, wo auch immer man auf sie trifft – ob es nun in der Religion, in der Wissenschaft oder in der Musik ist –, hinterfragt werden müssen, verbrachte ich einige Zeit damit, die Werke der Kritiker der natürlichen Selektion zu studieren. Als Ergebnis erhielt ich ein Bild von der Evolution, das sich erheblich von der herkömmlichen Auffassung unterschied.[58]

Bevor ich weiter auf die natürliche Selektion eingehe, muss ich etwas klarstellen. Sobald ein Evolutionsbiologe ein Problem in der gängigen Auffassung der Evolutionstheorie erkennt, verdrehen Kreationisten das Argument dahingehend, dass die Evolution als Erklärung völlig fehlerhaft sei oder die Theorie in einer Krise stecke. Das ist natürlich lächerlich. Für mich ist absolut unbestreitbar, dass die Evolution stattgefunden hat. Die Ansicht, dass Gott sämtliche Fossilien in die Erde gesteckt hat, um den Glauben auf die Probe zu stellen, ist einfach absurd. Ich habe also nicht im Geringsten die Absicht, den Verfechtern der aktuellen Intelligent-Design-Bewegung[59] ein Türchen für Diskussionen darüber zu öffnen.

Natürlich wissen alle Biologen, dass das Studium der Evolution bei Weitem noch nicht abgeschlossen ist und vermutlich auch nie abgeschlossen sein wird. Es bleiben noch viele faszinierende Fragen offen in puncto Entwicklung der Organismen, Geschwindigkeit evolutionärer Veränderungen, Einfluss der Umwelt auf die Evolution, Zusammenhang der Entwicklung von Organismen und evolutionärer Veränderungen und in vielen anderen Bereichen. Die Evolutionsbiologie ist ein blühendes wissenschaftliches Feld, und Wissenschaftler forschen weiterhin an unbeantworteten Fragen.

Die Neigung von Kreationisten, die Aussagen von Evolutionsbiologen falsch auszulegen, demonstriert deren grundsätzliche intellektuelle Unaufrichtigkeit. Sie verbringen ihre Zeit damit, die Konzepte und Äußerungen von Biologen anzugreifen, anstatt selbst nachprüfbare Theorien vorzustellen. Gerade die Gruppe, die als Intelligent-Design-Kreationisten bekannt ist, behauptet, dass ihre Kritik an der Evolution auf wissenschaftlichen Nachforschungen beruhe. Sie argumentieren beispielsweise, dass einige biologische Strukturen und Funktionen zu komplex seien, um sich natürlich entwickelt haben zu können, und daher das Produkt einer gestalterischen Gottheit sein müssen. Doch die Kreationisten, die die Theorie von der »intelligenten Gestaltung« vertreten, haben keinen einzigen Beweis geliefert, der diese Annahme stützen würde. Ihre Forschungsarbeit, wenn es denn überhaupt eine gibt, besteht nur darin, ihr Wunschdenken zu bekräftigen. Wenn sie etwas bewirkt haben, dann sicherlich das Gegenteil von dem, was sie eigentlich erreichen wollten: Denn wenn eine neue biologische Struktur oder ein Vorgang entdeckt wird, machen sich die Evolutionsbiologen sofort an die Arbeit und suchen nach Übereinstimmungen mit der Evolutionstheorie.[60] Kreationisten vertrauen auf das Konzept eines Lückenbüßergottes, wobei alle Bereiche, die wissenschaftlich noch nicht ganz geklärt sind, mit den Mysterien von Gottes Handlungen in Zusammenhang gebracht werden. Dieses Konzept kann sich allerdings für ihre Theorie verhängnisvoll auswirken, da die Wissenschaft normalerweise mit der Zeit auch diese bestehenden Lücken schließt. Paradoxerweise entstehen allerdings mit zunehmenden Entdeckungen auch vermehrt Lücken. Wenn ein neuer Fund eine Lücke schließt, entstehen um diesen Fund herum zwei neue Lücken, die wiederum weitere Löcher in dem bestehenden Faktengebilde kenntlich machen. Folglich führen mehr Daten auch zu mehr Rätseln. Die Anhänger des Intelligent-Design-Kreationismus, die darauf beharren, dass Gott dort, wo diese Wissenslücken auftreten, existiert, wissen immer weniger über Gottes Handlungen, je mehr Entdeckungen gemacht werden. Die Vertreter des Intelligent Design sollten einfach aufhören, weil sie mit jeder neuen Entdeckung immer weiter zurückfallen.

In Wirklichkeit haben die Intelligent-Design-Kreationisten gar kein wissenschaftliches Interesse. Sie bevorzugen eindeutig ein theistisches Weltbild gegenüber dem naturalistischen und monistischen Weltbild der Evolution. Ihre Angriffe gegen die Evolution sind nur ein Mittel zum Zweck. Beispielsweise ist ein großer Befürworter des Intelligent-Design-Kreationismus das Center for Science and Culture, das vom Discovery Institute gesponsert wird, einer konservativen Denkfabrik in Seattle. Ziel des Zentrums ist laut einem internen Dokument, das 1999 an die Öffentlichkeit geriet,»den wissenschaftlichen Materialismus und seine moralischen, kulturellen und politischen Hinterlassenschaften niederzuschlagen«.[61] Die Idee dahinter ist die, den Intelligent-Design-Kreationismus als »Keil« zwischen Wissenschaft und deren Verbündeten, den »atheistischen Naturalismus«, zu treiben. Obwohl das Zentrum keinerlei Daten hervorgebracht hat, die die These vom Intelligent Design stützen würden, hat es Konferenzen gesponsert, Bücher und Artikel subventioniert, Vorlesungen veranstaltet und mit konservativen Politikern an Anträgen gearbeitet, dass im Biologieunterricht Religion gelehrt werden soll. Diese Anstrengungen sind leider ziemlich erfolgreich. Regelmäßig werden bei den Schulbehörden oder den zuständigen Parlamenten Anträge eingebracht, die Lehrer an staatlichen Schulen dazu zwingen sollen, den Kreationismus vorzustellen. Die meisten dieser Anträge sind bisher abgeschmettert worden, aber die Kampagne wird unvermindert fortgesetzt.

Manche Kreationisten argumentieren, dass Lehrer gezwungen werden sollten, kontroverse Standpunkte deutlich zu machen.[62] Allerdings gibt es hier aus wissenschaftlicher Sicht keine kontroversen Standpunkte, lediglich aus gesellschaftlicher Sicht. Der Betreuer meiner Doktorarbeit, Will Provine, trägt dieser gesellschaftlichen Kontroverse

Rechnung, indem er in seinen Nebenfachkursen über Evolution Kreationisten zu Gesprächen mit seinen Schülern einlädt. Für viele seiner
Studenten sind die Diskussionen, die Will mit den Kreationisten führt,
sehr interessant. Will erlaubt seinen Studenten auch, kreationistisches
Gedankengut in ihre Arbeiten einfließen zu lassen. Viele der kreationistischen Studenten geben zu, dass ihre Denkweise starke Parallelen zu
der der Naturtheologen aus der Zeit von vor Darwin aufweist. Doch sie
können in diesen Kursen immer noch gute Noten erlangen, auch wenn
sie sich nicht von der kreationistischen Denkweise losmachen können.
Eine kleine Minderheit dieser Studenten hat jedoch nach dem Besuch
der Kurse ihre Sichtweise auf den Kreationismus geändert. Zum ersten Mal haben diese Leute ernsthaft darüber nachgedacht, wie Darwin
die wissenschaftliche Weltsicht verändert hat, und sind zu dem Schluss
gekommen, dass der Intelligent-Design-Kreationismus keine Wissenschaft ist und auch nicht als solche behandelt werden sollte.

Aber wenden wir uns nun wieder der natürlichen Selektion zu.
Darwin kannte die biologischen Gründe, die für die Vererbung von
Merkmalen verantwortlich sind, nicht. Im ersten Jahrzehnt des 20.
Jahrhunderts entwickelten Wissenschaftler die Disziplin der Genetik
und lieferten damit eine fehlende Zutat für Darwins Theorie. Genetiker
führten die Vererbung biologischer Merkmale auf etwas zurück, was sie
Gene nannten, die von den Eltern via Spermien und Eizellen an ihren
Nachwuchs weitergegeben werden. Jahrzehntelang wussten sie aber
weder genau, was diese Gene waren, noch, wo sie in den Zellen saßen.
Aber sie konnten durch Zuchtexperimente nachweisen, dass die Merkmale irgendwie von Generation zu Generation weitergegeben wurden,
auch wenn die genaue Beschaffenheit der Gene rätselhaft blieb.

Das Entstehen der Genetik führte zu einer der wichtigsten wissenschaftlichen Entwicklungen des 20. Jahrhunderts. In den späten
1930er- und frühen 1940er-Jahren verbanden einige Genetiker in den
USA und Europa Ideen aus der Genetik, der Evolution und der Mathematik und erschufen die sogenannte moderne Synthese (oder die
moderne synthetische Evolutionstheorie).[63] Die moderne Synthese ist
eine wunderbare Sache. Sie kombiniert viele Wissenschaftsgebiete, um

eine quantifizierbare und berechenbare Darstellung der evolutionären Veränderungen zu ermöglichen. Durch ihre mathematische Strenge und ihre umfangreichen Erklärungsmöglichkeiten wurde sie schnell zum vorherrschenden Paradigma der Evolutionsbiologie. Die moderne Synthese ist in Teilen die verstärkte natürliche Selektion. Die moderne Synthese betrachtet die natürliche Selektion als eine aktive Kraft, die permanent die Merkmale der Lebewesen einer Population überwacht. Dabei wird angenommen, dass diese Merkmale eins zu eins mit den Genen dieser Lebewesen übereinstimmen. Zufällige Veränderungen der Gene führen zu Abweichungen der Merkmale, auf denen die natürliche Selektion aufbaut. Die natürliche Selektion ist daher so etwas wie ein evolutionärer Aufpasser. Sie wählt innerhalb der verschiedenen Merkmale aus, die die Mitglieder einer Population aufweisen.

Die moderne Synthese spricht von der »Fitness« der Lebewesen. Unter Fitness versteht man eine theoretische Maßeinheit dafür, wie gut ein Organismus an seine Umwelt angepasst ist. Sie kann grob gemessen werden, indem man die Anzahl des lebensfähigen Nachwuchses eines Organismus zählt. Wenn ein Mitglied derselben Population mehr Nachkommen hinterlässt als andere, spricht man davon, dass dieses Individuum eine höhere Fitness besitzt. In einer Sporthalle oder einem Kurort hängt die Fitness davon ab, wie viel man trainiert; in der Natur richtet sich die Fitness danach, wie gut sich ein Individuum fortpflanzt.

Betrachtet man das mit dem Formalismus, den die moderne Synthese von der Mathematik übernommen hat, besetzen Arten in einer Art Fitnesslandschaft Bergspitzen, wobei höhere Punkte (Gipfel) größere Fitness repräsentieren. Wenn die Gene und damit auch die Merkmale einer Population sich verändern, bewegt sich die Population in dieser theoretischen Landschaft vom Gipfel in Richtung Tal. Wenn sie dann das Tal durchquert und einen weiteren Gipfel erreicht, bleibt die Population bestehen. Halten genetische oder umweltbedingte Veränderungen die Population in einem Fitnesstal, wird sie von der natürlichen Selektion mit all ihren Merkmalen und Genen unbarmherzig vernichtet.[64]

Bevor ich auf die Nachteile dieser Sichtweise eingehe, ist es wichtig anzumerken, dass die moderne Synthese einige unglückliche Folgen hatte. Zunächst einmal betonte sie die Bedeutung der Gene und der DNA im Hinblick auf biologische Merkmale übermäßig. Wir würden in einem Genom-Zeitalter leben, wenn alles in der Biologie auf Aussagen über die Gene reduziert werden könnte. In Wirklichkeit ist die DNA nur ein Teil unseres biologischen Gebildes, und sie kann nicht alles allein bestimmen. Es wäre genauso falsch zu behaupten, dass im Punkrock die Texte die wesentliche Rolle spielen, ohne dabei die Musiker oder auch die Fans zu berücksichtigen, die den Punk zu einer kollektiven und aktiven Subkultur machen.

Die Überbetonung der DNA hat zu ernsthaften Verfälschungen der Konzepte der Genetik und der allgemeinen Denkweise der Leute über die Biologie geführt. Studenten wird gewöhnlich geraten, sich eher in Genetikkursen einzuschreiben und im Labor zu arbeiten, anstatt Feldstudien zu betreiben. Eine Konsequenz daraus ist, dass Studenten selten ein gutes Gespür für die Abweichungen in wild lebenden Populationen entwickeln. Wahrscheinlich glauben ihre Professoren, dass sie eher in einem Labor einen Job finden als im Bereich der Feldforschung. Aber in den meisten Biologieinstituten herrscht insgeheim auch die Überzeugung vor, dass Genetik viel wichtiger ist als andere Formen biologischer Forschungen. So setzen auch die meisten medizinischen Fakultäten bei ihren neuen Studenten mindestens ein Jahr Genetik voraus. Sie verlangen aber kein einziges Semester in vergleichender Anatomie, Sezieren oder biologischer Feldforschung.

Auch die öffentliche Einschätzung der Bedeutung der DNA ist eigenartig. Viele Leute glauben, dass durch das Studium der DNA Heilmittel für häufige Krankheiten bei Menschen gefunden werden können. Doch die meisten in diese Richtung gehenden Versprechen wurden nicht erfüllt, abgesehen von ein paar bemerkenswerten Fortschritten (wie etwa der Produktion von menschlichem Insulin durch Bakterien). Mit der Sequenzierung des menschlichen Genoms sollte beispielsweise ein goldenes Zeitalter individualisierter Medizin und biomedizinischer Durchbrüche eingeleitet werden. Das ist bisher jedoch nicht eingetreten (und es gibt begründete Zweifel daran, dass dies jemals in dem Maße geschehen wird, wie manche Menschen es erwarten). Die Forschung

im Bereich der Genetik sollte eigentlich zeigen, wie einfach die Biologie in ihrem Kern ist, so wie die natürliche Selektion zeigen sollte,
wie einfach die Evolution in ihrem Kern ist. Stattdessen wird es immer
komplizierter, je mehr wir über Genetik erfahren. Ein Großteil der DNA
hat keinen uns bekannten Effekt in unserem Körper. Andere wesentliche Teile der DNA sind »Kontrollbereiche«, die die Aktivität der Gene
in Abhängigkeit von den Umweltfaktoren an- und ausschalten und anpassen. Die Bereiche der DNA, die als Gene bezeichnet werden, sind
sehr gering, und auch diese Bereiche interagieren untereinander und mit
der Umwelt auf vielfache und nur dürftig verstandene Weise. Heute ist
es möglich, seine DNA untersuchen zu lassen, um festzustellen, ob ein
erhöhtes Krankheitsrisiko besteht. Doch die Ergebnisse, die die Menschen erhalten, sind bestenfalls schwer zu interpretieren und oft genug
unnötig alarmierend. Bisher ist das genetische Zeitalter größtenteils
eine Pleite.

Fairerweise muss man zugeben, dass die moderne Synthese sehr
dabei geholfen hat, die Evolution besser zu verstehen, und ich habe
durch meine Beschäftigung damit viel gelernt. Viele Biologen haben allerdings Forschungsergebnisse erzielt, die nicht mit der modernen Synthese zusammenpassen. Manche haben dann versucht, ihre Ergebnisse
so zurechtzudrehen, dass sie zu dem Modell passen, anstatt eher weit-
verbreitete Ansichten zu kritisieren. Damit haben sie die tatsächliche
Fülle und Vielfalt der Biologie verschleiert. Die moderne Synthese hat
zu einer Karikatur der Biologie geführt, die der Evolution größtenteils
ihrer Möglichkeit geraubt hat, als Grundlage für ein naturalistisches
Weltbild zu dienen.

✚

Einen ersten ernsthaften Einbruch erlitt die moderne Synthese in den
1960ern, als Molekularbiologen die Zusammensetzung von Proteinen
in Organismen untersuchten. Es stellte sich dabei heraus, dass diese
Proteine wesentlich variabler waren als erwartet. Die Proteine ein und
derselben Art waren extrem unterschiedlich, obwohl sie mehr oder we-

niger gleich funktionierten. Und keine der Proteinvariationen hatte anscheinend irgendeinen selektiven Vorteil gegenüber anderen.[65] Das ergab keinen Sinn, denn nach der modernen Synthese hätte die natürliche Selektion alle außer den »fittesten« Proteinabweichungen einer Art beseitigen sollen. Wenn die Proteine aber so unterschiedlich waren, dann konnte die natürliche Selektion nicht mit eiserner Faust die evolutionären Veränderungen regieren.

Für Biologen, die Feldforschungen betrieben, war diese Erkenntnis nicht besonders überraschend. Jeder, der viel Zeit damit verbracht hat, Lebewesen in ihrem natürlichen Lebensraum zu beobachten, weiß, dass diese vielen kontraproduktiven Gewohnheiten nachgehen, die nie fortbestanden hätten, wenn die natürliche Selektion wirklich so konsequent wirken würde. Als ich an der UCLA studierte, belegte ich einen Kurs über die Blattschneiderameise in den tropischen Laubwäldern von Zentralmexiko, im Zuge dessen auch Feldforschung weitab des Campus betrieben wurde. Die Art, die ich untersuchte (die der Gattung *Atta* angehört), bildete Pfade auf dem Waldboden. Natürlich sind Ameisen zu klein, um einen richtigen Wanderpfad in den Boden zu graben, aber bei genauem Hinsehen kann man flache Vertiefungen auf dem Waldboden entdecken, die frei von Laub und sieben bis 25 Zentimeter breit sind und durch den Wald führen. Die Pfade enden an Baumstämmen, an denen die Ameisen dann in die Baumkrone zu den Blättern marschieren und dort kleine Stücke abschneiden. Mit ihren großen Unterkiefern können sie problemlos die Wachsschicht der Tropenblätter durchtrennen. Dann trägt jede Ameise ein Blattstück auf dem Kopf und kehrt auf dem angelegten Pfad zum Bau zurück, der vielleicht 90 bis 120 Meter entfernt ist. In ihrem unterirdischen Bau gibt es Sammelplätze, an denen die Arbeiter die Blattstücke ablegen und Stück für Stück auseinandernehmen. An diesen Sammelplätzen werden unterirdische Pilze gezüchtet, die auf den verfaulenden Blättern wachsen und der Ameisenkolonie als Nahrung dienen.

Das Ganze klingt zunächst nach einem ziemlich ausgeklügelten Prozess, der unseren effektivsten Fabriken Konkurrenz machen könnte. Als ich das Vorgehen allerdings näher untersuchte, fiel mir sehr schnell ein hohes Maß an Ineffizienz auf. Oft kehrten unbeladene Arbeiter mit leeren Händen zurück, oder beladene Arbeiter schlugen den falschen Weg ein und irrten weitab ihres Pfades umher. Außerdem führte die »Ameisenautobahn« viel weiter vom Bau weg als eigentlich nötig. Von den vier Pflanzenarten, deren Blätter die Ameisen brauchten, kamen drei nur etwa 4,5 Meter von ihrem Bau entfernt im Übermaß vor, trotzdem legten sie bei ihren nächtlichen Ausflügen erheblich weitere Strecken zu anderen Exemplaren dieser Pflanzenarten zurück. Was für eine Energieverschwendung!

Dieses wenig zielgerichtete, chaotische Verhalten kommt in der Natur häufig vor. Treue Anhänger der modernen Synthese versuchen dieses Chaos irgendwie mit der natürlichen Selektion zu erklären, aber diese Erklärungen werden meist sehr schnell ziemlich undurchsichtig. Sie behaupten etwa, dass das Ganze nur ineffizient und chaotisch wirkt. Vielleicht ermöglicht es das anscheinend chaotische Verhalten den Blattschneiderameisen ja nur, weiträumige Gebiete zu erkunden und neue Ressourcen auszuschöpfen.»Auf lange Sicht«, werden sie wahrscheinlich sagen,»müssen alle Ameisenkolonien um begrenzte Ressourcen kämpfen, und die natürliche Selektion wird unbarmherzig die weniger effizienten ausrotten.«

Ich vermute allerdings, dass sich am Beispiel der *Atta*-Ameise etwas völlig anderes und sehr Wichtiges zeigt. Im Hier und Jetzt gibt es genügend natürliche Phänomene, die nicht mit der natürlichen Selektion in Verbindung gebracht werden können. Viele Dinge, die wir gegenwärtig in der Natur sehen, weisen eine verschwenderische Überfülle auf, und die natürliche Selektion, so wie sie in Büchern beschrieben wird, scheint nicht besonders erfolgreich darin zu sein, die natürliche, anarchische Vielfältigkeit des Lebens einzuschränken.

Ein weiteres sehr anschauliches Beispiel dafür, dass sich mit der natürlichen Selektion nicht alles erklären lässt, ist jeden Herbst in der Nähe meines Hauses im Hinterland von New York zu beobachten. Der Oktober bringt eine enorme Farbenvielfalt mit sich, da die Blätter an den Laubbäumen sich in verschiedenen Rot-, Gelb- und Orangetönen färben. Wenn die Nachttemperaturen und die Sonneneinstrahlung abnehmen, finden in den Blättern dieser Bäume biochemische Veränderungen statt. Die konventionelle neodarwinistische Theorie geht davon aus, dass die natürliche Selektion Bäume bevorzugt, die ihre Blätter abwerfen, um das empfindliche Blattgewebe vor Schaden zu bewahren, während die Zweige und Äste widerstandsfähig genug sind, um die Strenge des Winters zu überstehen. Diese Erklärung klingt gut, sagt aber nichts über das auffälligste Merkmal der Laubbäume im Herbst aus – ihre Farbe! Die eigentliche Erklärung umfasst biochemische Reaktionen des Baumes. Wenn die Sonne auf die Blätter scheint, löst das automatisch einen biochemischen Prozess in den Zellorganellen aus. Sie produzieren ein fotosynthetisches Pigment namens Chlorophyll, das in unseren Augen hellgrün wirkt. Mithilfe des Chlorophylls kann der Baum den Zucker produzieren, den er benötigt. Da im Herbst die Lichtperiode kleiner wird, wird weniger Chlorophyll produziert, und andere fotosynthetische Pigmente treten in Erscheinung. Die meisten Pflanzen produzieren zahlreiche verschiedene Pigmente, aber wenn es viel Sonnenlicht gibt, dominiert das Chlorophyll über die anderen Pigmente und verdeckt sie. Manche der Pigmente, etwa die roten, werden durch die kurzen warmen Herbsttage verstärkt.

Das Wichtige dabei ist, dass das auffälligste und erstaunlichste Merkmal der Laubbäume also kaum etwas mit der natürlichen Selektion zu tun hat. Stattdessen entsteht es schlicht als Nebenprodukt der Sonneneinstrahlung (Insolation) und der herbstlichen Temperaturen. Dies zeigt deutlich, dass manche sehr schöne Aspekte des Lebens eher zufällig auftreten.

Die Unzulänglichkeit der natürlichen Selektion als Erklärungsmodell kommt am deutlichsten zum Vorschein, wenn wir uns die Art anschauen, mit der wir am besten vertraut sind: uns selbst. Viele Biologen benutzen die neodarwinistische Theorie, um die menschlichen Merkmale zu erklären. Sie behaupten, dass die natürliche Selektion für die wichtigsten und typischsten Merkmale verantwortlich ist – den aufrechten Gang, die physischen Fähigkeiten, die großen Gehirne und die Sprachfähigkeit. Eine sorgfältige Untersuchung dieser Merkmale hat allerdings viel mehr Fragen aufgeworfen als beantwortet.

Nur für wenige menschliche Merkmale liegen unbestrittene Beweise vor, dass sie durch natürliche Selektion erworben wurden. Beispielsweise wird die natürliche Selektion meist als Hauptursache für die diversen Hautfarben in unterschiedlichen Teilen der Welt herangezogen. Grob gesagt, haben Menschen mit Vorfahren, die näher am Äquator lebten, dunklere Haut als Menschen, deren Vorfahren in höheren Breiten lebten. Der Grund dafür ist das Melanin, ein Proteinpigment, das bei vielen Wirbeltieren vorkommt. Die menschlichen Hautzellen produzieren als Reaktion auf das Sonnenlicht Melanin, und manche Individuen eben mehr als andere. Ich bekomme zum Beispiel haufenweise Sommersprossen, wenn ich der Sonne ausgesetzt bin, aber meine Melaninflecken unternehmen leider nichts, um mich vor der Sonne zu schützen. Daher bekomme ich leicht einen schrecklichen Sonnenbrand.

Für meine Hautfarbe und die anderer Menschen scheinen im Rahmen der Evolution zwei Faktoren verantwortlich zu sein.[66] In Gegenden mit starker Sonneneinstrahlung schützt die dunkle Farbe die Haut vor Schäden. Afrikaner, die in der Nähe des Äquators leben und Albinos sind, verfügen nicht über so viel Melanin in ihrer Haut und haben ein hohes Hautkrebsrisiko, wohingegen jemand mit heller Haut (und wenig Melanin), der in Norwegen wohnt, wesentlich weniger in Gefahr ist. Es kann sogar ein Vorteil sein, wenig Melanin zu haben, wenn die Sonne nicht so intensiv scheint, weil dies dem Körper erlaubt, mehr Sonnenlicht aufzunehmen. Durch Sonnenlicht wird im Körper aber Vitamin D hergestellt, das vor zahlreichen Krankheiten schützt. Die DNA von Nordeuropäern und Asiaten weist Varianten in der Hautfarbe auf, die im Zeitlauf der Evolution scheinbar favorisiert wurden, was wiederum die Annahme stützt, dass die natürliche Selektion die helle Farbe in nördlichen Bevölkerungen verursacht hat.

Jedoch kommen gerade bei der Hautfarbe, die in Büchern gerne als klassisches Beispiel für die natürliche Selektion beim Menschen angeführt wird, alle möglichen Abweichungen vor. Die indigene Bevölkerung von Tasmanien lebte Tausende von Jahren abgeschottet auf ihrer Insel. Als die Europäer 1772 zum ersten Mal in Tasmanien anlegten, war die Haut der Tasmanier immer noch so dunkel wie die ihrer afrikanischen Urahnen, obwohl Tasmanien vom Äquator ungefähr ebenso weit entfernt ist wie Italien. Ähnlich verhält es sich mit den Asiaten, die vor Tausenden von Jahren nach Nord- und Südamerika auswanderten und die eigentlich genug Zeit hatten, um ihre Haut an die unterschiedliche Sonneneinstrahlung anzupassen. Als jedoch Kolumbus 1492 nach Amerika segelte, fand er in tropischen Breiten dunkelhäutige Menschen, deren Hauttönung sich nicht besonders von der der eingeborenen Bevölkerung in nördlicheren Breiten unterschied, wie zum Beispiel die der Inuit oder der »Indianer«-Stämme in Kanada. Die Insolation ist daher kein gutes Beispiel für die natürliche Selektion. Und wofür sollen Sommersprossen bitte gut sein?

Ich gehe davon aus, dass die Hautfarbe, wie viele andere Merkmale bei Menschen und wahrscheinlich auch anderen Säugetieren, eher ein Ergebnis der menschlichen sexuellen Auswahl ist als der natürlichen Selektion, wie sie üblicherweise erklärt wird.[67] Wenn Menschen einen Partner nach einer bevorzugten Hautfarbe aussuchen, hat das nichts mit der natürlichen Selektion zu tun. Stattdessen werden die Merkmale einfach deshalb aufrechterhalten, weil die Menschen sie attraktiv finden. Das Gleiche kann auch bei Körpergröße, -form und anderen menschlichen Charakteristiken auftreten. Alle möglichen kulturellen Faktoren beeinflussen die Wahrnehmung der menschlichen Merkmale, das heißt, dass die Kultur einen großen Einfluss auf die menschliche Evolution hat. Es kann sogar sein, dass die Kultur ihre eigenen Regeln hat und die Gene sich danach richten. Dieser Vorgang kann auch bei anderen Arten vorkommen. Vögel zum Beispiel präsentieren ihr Gefieder und ihren Gesang, um die geeignetsten Weibchen anzulocken. Wenn es dann um die Auswahl geht, spielen viele Faktoren eine Rolle, die aber alle das Weibchen beeinflussen und dazu führen, dass es von bestimmten verhaltensbezogenen und körperlichen Merkmalen angezogen wird. Manchmal genügen einem wählerischen Weibchen nicht einmal die anscheinend geeignetsten Männchen. Doch ohne Fortpflanzung liegt die Fitness eines Organismus bei null.

Jahrelang haben Anthropologen nach anderen körperlichen Charakteristiken von Menschengruppen gesucht, die sie der natürlichen

Selektion zuschreiben können. Beispielsweise haben sie darüber spekuliert, ob die Mongolenfalte an den Augen der Ostasiaten entstand, um ihre Vorfahren aus der Eiszeit vor dem gleißenden Sonnenlicht der Schneefelder zu schützen. Oder sie haben behauptet, dass die kleine, untersetzte Statur der Pygmäen eine Anpassung an die äquatoriale Hitze in Afrika war (und sie ignorierten dabei die Tatsache, dass nur ein paar hundert Kilometer entfernt hochgewachsene, schlanke Afrikaner lebten). Letztlich haben sich alle diese Spekulationen als ungerechtfertigt und nicht verifizierbar erwiesen. Aktuelle Studien haben gezeigt, dass unsere körperlichen Eigenschaften sich mehr oder weniger zufällig ergeben haben, als die modernen Menschen sich von ihrer Heimat in Ostafrika aus auf den Rest der Welt verteilt haben.[68]

Der Punkt, auf den ich hinauswill, ist der, dass es sehr schnell sehr mühsam und verworren wird, wenn die natürliche Selektion als Erklärung für alles herhalten muss. Im letzten Kapitel habe ich eine plausible Erklärung für die weiterentwickelten Vorderbeine von *Tiktaalik* präsentiert. Aber wer kann belegen, dass *Tiktaalik* stärkere und längere Beine entwickelt hat, um mehr Zeit außerhalb des Wassers oder auf der Suche nach Beute verbringen zu können? Was, wenn diese entfernten Vorfahren von uns Weibchen hatten, die Männchen mit robusteren Gliedmaßen einfach bevorzugten? Ist das dann natürliche Selektion in der freien Wildbahn? Der eigentliche evolutionäre Mechanismus kann sich vollkommen von der konventionellen Sicht der natürlichen Selektion unterscheiden.

Es ist wichtig, sich in Erinnerung zu rufen, dass Streitigkeiten über evolutionäre Vorgänge oft von tief verwurzelten Überzeugungen bei Evolutionsbiologen abhängen – schließlich sind Biologen auch nur Menschen! Denn kaum jemand verabschiedet sich gerne von tief verwurzelten Überzeugungen. Viele Biologen finden insbesondere eine teleologische Darstellung der Evolution noch immer sehr plausibel. Teleologie ist die Vorstellung, dass alle Handlungen auf die Erreichung eines bestimmten Zieles gerichtet sind. Die Grundannahme der Teleologie ist:»Alles hat seinen Zweck«, ein philosophisches Weltbild, das von den antiken Griechen verfochten wurde. Aus dieser Perspektive betrachtet, ist es das

Ziel aller Arten, die Gipfel der Fitnesslandschaft zu erreichen, die ich weiter oben bereits beschrieben habe. Wenn eine Art dieses Ideal nicht erreicht, dann muss das entweder von der natürlichen Selektion verbessert werden, oder sie muss aussterben, damit sie nicht auf einem suboptimalen Level dahinvegetiert. Viele Biologen gehen davon aus, dass die meisten Abweichungen innerhalb einer Art schlecht angepasst sind und dass nur eine kleine Teilgruppe der Population das Optimum erreicht. In der Natur ist aber etwas anderes erkennbar. Denn bei allen Arten gibt es Unterschiede. Wenn alle Merkmale von einer immer wachsamen natürlichen Selektion optimiert werden würden, würde es in der Natur bald keine Unterschiede mehr geben. Pflanzenzüchter haben beispielsweise bei fast allen Obst- und Gemüsearten, die wir essen, die Vielfältigkeit getilgt, was zu immer gleicher, markttauglicher (und oft geschmackloser) Nahrung geführt hat. Aber nichts von dieser Gleichförmigkeit der konventionellen Produkte findet sich in natürlichen Populationen.

Sobald ein Biologe über das Optimum diskutiert, lassen sich zahlreiche anscheinend schlecht angepasste, anarchische und zufällige Erscheinungen des Lebens als starke Gegenbeispiele anführen. Diejenigen Biologen, die sich der Vorherrschaft der natürlichen Selektion verschrieben haben, wollen den schöpferischen Gott durch eine schöpferische Natur ersetzen. Aber so betrachtet, kann die Natur in ihrer Weisheit doch auch nur eine Manifestation von Gott sein. Und in diesem Zusammenhang spielt die Teleologie (und ihr Ideal des Optimums) geradewegs in die Hände der Intelligent-Design-Kreationisten. Ein Optimum ist genauso ein abstraktes Ideal wie alle theologischen Erklärungen, die besagen, dass Gott jeder Sache im Universum einen Sinn gegeben hat. Wenn wir nicht unser volles Potenzial ausschöpfen, versündigen wir uns gegen Gott oder gegen die natürliche Selektion.

Eine Minderheit von Biologen hat noch mehr Vorgänge als die natürliche Selektion untersucht, die in der Evolution von Bedeutung sein könnten, und sie haben eine Vielzahl von Kandidaten gefunden.

Zuerst einmal ist die DNA, wie ich bereits erwähnt habe, nicht der einzige Informationsträger, der mithilfe von Spermien und Eizellen als Bindeglied von Generation zu Generation funktioniert. Ei- und Samenzellen enthalten noch eine Reihe anderer Moleküle – darunter Proteine, strukturelle Verbindungen und Schnipsel eines der DNA ähnlichen Moleküls namens RNA –, die die Merkmale des Nachwuchses verändern können. Zusätzlich sind die DNA-Moleküle noch mit anderen Molekülen ausgestattet, die kontrollieren, ob bestimmte Sektionen der DNA aktiv sind oder nicht. Abhängig von den Erfahrungen, die eine Person in ihrem Leben macht, aktivieren sich diese Moleküle an der DNA in den Eiern und Samen und führen zu Veränderungen beim Nachwuchs, die nicht auf Veränderungen der DNA-Sequenz zurückzuführen sind, was den treuen Anhängern der modernen Synthese ein Gräuel ist. Beispielsweise haben Mäuse, denen eine methylreiche Nahrung gefüttert wird, eine höhere Anzahl an Methylmolekülen in ihrer DNA, und diese Veränderungen können an den Nachwuchs weitergegeben werden. Folglich sind nicht alle erblichen Informationen in den DNA-Molekülen gespeichert, und die Erfahrungen eines Organismus können Auswirkungen auf die Vererbung haben.[69]

Biologen wussten schon lange, dass Organismen mit mehr oder weniger derselben DNA-Sequenz abhängig von der Umgebung, in der sie aufwachsen, ziemlich unterschiedliche Merkmale ausbilden können.[70] Dies ist für jeden leicht nachvollziehbar, wenn man sich die Bäume und Kletterpflanzen in einem Wald genauer anschaut. Bei einigen Bäumen, insbesondere in tropischen Wäldern, unterscheiden sich die Formen der Blätter auf den niedrigeren Ästen deutlich von denen auf den höheren. Obwohl alle Blätter dieselbe DNA haben, unterscheiden sich die Farbmuster und die Formen abhängig von der Umgebung, in der sie sich entfalten. Zudem variieren andere Umweltfaktoren, die für Bäume wichtig sind, wie etwa die Temperatur, Wasservorkommen oder Schädlinge, in der Senkrechten, und diese Faktoren spielen eine Rolle für die Entwicklung der Blätter.

Ein Ausflug in den Zoo zeigt ein weiteres einfaches Beispiel: Flamingos sind aufgrund ihrer Ernährung pink. In freier Wildbahn essen sie eine Vielzahl von Schalentieren, von denen sie Pigmente aufnehmen (sogenannte Karotinoide). Wenn sie in der Wildnis Futter mit weniger Karotinoiden finden, wird ihr Gefieder weiß. In der Tat rührt die ausgeprägte Färbung von Vögeln meist von ihrer Ernährung her. Die Individuen mit den schönsten Farben sind meist auch am erfolgreichsten in der Paarung. Im Jargon der Evolutionsbiologie gesprochen: Sie haben die höchste Fitness. Das Erscheinungsbild des Gefieders eines Vogels hängt also von der Fülle oder Knappheit bestimmter Nahrung ab. Daher kann die Umwelt sich entscheidend auf den Fortpflanzungserfolg eines Vogels auswirken, unabhängig von den Genen, die er besitzt.

Diese Beispiele führen mich zu einem sehr unangenehmen Geständnis: Ich habe sehr hässliche Füße. Seit ich klein war, habe ich viel Sport getrieben, und meine Füße wurden mehr verdreht, verbogen und verletzt, als ihnen gutgetan hat. Das Ergebnis sind eine Hornhaut so dick wie bei einem Dickhäuter, Knochensporne und Asymmetrie. Die Hautzellen haben zwar im ganzen Körper dieselben Gene, aber wenn bestimmte Teile der Haut zu sehr beansprucht werden, bildet sich eine Hornhaut. Knochen und Muskeln sind gleichermaßen formbar, sie reagieren sehr empfindlich auf körperliche Beanspruchung. Wenn ihnen nur in geringem Maße über längere Zeit Gewalt angetan wird, kann sich das Erscheinungsbild drastisch verändern. Man muss sich nur die Vorher- und Nachher-Bilder einer Person anschauen, die eine Zahnspange getragen hat. Der Kiefer und die Zähne können umgeformt werden, und gleichzeitig verändert sich auch die Kaumuskulatur. An dieser ganzen Umgestaltung sind keine Gene beteiligt.

Kurz gesagt: Menschen treffen Entscheidungen, und diese Entscheidungen, und nicht nur die natürliche Selektion, bestimmen, welche Merkmale ausgebildet werden. Menschen erben von ihren Eltern nicht bloß DNA, sie erben eine ganze Lebenswelt, in der Menschen miteinander reden, in Häusern wohnen, Computer benutzen und ab und an in die Kirche gehen. Diese Umgebung führt zur Ausbildung von Merkmalen, die in weit größerem Maße vererbt werden als andere.[71]

Grundsätzlich zeigen viele Beobachtungen, dass die Evolution nicht wie ein gut geölter Motor läuft, der von der natürlichen Selektion gesteuert wird. Ich stelle mir die Evolution eher wie einen Wasserfall vor. Wir können erkennen, wie das Wasser sich unter verschiedenen Bedingungen verhält und welche Faktoren in Interaktion mit der Schwerkraft die Fließrichtung des Wassers verändern. Wir können die Topografie des Wasserfalls untersuchen, um über Charakteristiken wie die Wassertiefe, maximale Wassermenge, Gesteinsladung oder organische Abfälle, die andere Eigenschaften des Wasserfalls beeinflussen, etwas zu erfahren. Aber ein Wasserfall verändert sich permanent. Manchmal sind Teile davon gefroren, manchmal tropft er bloß. Im Frühling transportiert er grobes Gestein mit sich, das die Form des Fließkanals verändert und den Knickpunkt (den Punkt, wo der Wasserfall zu fallen beginnt) auswäscht. Jede Momentaufnahme, die wir machen, um die Feinheiten des Wasserfalls zu untersuchen, wird im Vergleich zur nächsten Aufnahme leichte Abweichungen aufweisen. Aber alle Bilder zusammengenommen zeigen – wie die Bilder aus den Wachstumsphasen eines menschlichen Individuums in seinem Leben – eine einzelne Sache, die sich beeinflusst durch die Bedingungen der Umgebung permanent verändert. Bei Lebewesen verhält es sich mit ihren Merkmalen wie bei einem Wasserfall an seinem oberen Rand. Manche Moleküle fallen geradewegs nach unten, während andere von Steinen oder den Molekülen um sie herum umgeleitet werden. Manchmal spielen auch Luftmoleküle eine Rolle. Durch starke Winde gehen Teile des Wassers in Nebel über. Das ganze System ist ständig in Bewegung, und daher ist es extrem schwer, es zur Gänze zu beschreiben.

Jedes biologische System besteht aus einer immens umfangreichen Ansammlung von Molekülen, Zellen, Gewebe, Organen, Individuen und Arten, die alle in jedem Augenblick des Lebens gleichzeitig agieren. Nichts im Universum könnte schwerer zu beschreiben sein. Alle Individuen, die irgendwann existieren, sind das Ergebnis einer unbeschreiblich großen Anzahl von sowohl historischen als auch gegenwärtigen Einflüssen und Ursachen. Natürlich lassen sich einige dieser Ursachen bestimmen, aber es ist kaum möglich zu belegen, dass einer dieser Gründe für die evolutionäre Entwicklung wichtiger ist als ein anderer. Die Evolution ist das Ergebnis all dieser zusammenspielenden Ursachen.

Den wichtigsten Faktor, der den Verlauf und die Ergebnisse der Evolution beeinflusst, habe ich bisher noch gar nicht erwähnt: den reinen, blinden Zufall. Viele Organismen leben oder sterben nicht aufgrund der natürlichen Auswahl, sondern aufgrund zufälliger, nicht vorhersehbarer Ereignisse. Es kann zum Beispiel ein Meteorit auf der Erde einschlagen und einen Teil aller Arten auf dem Planeten auslöschen. Oder ein Ei wird an einer ungeeigneten Stelle platziert, wo es sich nicht entfalten kann. Eine Herde von Killerwalen stößt auf einen Fischschwarm, und dabei werden zahlreiche davon gefressen. Ratten, die die Pest übertragen können, besteigen Schiffe, die vom Mittleren Osten ins mittelalterliche Europa fahren. Wer weiß schon, welche Gegebenheiten in der Geschichte des Lebens eine Rolle spielen? Die Evolution bietet in ihrer endlosen, überbordenden Kreativität eine enorme Anzahl von Möglichkeiten. Doch welche dieser Möglichkeiten realisiert werden – und welche Tragödien diese Möglichkeiten verändern –, das ist vor allem eine Frage des Zufalls.

Der Zufall ist so launenhaft, dass er sowohl schwer zu analysieren als auch zu analogisieren ist. Aber jeder, der die Bedeutung des Zufalls in der Biologie infrage stellt, sollte sich einmal über die Rolle des Zufalls in seinem eigenen Leben Gedanken machen.

Ich habe meine Jugend immer als ausgesprochen glücklich empfunden. Doch mein Leben hätte sich auch ganz anders entwickeln können, wenn ich mit dem Gesetz in Konflikt geraten oder drogen- oder alkoholsüchtig geworden wäre. Fast jede Nacht machten meine Freunde und ich uns auf den Weg nach Hollywood, anstatt zu lernen. Dort war etwas los, und wir hätten jede Nacht Drogen, Sex oder auch Ärger haben können. Die Polizei und die Punks lieferten sich einen unermüdlichen Kampf um die Vorherrschaft auf den Straßen. Ich habe großes Glück, dass ich diese Zeit im Gegensatz zu vielen meiner jugendlichen Freunde überstanden habe, ohne mir oder anderen großen Schaden zuzufügen.

Das Stadtgebiet von Los Angeles umfasst ungefähr 12 000 Quadratkilometer, und in den frühen 1980ern waren die Punker aus der Stadt über die ganze Region verteilt. Aber der Stammtreffpunkt, der das Zentrum der ganzen Punkszene von L. A. verkörperte, war das »Oki Dog«, ein heruntergekommener Hotdogstand an der Ecke des Santa Monica Boulevard und der Vista Street. Eigentlich kann man einen Oki Dog nicht wirklich als Hotdog bezeichnen. Denn es handelte sich dabei um einige zähe Wiener, amerikanischen »Nacho-Käse«, Chilischoten und Peperoni, die in eine riesige Tortilla eingewickelt werden. In der Zeit, als ich mit meinen Punker-Freunden herumhing, habe ich Tausende davon gegessen. »Oki Dog« bot alles, was ein sechzehnjähriger Punker wollte: fettiges Essen und Mädchen, die leicht zu haben waren.

Dieser Teil des Santa Monica Boulevard war für seine Nutten, die fertigen Drogensüchtigen, die auf der Suche nach schnellem Sex herumstreifenden Schwulen und alle Sorten von Punkern bekannt. Nacht für Nacht kamen zehn bis 100 in Leder gekleidete Nachtschwärmer mit zu Spitzen geformten Haaren zum »Oki Dog«, um etwas zu essen oder sich einfach nur zu treffen. Auch berühmte Punks wie der Sänger Darby Crash, Axel G. Resse – der Sänger der Gears – und die Musikerin Belinda Carlisle kamen vorbei und schnorrten von anderen Zigaretten und Pommes. Der Ort war voller Außenseiter, die den jeweiligen Modegeschmack oder die geografische Herkunft kritisierten: »Was, du kommst aus dem Valley? Was bist du denn für ein Loser?« Oder: »Solche Armbänder verkaufen sie auf dem Sunset Boulevard nur den Angebern.«

Normalerweise war unsere Gruppe ziemlich ausgelassen und fröhlich. Außer mir bestand sie meistens aus Jay Bentley, Greg Hetson (der gerade dabei war, sich mit den Circle Jerks in der Punkszene zu etablieren), Arnel, dem Bootsmann, Alex, dem Krankenpfleger Roger, Peter Finestone (der im letzten Jahr Jay Ziskrout als unseren Schlagzeuger abgelöst hatte), dem »kinnlosen« Kenny, dem feixenden Kevin und seiner »Frau« Becka und den jugendlichen Whiskey-Trinkerinnen Lisa, Laurie und Shannon. In den meisten Nächten saßen wir nur herum, erzählten Witze, machten uns über andere Leute lustig und sprachen über anstehende Konzerte. Wir saßen lieber am Parkplatz an der Ostseite des

Gebäudes auf dem Randstein als auf den gut sichtbaren Picknicktischen vor dem Stand, die grell beleuchtet waren und wo sich die bekannteren Punks mit einem höheren sozialen Status präsentierten. Auch vorpubertäre Punker waren jederzeit willkommen, mit uns abzuhängen. Die Mitglieder der Band Mad Society wurden aufgrund ihres elfjährigen Sängers Steve Metz bekannt, der über ihre asiatische Herkunft sang: »When I was a boy in Vietnam, we were hit by napalm, napalm, napalm, we were hit by napalm.«[72] Jeder freie Platz auf dem Gelände war besetzt. Die Hollywood-Punks versammelten sich an den Picknicktischen und am Rand des Gehsteigs. Die Punks aus Orange County machten es sich meist auf der Ostseite des Parkplatzes neben uns gemütlich. Die Beach-Punks tummelten sich auf den Fußgängerwegen neben dem Gebäude, fuhren oft Skateboard und machten die Passanten an. Die Mädchen, die hier herumhingen, waren meist frei und ungebunden und gehörten zu keiner der Gruppen. Sie mochten einfach unseren Humor und fühlten sich bei uns wohl. Aber vor allem wollten sie etwas mit den älteren Typen anfangen, die in einem besetzten Haus oder in ihrer eigenen Bude in der Nähe wohnten. Dass wir aus dem Valley waren, war hier in Hollywood kein Vorteil für uns. Die Heroinsüchtigen und bekannten Musiker hatten immer mehr zu sagen als wir mit unserer Schadenfreude und unserem freundlichen Gewitzel.

Zu dieser Zeit ging es mir hauptsächlich um Sex, aber beim »Oki Dog« herumzuhängen und mit anderen Leuten Zeit zu verbringen, war auch in anderer Beziehung wichtig für mich. Sozialen Status erwarb man sich damals über das, was wir heute Vernetzung nennen. Unsere Band Bad Religion war mit der EP – einem Zwischenformat zwischen Single und Langspielplatte –, die wir 1981 unter unserem Label Epitaph herausbrachten, bereits erfolgreich gewesen.[73] 1982 brachten wir dann unser erstes Album *How Could Hell Be Any Worse* heraus, das ziemlich viel Aufmerksamkeit erregte, sodass uns viele Leute kannten. Doch einige unserer besten Kontakte knüpften wir auf dem Parkplatz beim »Oki Dog«. Über die Einladungen von Freunden aus bekannteren Bands eröffneten sich für uns die Möglichkeiten zu wichtigen Konzerten. Vor allem die Verbindung von Bad Religion und Circle Jerks, damals einer der bekanntesten und erfolgreichsten Punkbands aus L. A., wurde durch Greg Hetsons Freundlichkeit und seine Bereitschaft, sich an unseren lustigen Träumereien beim »Oki Dog« zu beteiligen, gepflegt. Bei einem Gastauftritt bei *Rodney in the Rog*, einer Radiosendung, die sonntagnachts auf KROQ ausgestrahlt und von Rodney Bingenheimer moderiert wurde und zu der Zeit eine wichtige Plattform für neue Bands war, erwähnten uns die Mitglieder seiner Band, und es wurde sogar eine unserer Demokassetten gespielt. Das war das erste Mal, dass ich meine Stimme im Radio hörte. Danach spielte Rodney uns jede Woche in seiner Sendung, und Greg Hetson stand regelmäßig als Gast bei Bad-Religion-Konzerten mit auf der Bühne.[74]

Eine der berühmtesten Bands aus Orange County war zu der Zeit The Adolescents. Unsere Freundschaft begann am »Oki Dog«, wohin sie nach ihren Konzerten in L. A. kamen, und irgendwann fragten sie uns, ob wir mit ihnen bei Konzerten auftreten wollten. Eines Nachmittags besuchten sie uns bei einer Bad-Religion-Probe im Haus meiner Mutter. Es kam mir so vor, als hätten wir echte Stars zu Gast. Ich spielte ihnen auf dem Klavier Interpretationen ihrer bekanntesten Songs vor, und wir hatten eine Menge Spaß zusammen. Wir sind immer noch gute Freunde.

Die Mischung der Leute, die sich beim »Oki Dog« versammelten, barg allerdings auch ein großes Konfliktpotenzial. In einer Nacht im Frühling 1982, als ich noch in der Highschool war, saßen wir gerade beim »Oki Dog«, als wir vom Boulevard her Geschrei hörten. »Ja und, ich bin schwul. Wo ist das Problem?« Einige Skatepunks hatten ein schwules Pärchen, das gerade von einem Club nach Hause ging, angemacht. Der Mann und sein Partner waren in kürzester Zeit von den Punkern eingekreist, wurden von ihnen auf den Parkplatz gedrängt und zusammengeschlagen. Einer der Männer fiel dabei nach hinten um, und sein Kopf schlug auf einen der Randsteine auf. Ich erinnere mich noch heute an das abscheuliche Geräusch, als sein Kopf mit einem Knacken auf dem Zement aufschlug, während die Skater sich über seinen Freund hermachten, der abzuhauen versuchte. Als einige unbeteiligte Leute vom »Oki Dog« näher kamen, um das Ganze zu beobachten und schließlich dem Verletzten zu helfen, beschlossen Jay und ich, dass wir genug gesehen hatten, und sprangen in seinen Truck, um nach Hause zu fahren. Später erfuhren wir aus den Nachrichten, dass ein schwuler Mann nach einem Streit mit Punkrockern auf dem Santa Monica Boulevard seinen Verletzungen erlegen war.

In der Geschichte der Punkerszene von L. A. war dies ein entscheidendes Ereignis, denn es bestärkte deren gewalttätigen Ruf, und die Gewalt nahm von da an auch schnell zu. Zu Konzerten kamen immer mehr Skinheads und andere gewaltbereite Gruppen. Die Polizei verschlimmerte die Situation noch, da sie sich mit den Bands und deren Fans anlegte und diese dann wiederum zurückschlugen.

Dieser schreckliche Tod war der »Höhepunkt« eines Tages voller brutaler Ereignisse, die ich immer noch sehr gut in Erinnerung habe. Ein Mädchen aus meiner Highschool hatte an diesem Abend eine Party organisiert, weil ihre Eltern für einen Kurzurlaub weg waren. Ich hatte gehört, dass dort eine Punkband spielen sollte. Das kam mir komisch vor, weil ich wusste, dass es keine anderen Bands im Valley gab. Außerdem gehörte die einzige PA-Anlage in der Gegend Brett, und sie war permanent in der Garage meiner Mutter aufgebaut, wo wir jeden Tag probten. Am frühen Abend gingen Jay und ich zu der Party. Wir trafen dort auf jede Menge brandneuer Punker, von denen sich viele erst an diesem Nachmittag die Haare rasiert und gefärbt hatten. Die Musik, die aus der Stereoanlage kam, war der damals übliche Punk. Wir hatten aber immer noch keine Ahnung, was für eine Band ihr Equipment im Hinterhof aufbauen würde. »Wahrscheinlich irgendeine ganz neue Band, die sprießen ja gerade wie Pilze aus dem Boden«, sagte ich zu Jay.

Aber Jay kannte die Skater- und Surferszene besser als ich und erkannte sofort ein paar der Leute, die sich bei der Veranda versammelt hatten. Es waren Leute aus der legendären Skaterszene aus Dogtown in Venice, einem Stadtteil von L. A. Mir war das alles völlig fremd. Als die moderne Skateboard-Kultur aufkam, war ich noch ein Grundschüler in Wisconsin. Und jetzt stand ich denen von Angesicht zu Angesicht auf einer Party in meiner eigenen Nachbarschaft im selten besuchten Umland von L. A. gegenüber. Einer von ihnen erzählte Jay und mir, dass wir gerade rechtzeitig kämen, um Jim Muirs Bruder singen zu hören. Jim Muir war einer der einfallsreichsten Skater und Surfer, der 1976 mit 18 Jahren Dogtown Skates gegründet hatte. Sein Bruder Mike war der Sänger einer Band namens Suicidal Tendencies, die in dieser Nacht eines ihrer ersten Konzerte geben sollten.[75]

Nachdem die Band ein paar Songs gespielt hatte, ging ich zurück zum Eingang, weil Peter Finestone und einige bekannte Gesichter von der Oki-Dog-Clique angekommen waren. Plötzlich bemerkte ich ein paar andere Punker, die im Vorgarten standen und von einer Gruppe dunkler Gestalten, die von einer Straßenlaterne von hinten beleuchtet wurden, beschimpft wurden. Offensichtlich hatte die Punkerparty die Aufmerksamkeit von ein paar Highschoolschülern erregt, die gerade auf einer anderen Party nur ein paar Häuser weiter waren. Als einer von ihnen näher kam und irgendwelche unverständlichen Beleidigungen brüllte, erkannte ich ihn als einen meiner Klassenkameraden, der auch in der Footballmannschaft war. Alle acht Leute um ihn herum gehörten zur El-Camino-Real-Highschool-Footballmannschaft. »Das könnte interessant werden«, dachte ich. In der Schule hatte ich jeden Tag Angst davor, von diesen Typen geärgert zu werden, weil ich einer der wenigen Punks an meiner Schule war. Jetzt war ich zum ersten Mal umgeben von Punkern, und die Footballspieler waren in der Unterzahl.

Während die Sportler einen Typen zu ihrer Party schickten, um Baseballschläger und Mülltonnendeckel herbeizuschaffen, rannte einer der Punker zum Hinterhof, um der Band zu sagen, dass sie aufhören sollte zu spielen, weil ein paar Valley-Deppen da draußen Stress machten. Als die Musik abrupt abbrach, stand einer der Sportler gerade im Vorgarten und schrie: »Haut ab und feiert eure Party woanders, ihr Schwuchteln.« Dann hörte ich ihn zu meinem Schrecken schreien: »Graffin, bist du das? Ich kann dich sehen, du beschissene Schwuchtel. Diese Party war bestimmt deine Idee. Sag diesen degenerierten Fotzen, dass sie sich verpissen sollen.«

In dem Moment strömten die Gruppe aus Venice und ungefähr 25 weitere Punker aus der Vordertür und kamen direkt auf die Jungs aus meiner Highschool zu.»Wen nennst du degenerierte Fotzen, du Arschloch?«, fragte Jay Adams, einer der harten Typen aus Dogtown, der später an diesem Abend auch an dem Übergriff vor dem»Oki Dog« beteiligt war. Als sie merkten, dass sie in der Unterzahl waren, schwiegen die Sportler, versuchten aber, sich ihre Einschüchterung nicht anmerken zu lassen. Plötzlich ging ein Skatepunker auf die Sportlergruppe zu und riss einem einen Baseballschläger aus der Hand. Da nun ihre eigenen Waffen gegen sie verwendet wurden, zogen die Sportler schnellstens ab. Sie rannten zu dem Haus, in dem ihre Party stattfand, und die Punker folgten ihnen. Krachen, Schreie und Schläge waren durch die ganze Nachbarschaft zu hören. Einige der Sportler sperrten sich im Klo ein, andere wurden durch die Straßen gejagt. Abgesehen von ein paar Schlägen und Tritten wurden die Sportler nicht schlimm verletzt, aber das Haus, in dem die Party stattgefunden hatte, wurde völlig zerstört. Türen wurden aus den Angeln gerissen, Fenster zerbrochen, Polster aufgeschlitzt, und ich bin mir ziemlich sicher, dass das ganze Haus abgefackelt worden wäre, wenn jemand einen Gasbrenner gehabt hätte.

Während ich dasaß und das Chaos beobachtete, empfand ich ein enorm starkes Gefühl von Kameradschaft, und gleichzeitig bewunderte ich die Furchtlosigkeit der Skatepunks aus Venice, die den Hochmut der kleingeistigen Sportler zerstört hatten, die mir das Leben an der Schule zur Hölle machten. Natürlich war mir in dem Moment auch bewusst, dass ich ziemlich tief in Schwierigkeiten steckte. Schließlich war ich der einzige Punker, den die Sportler mit Namen kannten. Die Typen aus Venice lebten ganz woanders und würden nach diesem Abend weg sein. Jay und Brett hatten die Schule bereits abgebrochen, also mussten auch sie sich nicht mehr mit diesen Sportlern herumschlagen. Bad Religion stand für Punk aus dem West Valley, und auf unserer Highschool stand ich für Bad Religion. Wenn ich am Montag in der Schule auftauchen würde, dann wäre ich mit Sicherheit das Ziel jeglicher Vergeltungsmaßnahme.

Nach der Zerstörung des Hauses löste sich die Punker-Party schnell auf, und wir verteilten uns auf Autos, die in Richtung»Oki Dog« losfuhren. Kurz darauf hörten wir die ersten Sirenen, die uns entgegenkamen. Als ich mit Mike Muir, Tony Alva und Jay Adams in ein Auto stieg, hörte ich einen der Sportler noch schreien:»Wir sehen uns am Montag in der Schule, Graffin!«Ich war mir sicher, dass ich am Montag ein toter Mann und die Schule meine letzte Ruhestätte sein würde.

Ich weiß nicht mehr, was mich dazu veranlasste, mit den Dogtown-Skatern in ein Auto zu steigen. Alle drei waren betrunken oder high oder beides. Ich erinnere mich noch daran, dass wir gerade auf der Autobahn über den Cahuenga-Pass fuhren, als einer der Insassen sich in ein offenes Fenster setzte, die Tür aufschwang und auf ein Auto neben uns pinkelte – und das Ganze bei 100 Stundenkilometern! Während der Fahrt erzählte ich den anderen von meinen Sorgen.»Die werden mich am Montag in der Schule umbringen.«Mike versuchte, mich zu beruhigen.»Ganz ruhig, Kumpel. Wir werden denen eine beschissenen Bombe in den Briefkasten packen, wenn die irgendwas Blödes machen!« Aber ich wusste, dass die Punks aus Venice so schnell nicht wieder ins West Valley kommen würden und dass ich auf mich allein gestellt war.

Diese Freitagnacht entpuppte sich als echter Reinfall – es gab keine Musik, keine Konzerte, nur rohe Gewalt. Ich weiß noch, dass ich an diesem Punkt dachte, dass dieser Lebensstil einfach nichts für mich war. Ich war immer am glücklichsten, wenn ich ein Konzert gab oder eines besuchte. Und jetzt konnte ich nur noch daran denken, dass ich am Montag in der Schule mit der geballten Wut einer Footballmannschaft über ihre Blamage am Freitag konfrontiert sein würde.

Am Montagmorgen zog ich meine Jeans und mein T-Shirt an und machte mich missmutig auf den Weg zur Schule. Der erste Angriff kam zwischen der ersten und zweiten Stunde, als ich den Korridor entlangging. Ein heftiger Schlag traf mich ins Genick. Es war einer der Sportler von der Party am Freitagabend, und ein paar seiner Freunde waren dabei und bereit mitzumachen. Aber anscheinend hatte jemand die Security darüber informiert, dass die Sportler mich vermöbeln wollten, denn bevor sie über mich herfallen konnten, griffen die Männer von der Security ein und trennten mich und meinen Angreifer. Ich erinnere mich noch gut an die Wut in den Augen meines Klassenkameraden, als er von der Security zurückgehalten wurde.»Ich bring dich um, du Arschloch. Die sind mit einem Stuhl auf mich losgegangen.«

Einer der Sportler, der Quarterback der Mannschaft, war ein Freund und kam zu mir. Ich erzählte ihm, was passiert war, und er verriet mir, wie eingeschüchtert und wütend die Mannschaft war. Als ich ihm erklärte, dass ich mit der ganzen Sache nichts zu tun hatte, nur dummerweise an diesem Abend dort gewesen war, versprach er mir zu versuchen, seine Mannschaft zu beruhigen. Währenddessen verbreiteten sich die Gerüchte, dass ich ein Mitglied einer Punkgang war, die Sportler fertigmachen wollte. In Wahrheit gab es da aber nur mich, allein und ohne Verstärkung.

Im Matheunterricht kam kurz vor der Mittagspause ein Security-Beamter in das Klassenzimmer und fragte:»Ist Greg Graffin da?«Alle drehten sich zu mir um, und ich hob die Hand. Der Mann führte mich in den Korridor, wo Polizisten auf mich warteten. Sie erklärten mir, dass sie mir Handschellen anlegen und mich auf das Revier mitnehmen müssten. Sie hatten mich extra aus dem Unterricht geholt, damit die anderen Schüler das nicht mitbekamen. Aber gerade als sie mir die Handschellen angelegt hatten, erklang die Glocke, weshalb der Plan, Diskretion zu wahren, nicht aufging. Die Schüler strömten auf den Gang und konnten alle sehen, wie die Polizei mich den Flur und draußen den Fußweg entlang bis zu dem Polizeiauto führte, das am Straßenrand stand. Es war unglaublich erniedrigend. Andererseits tat mir die Polizei damit auch einen großen Gefallen. Denn mit diesem Spießrutenlauf verwandelte mich die Polizei in jemanden, vor dem man Angst haben musste, auch wenn jeder, mit dem ich in der Highschool oder sonst wo je befreundet gewesen war, wusste, dass ich nie etwas getan hatte, um so einen Ruf zu verdienen.»Wahrscheinlich hat Graffin am Wochenende diesen Typen in Hollywood umgebracht«, war eines der Gerüchte, die kursierten, wie mir ein Schulfreund berichtete.

Ich wurde nie offiziell verhaftet. Die Polizei erklärte mir, dass sie wegen der Sachbeschädigung am Freitagabend ermittle und mein Name als Einziger in der Aussage des Anklägers auftauche. Auf der Fahrt zum Revier erzählte ich ihnen, dass ich keinen der Leute von der Party kannte und dass sie nicht aus der Gegend seien. Dann hielten sie mir einen Vortrag darüber, dass das West Valley eine Gemeinschaft sei und dass die Punkerfreunde, mit denen ich in Hollywood herumhing, kein guter Umgang für mich seien und sich nicht um unser Viertel oder die Gemeinschaft scherten. Natürlich fand ich ihre Ratschläge überflüssig, aber im Nachhinein ist mir klar geworden, dass die Polizei ein gutes Gespür hatte und erkannte, dass ich kein Anstifter war oder ein gewaltvolles Leben führen wollte. Zur letzten Stunde war ich wieder zurück in der Schule. Die gesamte Schülerschaft hielt mich jetzt, da ich »verhaftet« worden war, wohl für einen harten Typen. Ich wurde auf jeden Fall nicht mehr von den Sportlern belästigt, und Bad Religion hatte später an diesem Nachmittag noch eine großartige Probe bei mir zu Hause.

Wenn ich 1982 so etwas wie einen Abschluss in emotionaler Reife gehabt hätte, hätte ich vielleicht begriffen, dass mein Verlangen nach Action auch verheerende Auswirkungen hätte haben können. Ich war aber offenbar nicht clever genug, um Ärger aus dem Weg zu gehen. Immerhin bin ich damals in ein Auto voller betrunkener Draufgänger gestiegen und nur mit viel Glück unbeschadet am »Oki Dog« angekommen. Und von den Sportlern hätte ich mit Sicherheit die Abreibung meines Lebens bekommen, wenn meine Begegnung mit der Polizei mir nicht etwas Respekt verschafft hätte. Aber wenigstens war ich schlau genug, um eine Sache zu verstehen: Wenn Punk nur noch ein Leben voller Schlägereien, Sachbeschädigungen, Angst vor Vergeltung und Auseinandersetzungen mit der Polizei bedeutete, dann wollte ich nichts damit zu tun haben.

Die illegalen und gefährlichen Seiten von Punk haben mich nie angezogen. Für mich lag der Nervenkitzel in der Musik, die ich und andere schrieben und die die Autoritäten auf intellektuelle Weise herausforderte. Aber diese Herausforderung wurde von anderen oft in Gewalt umgemünzt. Die Fans und die Polizei lieferten sich vor Konzerten Auseinandersetzungen, und viele der Konzerte wurden abgebrochen. Die meisten der Bands waren nicht gewalttätig, aber der Zustrom von Konvertiten zur Lebensweise des Punk hörte nicht auf.

Schläger, die noch vor ein paar Jahren Punker mit erniedrigenden Beleidigungen beschimpft hatten, legten jetzt ihren Surfer-Look ab und kamen zu den Konzerten, um Bier zu trinken und cool zu wirken. Für viele Punkbands war das eine verstörende Zeit. Sie erkannten, dass ihre aggressive Musik als Rechtfertigung für Gewalt diente, obwohl sie sich in ihren Texten häufig gegen ein solches Verhalten aussprachen. Dies hatte zur Folge, dass viele der Bands sich auflösten oder sich in eine andere musikalische Richtung entwickelten. Es ist kein Zufall, dass die weniger gewalttätige »Glam«-Metal-Szene zu der Zeit in Los Angeles entstand und nicht gerade in geringem Umfang unterstützt wurde von Musikern, die sich ihre kurzen Haare lang wachsen ließen und sich komplett veränderten.

Bad Religion spielte ein paar wichtige Konzerte im Sommer 1982, darunter eines im »Florentine Garden« mit TSOL und zwei Nächte mit Social Distortion im »Whiskey a Go Go«. Bei keinem der Konzerte gab es einen Zwischenfall, und ich verdiente mit ihnen etwas Taschengeld für den Sommer vor dem College. Mein Freund Tony Cadena von den Adolescents, der damals einen Song namens »Rip It Up« sang, stärkte mir den Rücken:

Have you had enough violence?
Just to kill makes no sense.
We're not the background for your stupid fights.
Get out of the darkness, it's time to unite.
Do you think you're tough when you rip it up? [76]

Ich wusste damals nicht, wie es weitergehen sollte, denn ich wollte nicht vor einem Publikum singen, das sich nur prügeln wollte. Aber die Glam-Rock-Szene, die gerade als Reaktion auf die Gewalt entstand, zog mich auch gar nicht an. Stattdessen schrieben Brett und ich ein Album, das unsere einzige Abweichung vom Punk sein sollte. Es trug den Titel *Into the Unknown*, und wir brachten es 1983 bei Epitaph Records heraus. Die Songs machten deutlich, dass keiner von uns etwas mit der gewalttätigen Subkultur von Punk zu tun haben wollte. Wir hatten überhaupt keine Ahnung, wie das Album von den Leuten, denen unsere Musik gefiel, aufgenommen werden würde. Das Album klang nämlich ganz und gar nicht nach Punk. Es klang eher wie eine Mischung aus Jethro Tull, Pink Floyd und REM (obwohl REM gerade erst das erste Album veröffentlicht hatte und wir noch nie von ihnen gehört hatten). Bis heute habe ich gemischte Gefühle für das Album. Wie bei jedem Studioprojekt habe ich viel darüber gelernt, wie man Platten macht. Aber ich habe auch gelernt, dass man sich als Musiker nicht zu weit von seinem bewährten Stil entfernen kann, wenn man sein Publikum noch zufriedenstellen möchte. Im Rückblick würde ich nicht sagen, dass das Album besonders gut ist. Es war eher eine unbewusste Rebellion gegen befreundete Punks, die die Flinte auf andere Weise ins Korn warfen. Alles, was an Bad Religion neu und originell war, war 1983 und mit der Veröffentlichung von *Into the Unknown* verschwunden. Das Album führte schließlich auch dazu, dass die Band sich auflöste, weil Jay bei einer Probe für das Album die Band einfach verließ und erst 1986 wieder zurückkam. In Anbetracht der erschütternden Ereignisse des vorangegangenen Jahres ist es verständlich, dass keiner von uns mehr Teil der Punkszene sein wollte. Ich würde bald weg und auf dem College sein, und Brett war dabei, das Musikgeschäft kennenzulernen. Es sollten zwei lange Jahre vergehen, bevor ich wieder ein Studio betrat.

Abgesehen von meinem zunehmenden Interesse für Wissenschaft und Musik zog sich meine Jugend sorglos dahin. Die Sachen, die ich machte, die Orte, an denen ich herumhing, und die Leute, mit denen ich mich abgab, waren gefährlich, und wenn die Dinge etwas anders gelaufen wären, wäre ich vielleicht von der Schule geflogen, verhaftet oder drogensüchtig geworden. Aber irgendwie bin ich relativ ungeschoren davongekommen. Der Fortgang meines Lebens als Erwachsener war größtenteils unbeeinflusst von den Fehlern meiner Jugend. Das kann ich nur meinem Glück zuschreiben.

Es gibt keine einfache Erklärung für mein Glück. Wenn jemand im Lotto gewinnt, bitten wir ihn ja auch nicht, uns zu erklären, wie das möglich war, wir schreiben es einfach dem Glück zu. Wir können untersuchen, wie er sein Leben lebt und welches Verhalten dazu führte, dass er ein Lotterielos kaufte, aber das hilft uns auch nicht dabei zu verstehen, wieso er die richtigen Zahlen getippt hat. Aus dem gleichen Grund ist es nicht erforderlich, die Vielfalt des Lebens auf einen Faktor zu reduzieren – auf die natürliche Selektion.

Arten sind den Risiken ihrer Zeit ausgesetzt, und ihr »Erfolg«, oder wie auch immer man es nennen mag, ist genauso die Folge von Glück wie von guten Genen. Eine Art interagiert mit einer sich permanent verändernden Welt, erschafft neue Verbindungen mit jeder Erneuerung der Population und muss sich mit unmittelbaren Umwelthindernissen auseinandersetzen. Eine Art hat wenig Anleitung, wie sie durch die ständig wechselnden ökologischen Labyrinthe gelangt, weil ihre Merkmale nichts anderes sind als Überbleibsel verstorbener Ahnen, und es ist absolut nicht sicher, dass diese unter neuen Bedingungen reibungslos funktionieren. Bis eine Art ausstirbt, lässt sich ihre Richtung nur schwer voraussagen. Manche Arten gedeihen schnell zu großen Populationen, während andere ziellos und in geringer Zahl in ihrer Umwelt vorkommen und nur wenige Aussichten auf eine gute Zukunft haben.

Punkrock wäre durch die Verbindung mit Gewalt beinahe entgleist und hätte 1983 auch völlig verschwinden können. Und nur wenige Bands überstanden die Flaute Mitte der 1980er-Jahre. Aber Punk blieb am Leben wie ein Säugetier aus der Kreidezeit, geschützt durch einen abgelegenen Lebensraum, bis die Bedingungen wieder so waren, dass er erneut aufblühen konnte.

4. KAPITEL

DAS FALSCHE GÖTZEN-
BILD ATHEISMUS

**»Der Grund für die Unzufriedenheit des Menschen
ist seine Ignoranz in Bezug auf die Natur.
Die Art und Weise, wie er sich an verblendete
Meinungen klammert, die er in seiner Kindheit
angenommen hat, verdammt ihn zu einem stetigen
Irrweg.«
Baron d'Holbach**[77]

Mein Lehrer in der fünften Klasse, Mr Gorsky, ein ehemaliger Sergeant der US-Armee, mochte es nicht, wenn man unaufgefordert sprach, und er konnte besserwisserische Kommentare nicht leiden. Eines Tages gab er uns als Hausaufgabe auf, die Planeten des Sonnensystems auswendig zu lernen. Am nächsten Tag rief er mich auf und forderte mich auf, die Namen der Planeten in der richtigen Reihenfolge aufzusagen.

»Pluto, Neptun ...«, fing ich an.

»Von der Sonne aus gesehen, bitte«, unterbrach er mich.

Das brachte mich völlig durcheinander. Ich hatte die Namen der Planeten von einem Poster gelernt, das das Sonnensystem dreidimensional darstellte, und dort war Pluto am nähesten und Merkur am weitesten entfernt. Ich beschloss, seinen Einwand zu ignorieren und auf meine Weise fortzufahren.

»Neptun, Uranus ...«, sagte ich.

»Nein, es heißt URIN-us«, sagte er.

Ich war in diesem Moment total genervt von diesem Lehrer, der nicht akzeptieren wollte, dass ich die Planeten in umgekehrter Reihenfolge gelernt hatte, und mich daher immer wieder unterbrach. Dummerweise fiel mir gerade ein Wortspiel ein, das einfach zu gut war, um es nicht zu erwähnen, daher sagte ich:»Aber Mr Gorsky, es gibt keine Klingonen nahe URIN-us, nur in der Nähe von Ur-ANUS.«

Die ganze Klasse brach daraufhin in schallendes Gelächter aus, aber das Gesicht von Mr Gorsky verdunkelte sich vor Zorn. Er kam zu meinem Tisch, packte meinen Arm und zerrte mich in den Flur. Ich rechnete damit, dass er mich zum Büro des Direktors schleifen würde, aber stattdessen hielt er mir selbst einen Vortrag. Er meinte, dass ich mich schämen solle, und fuchtelte dabei mit dem Finger vor meiner Nase herum.»Kapierst du nicht, junger Mann, dass diese Schüler nicht mit dir, sondern über dich gelacht haben?«, fuhr er fort.

Ich wusste natürlich, dass er sich irrte. Denn die Klasse fand es großartig, wenn ich Witze riss. Einige meiner Freunde waren auch gut mit Wortspielen, und wir lachten in der Pause gern über unsere harmlosen Witze. Mr Gorsky versuchte mich von etwas zu überzeugen, das einfach nicht stimmte. Ich wusste, dass er nicht beweisen konnte, dass die anderen mich ausgelacht hatten, und dass er das nur sagte, weil er wollte, dass es stimmte, aber dass es in Wirklichkeit eben nicht stimmte. Vielleicht funktionierte diese Taktik beim Militär, aber mir war selbst als Fünftklässler bewusst, dass seine Meinung ohne jeden Beweis nicht mehr zählte als irgendeine andere. Mr Gorskys Verdrehung der Tatsachen wirkte sich letztlich sogar gegen ihn aus. Ich hatte genug Lehrer, die einfach nur klare Regeln aufstellten und nicht versuchten, diese irgendwie zu rechtfertigen:»Aufgepasst, die Regeln sind ganz einfach: Wer unaufgefordert spricht, wird zum Direktor geschickt.« Diese Lehrer waren vielleicht nicht besonders einfallsreich, aber sie wurden eher ernst genommen als Mr Gorsky. Sie erwarteten nicht, dass wir Schüler einen tieferen Sinn darin sahen, ihre Regeln zu befolgen. Sie gingen davon aus, dass die Autorität am effektivsten war, die nicht hinterfragt wurde.

Aber Mr Gorsky saß am längeren Hebel und nicht ich. Es hätte auch keinen Sinn gehabt, die Machtverhältnisse in der Schule zu bekämpfen. Außerdem wollte ich auch nicht, dass meine Mutter und mein Vater etwas von meinem häufig respektlosen Verhalten gegenüber den Lehrern erfuhren. Obwohl es mir ungeheuer schwerfiel, gab ich an diesem Tag im Gang klein bei. »Natürlich, Sir, Sie haben vollkommen recht. Die lachen über mich. Und es ist besser, die Planeten von der Sonne aus zu lernen.« Insgeheim dachte ich natürlich: »Sie haben unrecht, Mr Gorsky, und eines Tages werde ich es Ihnen beweisen.«

Ich erzähle diese Geschichte nicht, um mein freches Verhalten als Jugendlicher darzustellen – das habe ich ja bereits getan –, sondern um deutlich zu machen, wie schwer es für manche Jugendliche sein kann, wenn sie auf kleinkarierte Weise in ihrem Denken eingeschränkt werden. Kinder sind kluge, unabhängig denkende Menschen, die oft nicht merken, wenn sie in der logischen Erweiterung ihrer Ansichten zu weit gehen. Eltern sagen dann häufig Sätze wie »Das glaubst du doch nicht wirklich?« oder »Wie kannst du so etwas nur machen?«. Abgesehen davon, dass solche Äußerungen Kinder beschämen, führen sie ihnen auch ziemlich unverblümt die gesellschaftlichen Konventionen vor Augen. Da Kinder erst dabei sind, ihre Individualität zu entfalten, müssen sie irgendwie ihre eigenen Handlungen und Überzeugungen und das, was Erwachsene ihnen vermitteln wollen und sie aus kindlicher Sicht wahrnehmen, unter einen Hut bringen. Dabei verfügen sie noch über keinen besonders großen Erfahrungsschatz, wie sie das hinkriegen können.

Bisher habe ich in diesem Buch Geschichten aus meiner Jugend erzählt, um zu zeigen, wie Musik und Wissenschaft mich zu dem naturalistischen Weltbild geführt haben, das ich gebrauche, um der Welt einen Sinn zu geben. Aber in diesem und dem nächsten Kapitel möchte ich zwei weitere wichtige Dinge erläutern. Erstens: Bedeutende Erfahrungen in unserer Kindheit machen uns zu dem, was wir als Erwachsene sind. Und zweitens: Tragödien formen und verzerren unser Weltbild. Niemand kann sich diesen Einflüssen in seinem Leben entziehen. Allerdings interpretieren die Menschen sie sehr unterschiedlich, je nachdem, welches Denkmuster sie benutzen, um die Welt zu verstehen.

+

Wie schon gesagt, habe ich nie an Gott geglaubt, was mich eigentlich zu einem Atheisten macht (da das Präfix »A« so viel wie »nicht« oder »ohne« heißt). Aber ich habe meine Probleme mit dem Begriff Atheismus. Er definiert nämlich eher, was jemand nicht ist, als was er ist. Ich würde mich auch nicht als den Nichtinstrumentalisten bei Bad Religion anstatt als Sänger bezeichnen. Wenn man sich darüber definiert, wogegen man ist, sagt das schließlich wenig darüber aus, wofür man ist.

Das ist mein größter Einwand in Bezug auf die Flut von atheistischen Büchern und Webseiten, die in den letzten Jahren entstanden sind. Einfach gesagt: Der Atheismus bietet kein konstruktives Weltbild an. Aber natürlich kann die Beschäftigung mit dem Atheismus dazu führen, dass jemand sein Weltbild radikal verändert. Das ist meiner Ansicht nach auch der Hauptgrund für die Popularität der Bücher von Richard Dawkins, Christopher Hitchens, Sam Harris und Daniel Dennett.[78] Aber der Atheismus umfasst nur einen Teil der naturalistischen Weltsicht und einen negativen noch dazu. Jemanden als Atheisten zu bezeichnen schafft nicht die Möglichkeit, gesellschaftlich wichtige Beziehungen oder Einrichtungen aufzubauen. Man engt die Perspektive damit mehr ein, als dass man sie erweitert. Außerdem bedeutet Atheismus noch lange nicht, einen sicheren Weg zu mehr Wissen gefunden zu haben. Meines Erachtens kann Wissen nur über das Studium der Natur, des Lebens und menschlicher Gesellschaften erlangt werden. Mir ist nicht klar, wie Atheismus in unserer Gesellschaft in die Tat umgesetzt werden kann, denn der Begriff scheint die Menschen – Verfechter wie Kritiker – nur aufzuregen.

Es besteht noch ein weiteres Problem, wenn man sich nur in Abgrenzung zu einem bestimmten Weltbild definiert. Da sich der Atheismus allgemein über die Negation definiert, ist nie wirklich klar, welche Vorstellung von »Gott« abgelehnt wird. Manche Gläubigen beten einen interventionistischen Gott an, der immer wieder in physische Ereignisse eingreift. Andere glauben, dass sich Gott selten, wenn überhaupt, in menschliche Belange einmischt. Manche sind überzeugt, dass der Beweis für Gottes Existenz in der Natur liegt, während andere glauben, dass Gott sich nur mittels übernatürlicher Offenbarungen manifestiert. Viele Menschen glauben an mehr als einen Gott oder bloß an eine vage »Spiritualität«, was nicht die Existenz eines spezifischen Gottes oder mehrerer Götter impliziert.

Bei Atheisten gibt es ein ebenso breites Spektrum an unterschiedlichen Auffassungen. Beispielsweise gilt der als Atheist, der nicht an Götter glaubt, weil er sich für dieses Thema gar nicht interessiert, oder der, der überzeugt ist, dass Gott nicht existiert. Atheisten, die letztere Ansicht vertreten, sind vermutlich Befürworter der philosophischen Position, die die Möglichkeit anerkennt, dass eines Tages vielleicht ein Beweis für die Existenz Gottes auftauchen könnte. Manche Menschen glauben, dass es nicht genug Beweise gibt, um die Existenz Gottes zu belegen oder zu widerlegen, und nennen sich deshalb Agnostiker. Doch da sie der Meinung sind, dass es nicht genug Beweise gibt, um die Existenz Gottes zu belegen, sind sie zumindest in dieser Hinsicht auch Atheisten. Genauso sind Leute, die sich selbst als »Spiritualisten« bezeichnen würden, auch irgendwie Atheisten, obwohl sie sich selbst nie so nennen würden.

Viele Menschen teilen meine Abneigung gegen den Begriff »Atheismus«, auch wenn die Gründe dafür ganz andere sind als meine. Viele Amerikaner, auch solche, die behaupten, keine Vorurteile gegen andere Gruppen zu hegen, haben starke und irrationale Vorurteile gegenüber Atheisten. Auf die Frage, wer ihr Bild von der amerikanischen Gesellschaft am ehesten teilt, ordneten Amerikaner laut einer Umfrage von 2004 Atheisten noch hinter Moslems, Immigranten, Schwulen, Lesben und anderen Minderheiten ein.[79] Entsprechend dieser Umfrage sind Atheisten auch die Gruppe von Menschen, die Amerikaner am wenigsten gern als Ehepartner für ihre Kinder hätten.

Die Angst vor dem Begriff »Atheismus« schreckt viele Leute davon ab, sich selbst so zu bezeichnen, auch wenn sie nur wenig oder gar nicht an Gott glauben. Wenn Amerikaner gefragt werden, ob sie Atheisten sind, sagen immer nur ein paar Prozent Ja (die Zahlen variieren von Umfrage zu Umfrage abhängig davon, wie die Frage formuliert wird und welche Bevölkerungsgruppen befragt werden). Aber wesentlich mehr Leute geben an, dass sie nicht religiös sind, was zwangsläufig zu der Frage führt, in welchem Ausmaß sie dann an Gott glauben.[80] Warum aber haben die Menschen so große Furcht vor einer intellektuellen Überzeugung, von der die meisten wenig wissen? Ihre oft intuitive und unreflektierte Haltung suggeriert, dass sie sich nach Überzeugungen richten, die sie in ihrer Kindheit erworben haben. Aber wie kommt es, dass die Überzeugungen so stark sind und sich Veränderungen widersetzen? Sind alle Überzeugungen unserer Kindheit im Wesentlichen unveränderlich, oder können wir uns dem Einfluss von Dingen, die wir lernen, widersetzen, bevor wir überhaupt realisieren, dass wir etwas lernen?

Als ich Richard Dawkins besuchte, unterhielten wir uns über die Möglichkeit, dass die natürliche Selektion die Beeinflussbarkeit von Menschen in jungen Jahren begünstigt. Er meinte:

»Womöglich werden die Gehirne von Kindern von der genetischen natürlichen Selektion so geformt, dass sie sich nach einer Regel richten, die besagt: ›Glaube, was immer deine Eltern dir erzählen!‹ Es ist nicht schwer zu verstehen, warum diese Regel grundsätzlich für das genetische Überleben wichtig wäre. Die Welt ist gefährlich, und Kinder haben nicht die Zeit, alles durch Versuch und Irrtum zu entdecken. Dinge wie ›Schwimm nicht im Fluss, weil es dort Krokodile gibt!‹ selbst zu erfahren ist zu gefährlich. Daher ist es wichtig, das zu glauben, was einem die Eltern beibringen. [Religiöse Mythen] bleiben generationenlang bestehen, weil sich in das Gehirn eines Kindes die Regel eingebrannt hat: Glaube, was deine Eltern dir erzählen!«[81]

So gesehen, muss die Idee des Atheismus verteidigt und weit verbreitet werden, um mit den erfolgreichen religiösen Vorstellungen (die Dawkins als »Mem« bezeichnet) konkurrieren zu können, die von den Eltern weitergegeben werden.[82] Das führt zu einem gewissen Widerspruch. Die natürliche Selektion hat vermutlich wenig mit der Übernahme von bestimmten Vorstellungen zu tun, trotzdem ist unbestritten, dass einige Erfahrungen und Erlebnisse unserer Kindheit uns unser ganzes Leben lang begleiten. Deren Einfluss auf unser Verhalten wird selten hinterfragt, wenn wir älter werden, was meiner Meinung nach der Grund dafür ist, dass Atheismus den meisten Menschen so fremd ist. Beinahe allen Kindern wird erzählt, dass Gott die endgültige Autorität ist.»Er hat das Universum erschaffen und genauso uns.« Es ist eher selten, dass Eltern das sagen, was meine Eltern mir gesagt haben und was ich meinen Kindern sage:»Es ist in Ordnung, wenn ihr viele der Sachen, die ich euch erzähle, infrage stellt. Ich weiß nicht, woher wir kommen. Findet es für euch selbst heraus. Aber haltet euch von der Straße fern.« Wenn mehr Menschen diese Einstellung vertreten würden, dann würden auch mehr Menschen die Autoritäten hinterfragen und es gäbe eine größere Toleranz für unterschiedliche Weltbilder.

Ich vertrete die Ansicht, dass Kinder sehr empfänglich sind für den Einfluss ihrer Eltern, weil meine Eltern einen großen Einfluss auf mich hatten. Aber deren Einfluss hatte nichts mit meinem Verhältnis zu Gott zu tun, es ging um meine Beziehung zur Musik.

+

Einige meiner frühesten Erinnerungen drehen sich darum, dass ich meine Eltern im Nebenraum kleine Melodien singen hörte. Wenn mein Vater in der Nähe war, hörte man ihn immer summen oder pfeifen. Der Gesang meines Vaters wirkte auf mich stets beruhigend, und dieses Gefühl stellt sich auch heute wieder ein, wenn wir uns in den Ferien oder zu anderen besonderen Gelegenheiten treffen. Soweit ich mich erinnern kann, konnte mein Vater in jedem Augenblick anfangen, ein

Lied zu singen. Die Musik liegt ihm einfach im Blut wie einer Gras-
mücke oder einem Spatz.

Die Worte dieser Lieder hinterließen bei mir einen bleibenden Eindruck. Bis heute kann ich mich an die albernen Liedchen erinnern,
die er sang, kleine Erinnerungsfetzen einer vergangenen Zeit: »*Bongo
bongo bongo, I don't want to leave the Congo ...*« oder »*You're in the
army, Mr. Jones, no more private telephones, you had your breakfast
in bed before but you won't have it there anymore*«.[83] Meine Mutter
hatte ihre eigenen Favoriten. Sie sang im Gemeindechor, der jedes Jahr
Konzerte gab. Ich kann mich noch erinnern, dass ich sie in der Kirche
in einer Aufführung von *Die Piraten von Penzance* sah.[84] Zu der Zeit
sang sie zu Hause immer den Part der Hauptfigur: »*I am the very model
of a modern Major-General, I've information vegetable, animal, and
mineral, I know the kings of England and I quote the fights historical,
from Marathon to Waterloo, in order categorical.*«[85]

Heute summe, singe und pfeife ich in unserem Haus oder im Garten,
und ich bin mir sicher, dass es meine Kinder genauso prägt, wie es mich
geprägt hat. Es gibt keinen Grund dafür, warum mir ein bestimmtes Lied
gerade in den Sinn kommt, aber es ist wohl von meiner Stimmung abhängig. Wenn ich gut gelaunt bin, habe ich oft ohne bestimmten Grund
Lust zu singen. Und wenn meine Kinder in der Nähe sind, bin ich oft gut
gelaunt. Als sie noch kleiner waren, nannten sie mir gern irgendein Wort,
und ich musste dann einen passenden Liedtext finden und ihnen den Song
vorsingen. Wenn sie zum Beispiel »Pizza« sagten, sang ich »Crew Slut«
von Frank Zappa: »*Hey, I'll buy you a pizza.*« Oder wenn sie »Candy«
sagten, sang ich »Candy« von Iggy Pop: »*Candy Candy Candy I can't
let you go.*« Dieses Spiel ging so lange, bis sie keine Lust mehr hatten.
Normalerweise fiel mir zu jedem Wort, das sie sich in ihren jungen Köpfen ausgedacht hatten, ein Lied ein. Manchmal musste ich ein bisschen
schummeln und einige meiner eigenen Texte verwenden. Ich habe fast
150 Lieder geschrieben und mit Brett zusammen an vielen anderen mit-
gearbeitet. Alle Texte, die ich auf der Bühne singe, sind in meiner Erinnerung eingebrannt. Ich muss nicht üben, bevor ich ein Konzert gebe. Wenn
ich die Musik höre, dann sprudeln die Worte einfach aus mir heraus.

Ich wurde 1964 geboren und erinnere mich daher eigentlich an nichts aus den 1960er-Jahren. Aber der Rock 'n' Roll aus diesem Jahrzehnt und aus den 1950ern hatte dennoch einen großen Einfluss auf mich. Mein Vater hörte Johnny-Cash-Platten, und meine Mutter liebte Popradio. Ich erinnere mich an Momente, in denen mein Vater seine billige Stereoanlage so sehr aufdrehte, dass die windigen Lautsprecher schwer zu kämpfen hatten. »*We got married in a fever, hotter than a pepper sprout, we've been talking 'bout Jackson, ever since the fire went out, I'm goin' to Jackson!*«[86]

Racine, wo mein Vater wohnte, nachdem meine Eltern sich getrennt hatten, liegt ungefähr 30 Kilometer südlich von Milwaukee, daher verbrachte ich viele Stunden auf dem Rücksitz von Autos, die zwischen den beiden Städten hin- und herfuhren, um meine Eltern, Großeltern und Freunde zu treffen. Es gab mir ein weltmännisches Gefühl, in zwei Städten zu leben. Viele meiner besten Freunde in Racine wohnten in demselben Viertel wie ich, daher kam mir Racine wie ein kleiner Ort vor. In Milwaukee dagegen konnte ich Großstadterfahrungen sammeln, konnte zum Beispiel zu Sportveranstaltungen oder anderen Ereignissen gehen. Das war perfekt – ich kam mir cool vor mit meiner Großstadt-Schulclique, und an den Wochenenden konnte ich bei meinem Vater die Freunde aus meiner Nachbarschaft treffen.

Meistens musste mein Vater fahren, er holte meinen Bruder und mich jeden Freitag von der Schule ab und brachte uns dann jeden Sonntag zum Haus unserer Mutter zurück. Das Radio war im Auto ein ständiger Begleiter. Mein Vater kaufte nie ein Auto das mehr als 500 Dollar kostete. Manche hielten einige Jahre, während andere fast sofort kaputtgingen. Alle hatten allerdings eines gemeinsam: richtig schlechte Radios. Ich erinnere mich noch an einen Plymouth Fury, bei dem mein Vater alle paar Minuten auf das Armaturenbrett schlagen musste, um selbst bei Sendern mit einem guten Empfang das Rauschen loszuwerden.

Da es in dem Auto meines Vaters keinen UKW-Empfang gab, hörten wir meistens Gesprächsrunden, alte Hörspiele oder – im Sommer – Baseballspiele der Brewers, Cubs oder White Sox auf der Mittelwelle.

Ich sang oft auf dem Rücksitz falsch vor mich hin. Wenn das Wetter es zuließ, kurbelte ich das Fenster herunter und streckte den Kopf nach draußen, um meine eigenen Lieder zu singen. Das ging meinem Bruder so richtig auf die Nerven, der dann schnell schrie, dass ich aufhören solle zu singen. Aber mein Vater ertrug meinen Gesang und entmutigte mich niemals.

In dem Auto meiner Mutter mitzufahren war eine ganz andere Erfahrung, denn meine Mutter hatte immer ein besseres Auto als mein Vater. Am besten erinnere ich mich an einen 1969-Buick LeSabre, in dem hinten Lautsprecher angebracht waren. Wir hörten in Milwaukee immer WOKY, einen Hitradiosender. Seit ich 1972 in der zweiten Klasse war, konnte ich jeden Top-10-Hit mitsingen. Ich drehte mich im Auto ganz herum und blickte auf die Autos hinter uns (zu der Zeit waren Sicherheitsgurte noch nicht vorgeschrieben). Ich hatte genau die richtige Größe und konnte meinen Kopf dann auf den Lautsprecher legen und mit den größten Popsängern der 1970er-Jahre mitsingen: mit Stevie Wonder, Elton John, Simon and Garfunkel, Paul McCartney, Don McLean, James Taylor und all den anderen.

Meiner Mutter auf dem Vordersitz sang auch immer mit. Aber sie sang die Melodien nicht so, wie es die Popstars taten. Sie sang lieber die Harmonien zu den Popsongs, die wir im Radio hörten. Manchmal störte mich das, weil ich mit ihr zusammen singen wollte und ich mich nur an den Melodien orientieren konnte. Ich denke allerdings, dass ihre Art, die Harmonien zu singen, mich sehr dabei beeinflusst hat, wie ich letztendlich Musik hörte. Heute kann ich keine Melodie schreiben oder singen, ohne auch die Harmonien in meinem Kopf zu haben, und der größte Teil des Bad-Religion-Repertoires enthält zwei-, drei- oder viertönige Harmonien.

Mein Vater besaß eine beachtliche Sammlung von Klassik-, Opern- und Jazzalben und auch ein paar Popalben. Immer wenn er die Weavers, Pete Seeger oder die Beatles spielte, erwartete er, dass wir mitsangen. Wir hörten besonders gerne Livealben mit dem Jubel des Publikums zwischen den Liedern. Sich diese Alben anzuhören war eine Art Familienspaß, den wir alle gerne pflegten.

Die Stereoanlage meiner Mutter klang besser als die meines Vaters, aber ihre Plattensammlung war nicht so vielseitig und umfangreich. Wenn sie ein Album spielte, war das meistens Gilbert and Sullivan oder eine Oper in einer fremden Sprache. Sie sang immer mit der Musik mit, und sie hörte meist Musik, wenn sie das Haus putzte oder kochte. Mir genügte es, von einem anderen Zimmer aus zuzuhören, anstatt bei dem häuslichen Chor mitzumachen.

1972 kaufte sie sich allerdings ein Album, das ihre Vorliebe für Opern mit der Rockkultur der Vietnamära verband: *Jesus Christ Superstar*. Ich weiß noch, wie sie immer den Radiohit dieses Albums,»I Don't Know How to Love Him«, sang. Auch wenn es in dem Lied um die Gefühle von Maria Magdalena für Jesus geht, passte es doch sehr gut auf die neue demografische Gruppe von unabhängigen Frauen, die ihre Männer verlassen hatten. Ich weiß noch, dass ich im Haus meiner Mutter auf dem Bauch vor den Lautsprechern lag, die nur etwa 30 Zentimeter von meinen Ohren entfernt waren, und jedes Wort und jeden Ton von *Jesus Christ Superstar* auswendig lernte. Mein Lieblingscharakter war der immer skeptische und besorgte Judas. Ich war noch zu jung, um viel von Musik zu verstehen, aber ich wollte unbedingt wie Judas singen. Von diesem Album lernte ich nicht bloß viel über musikalisches Handwerk, Gesangstechnik und Studioproduktionen, sondern auch das Wichtigste aus dem Neuen Testament. Was für ein glücklicher Zufall, so musste ich nicht erst die Bibel lesen, um das Wesentliche über Jesu Leben zu erfahren.

Mein erstes eigenes Album war *The Jackson 5's Greatest Hits*, das meine Mutter mir in der zweiten Klasse kaufte. Ich identifizierte mich mit Michael, weil er so gesellig und nur ein paar Jahre älter war als ich. Ich habe dieses Album wirklich bis zum Umfallen gehört. Einmal bin ich mit meinem Vater und einem seiner Freunde zu einem Basketballspiel der Milwaukee Bucks gefahren, und als wir nach dem Spiel eine Pizza aßen, lief ein Jackson-5-Song.»Das ist meine Lieblingsband«, sagte ich.»Ach du liebe Güte«, rief der Freund meines Vaters aus.»Das Mädchen hat aber eine ziemlich hohe Stimme.« Dass mein Lieblingssänger für ein Mädchen gehalten wurde, war für mich natürlich ein Affront, andererseits sah ich es auch als Beleg dafür an, dass die ältere Generation einfach keine Ahnung von der Popkultur hatte.

Nachdem ich Punker geworden war, erzählte ich niemandem von meiner einstigen Begeisterung für Popmusik. Aber das Gespür für Pop war in meinem Songwriting und meinem Gesang immer noch vorhanden, trotz all meiner Bemühungen, es zu verbergen. In der fünften Klasse kam ich dann mit Progressive Rock in Berührung. Einer meiner besten Freunde in der Grundschule, Jeff Shimeta, hatte einen Nachbarn namens Lester Savage, der schon in der Highschool war. Lester stand auf Prog-Rock und spielte uns jede noch so obskure Platte aus England vor, die in den Plattenläden der Gegend zu haben war. Ich hörte begeistert Lesters Alben, die von Bands wie Return to Forever, John McLaughlin and the Mahavishnu Orchestra, Steve Hillage und Hatfield and the North stammten. Allerdings nicht, weil mir die Musik besonders gefallen hätte, sondern weil ich Jeffs Art, Musik zu hören, klasse fand. Er war ein Einzelkind, und seine Eltern hatten ihm erlaubt, ihren Keller in eine Musikhöhle zu verwandeln. An der Decke hingen Schwarzlichter und neonfarbene Netzstrümpfe. Der Boden war komplett mit Teppichmusterstücken der örtlichen Teppichhändler bedeckt, die Stück für Stück auf den Boden geklebt worden waren. Die Wände waren in dunklem Lila und Schwarz gestrichen und mit Postern von Roger-Dean-Gemälden verziert. Auf einem selbst zusammengezimmerten Regal standen ein Stroboskop und eine Lavalampe. Er hatte einen tollen Verstärker und Plattenspieler, und seine Lautsprecher waren mittelgroße Schränke, die hinter mysteriösen schwarzen Gittern die Hoch- und Tieftöner verbargen. Es war mir egal, dass wir Lesters schräge Prog-Sachen anhören mussten, wichtig war nur, dass wir die Musik bei Jeff laut hören und das Schwarzlicht anmachen konnten.

Heute beobachte ich ein ähnliches Verhalten bei meinen Kindern. Der Musikgeschmack meiner Tochter ändert sich wöchentlich abhängig davon, was gerade in den nationalen Top-10-Charts läuft. Aber anstatt eine erstklassige Stereoanlage zu benutzen und sich zum Musikhören in eine eigens dafür geschaffene Umgebung zu begeben, drängen die Kinder sich um einen winzigen Laptop und gehen die Playlists auf verschiedenen Webseiten oder auf iTunes durch. Die Musik, die aus den winzigen Laptop-Lautsprechern kommt, ist leise, blechern und der Gesang häufig sehr verzerrt. Ich kann einfach nicht verstehen, warum sie nicht nach oben gehen und ihre Lieder in meinem Studio auf einer Spitzenanlage anhören. Aber ihnen ist die Klangqualität egal. Sie tanzen, singen mit und diskutieren über die Lieder und die Interpreten. Wahrscheinlich müssen sie zuallererst einmal herausfinden, wo sie dazugehören wollen. Dabei spielt der Klang keine Rolle. Viel wichtiger ist: Wer macht die Musik? Wofür steht ein Lied? Wem gefällt diese Musik noch? Die Musik stellt zwischen den Mädchen und zu der Welt im Ganzen eine Verbindung her. Die Kids spüren dann, dass jenseits ihres unmittelbaren Freundeskreises ein kultureller Bereich existiert, zu dem sie dann auch gehören.

Wenn ich mit Jeff Musik hörte, hatte ich zum ersten Mal das Gefühl, dass ich Teil einer Welt war, die größer war als unser Viertel in Wisconsin. Beeinflusst von Lester, gingen wir davon aus, dass andere Leute uns akzeptierten, weil wir Progressive Rock mochten. Dieses Gefühl der Verbundenheit kann sich auf ganz unterschiedliche Art und Weise zeigen. Jeder Mensch findet andere Musik gut oder völlig andere Reize. Woher ein Gefühl der Verbundenheit kommt, hängt von einer endlichen, aber unberechenbaren Kombination von Faktoren ab. Ich denke nicht in musikalischen Schubladen, und ich verurteile Leute nicht dafür, dass sie Musik hören, die ich nicht verstehe – sie schlagen eben einen anderen Weg der sozialen und intellektuellen Entwicklung ein. Die Verbindung zur Musik, wie ich sie mit Jeff erlebt habe, war für mich auf jeden Fall ganz wichtig für meine Entwicklung.

Glücklicherweise besaß Lester auch einige Mainstream-Prog-Rock-Alben von Bands wie ELP (Emerson, Lake & Palmer), Yes, Pink Floyd, Genesis und Jethro Tull, die songorientierter und eingängiger waren als die üblichen Jazz-Fusion-Sachen. Am wichtigsten für mich war, dass die Sänger alle erstklassig waren. Ich begriff relativ früh, dass eine Band aus hervorragenden Musikern bestehen konnte, aber erst die Leistung des Sängers einen Song wirklich zum Leben erweckte.

Jeff und ich waren beide im Schulchor. Wir hatten eine tolle musikalische Leiterin, Jayne Perkins, die uns bei unseren halbjährlichen Konzerten aktuelle Popsongs singen ließ. Jeden Morgen vor der Probe ließ uns Mrs Perkins erst einmal Rockalben anhören. Die anderen Schüler brachten meistens die gerade beliebtesten Alben mit: Elton John, Led Zeppelin, The Beatles, The Jackson 5 oder Queen. Aber Jeff und ich hatten eine Geheimwaffe, die uns über unsere unwissenden Kameraden erhob: Wir kannten Todd Rundgren. Als Jeff und ich für Mrs Perkins ein Geburtstagsgeschenk kaufen wollten, empfahl Lester uns *Another Life* von Todd Rundgrens neuer Band Utopia. Wir hatten bis dahin noch nie von diesem Album gehört, ebenso wenig wie Mrs Perkins, als wir es ihr überreichten. Wir waren jedoch von unserem guten Geschmack in Sachen moderner Musik so überzeugt, dass wir auch für uns selbst ein Exemplar kauften. Dieses Album hatte einen großen Einfluss auf meinen zukünftigen Musikstil.

Zu der Zeit fand ich auch heraus, wie ich mit meinem Kassettenrekorder LPs aufnehmen konnte. Immer wenn es passte, lieh ich mir von Jeff eine Platte aus und überspielte die besten Stücke auf eine leere Kassette. Ich nahm eine Menge von ELP und Pink Floyd auf, was wunderbar zu meiner ganz besonderen Musiksammlung passte. Ich nahm mit dem Sony-Gerät auch Lieder aus dem Radio auf, allerdings keine Songs von Led Zeppelin, Kiss, Ted Nugent oder Thin Lizzy, weil für mich diese Lieder aus irgendwelchen Gründen eher zu einer Art Mainstream-Jugendlichen passten, einer Spezies, der ich schon längst entwachsen war. Aber wenn hin und wieder »Roundabout« von Yes lief, die gekürzte Version von Queens »Bohemian Rhapsody« oder »Dogs« von Pink Floyd, dann drückte ich blitzschnell auf die Aufnahmetaste und versuchte gleichzeitig, den Kommentar des Moderators nicht mitaufzunehmen. Ich hatte damals nicht die Möglichkeit, mir eine gute Musiksammlung zusammenzukaufen, daher war ich mit meinen wenigen Kassetten voll großartiger Musik glücklich.

Da ich Todd Rundgren noch nie im Radio gehört hatte, war ich überzeugt, etwas zu kennen, was die Moderatoren nicht kannten. Ich glaubte, dass Jeff und ich über ein Geheimwissen verfügten und nur die wenigsten das Glück hatten, ihn auch zu kennen. Todd Rundgren war für uns ein unerreichbarer Gott, so beeindruckend und wunderbar, dass der durchschnittliche Musikhörer nicht das Recht hatte, ihn zu kritisieren. Viele Jahre später hatte ich die Gelegenheit, mit Todd als Produzent für eines unserer Bad-Religion-Alben zusammenzuarbeiten. In Wirklichkeit war er unordentlich, unfreundlich und ungeduldig. Die anderen Mitglieder der Band mochten seinen Produktionsstil überhaupt nicht, aber da ich mit seinem Werk so vertraut war, betrachtete ich unsere Zusammenarbeit als einen kreativen Schritt vorwärts. Das Album, das wir damals machten, *The New America*, ist immer noch eines meiner Lieblingsalben. Die tägliche Arbeit mit Todd im Studio zerstörte allerdings die Illusionen meiner Jugend. Er war jetzt kein Gott mehr, sondern bloß ein Kollege. Das, wofür ich ihn vor diesem Albumprojekt bewundert hatte, rückte im Hinblick auf seine schlechten Eigenschaften, die ich nun kennenlernte, immer mehr in den Hintergrund. Natürlich hatte er ein unglaubliches Talent. Er ist der beste Gitarrist, mit dem ich je gearbeitet habe, und sein Gespür für Songs ist phänomenal. Alles in allem bekam ich von Todd etwas viel Wichtigeres, als was meine jugendliche Bewunderung mir eingebracht hatte. Ich bekam ungeheuer viel Inspiration und gewann einen Freund – was gibt es Besseres?

Ich habe nie richtigen Musikunterricht bekommen, habe aber viel Zeit an dem Klavier meiner Mutter verbracht und mir selbst Akkorde beigebracht. Das Klavier meiner Mutter war ein Spinettklavier, und an den meisten Nachmittagen nach der Schule saß ich, wenn ich nicht gerade Musik hörte, am Klavier und träumte von Auftritten. Die ersten Lieder, die ich lernte, waren von Todd Rundgren. Das Singen lag mir irgendwie im Blut, und oft dachte ich mir Texte aus und spielte Lieder mit einer einfachen Akkordfolge. Ich schreib meinen ersten Song etwa in der dritten Klasse, aber der Text könnte auch von einem Kindergartenkind stammen, das mit dem C-Notenschlüssel rumspielt: »*Bye bye bye bye, seen her blue eyes, I seen her blue eyes, and I couldn't recognize, I taught her how to dance, but she didn't take a chance, I taught her how to dance.*«[87]

Diesen Quatsch am Klavier zu machen war ein guter Zeitvertreib und auch ein Trost für das stille Schlüsselkind mit geschiedenen Eltern. Da ich nicht so viel mit meinem älteren Bruder unternahm und meine Mutter in der Arbeit war, beschränkten sich meine Nachmittagsaktivitäten auf die Stereoanlage und das Klavier. Damit vertrieb ich mir die Zeit bis zum Wochenende, wenn ich wieder zu meinem Vater nach Racine fuhr und mich mit meinen Freunden zum Sport treffen konnte.

Diese frühen Kindheitserfahrungen hatten einen gewichtigen Einfluss auf mein Leben. Ich bin mir sicher, dass einige der Akkordfolgen, die ich für Bad-Religion-Songs geschrieben habe, auf dem Spinettklavier meiner Mutter in Milwaukee entstanden sind. Und ganz bestimmt wurde mein Weltbild auch davon beeinflusst, dass Religion in meiner Erziehung keine Rolle gespielt hat. Ich musste nie gegen einen zornigen Gott rebellieren und dafür ewige Verdammnis fürchten.

Vieles, was wir über die wichtigen Fragen des Lebens denken – woher wir kommen, wie wir uns verhalten sollen, was unser Zweck im Universum ist –, ist zweifellos stark beeinflusst von Erfahrungen aus unserer Kindheit. Geschichten, Traditionen und Verhaltensmuster, die wir von den Menschen um uns herum übernehmen – und nicht zuletzt auch die Folgen traumatischer Erlebnisse –, können häufig nicht mehr von dem, was wir später im Leben lernen, verändert werden, außer vielleicht, wenn wir stets daran arbeiten. Vielleicht sind einige dieser Überzeugungen fast schon bleibend, weil sie fest in den neuronalen Verbindungen verankert sind, die unser Gehirn in der Entwicklung während der ersten Jahre unseres Lebens aufbaut. Das würde auch erklären, warum es den Menschen so schwerfällt, ihre tief verwurzelten Überzeugungen infrage zu stellen.[88]

Die meisten Kinder werden gezwungen, zu gehorchen und zu tun, was ihnen gesagt wird. Ihr Weltbild wird ihnen von ihren Eltern und anderen Erwachsenen vorgegeben, und es wird erwartet, dass sie dieses Weltbild ohne Einschränkungen akzeptieren. Sich gegen diese elterlichen Vorgaben aufzulehnen ist äußerst schwierig und manchmal unmöglich, besonders wenn die elterlichen Erwartungen so eigenartig sind, dass wir nicht verstehen können, woher sie kommen. Besonders für Kinder aus sehr religiösen Familien ist die Religion die Richtschnur für das ganze Leben, und die Heilige Schrift löscht jedes Bedürfnis aus, Dinge zu hinterfragen. Wie es in dem Brief an die Römer 14,23 heißt:»Wer aber zweifelt, der ist verdammt.«

Religiöse Einstellungen haben vermutlich auch einen Einfluss auf den Charakter einer Person. Forschungen haben gezeigt, dass Gläubige gewissenhafter und weniger offen für neue Erfahrungen sind, während Nichtgläubige offener für neue Erfahrungen und sozial aktiver sind.[89] Dazu kommt noch, dass bedeutende Ereignisse uns an bestimmte Denkmuster binden können, was vermutlich der Grund ist, warum so viele wichtige religiöse Momente in unsere Jugend fallen, wie die Bar-Mizwa oder die Konfirmation. Die religiöse Erziehung im Rahmen von Sonntagsschulen, Konfessionsschulen oder Gebetsgruppen kann religiöse Normen bestärken. Bei all diesen Einflüssen auf unsere religiöse Einstellung ist es ein Wunder, dass überhaupt irgendjemand je seine Ansichten ändert.

Dennoch ändern viele Leute ihre Ansichten.[90] Viele junge Erwachsene, die in streng religiösen Haushalten aufgewachsen sind, geben letztlich ihren Glauben an Gott auf. Nahezu alle davon haben irgendwann damit begonnen, Fragen zu stellen: Warum können Frauen keine Priester werden? Wie kann Gott Ereignisse in der physischen Welt beeinflussen? Wie kann Gott es zulassen, dass so viele Menschen leiden? Zwischen ihrem Weltbild und dem der religiösen Menschen um sie herum tut sich dann plötzlich ein Graben auf. Vielleicht hinterfragen sie auch die Voraussetzungen, auf denen ihr Glauben aufbaute. Obwohl viele dieser Personen von ihren Eltern und Freunden Zurückweisungen erfahren, suchen sie beharrlich weiter nach der Wahrheit. Viele von ihnen gelangen schließlich zu einer Art naturalistischem Weltbild. Sie nutzen die menschliche Fähigkeit, Dinge zu entdecken, dazu zu erkennen, was in der Welt außerhalb ihres Kopfes existiert und was nur ein Hirngespinst ihrer Vorstellung ist. Für mich sind diese Menschen sehr

mutig und ausdauernd, gerade auch angesichts des oft einschüchtern-
den Widerstands.

Sich einzugestehen, dass andere Menschen oder soziale Einrichtungen einen irregeleitet haben, ist schwer, besonders wenn diese
Menschen die engsten Familienmitglieder sind. Die meisten Leute,
die wissenschaftliche Erkenntnisse ablehnen, versuchen verzweifelt,
ihr Weltbild aufrechtzuerhalten, und neues Wissen ist dabei äußerst
bedrohlich. Wer dieses Wissen annimmt, muss ganz neu und anders
über sein Verhalten nachdenken und es schließlich möglicherweise
auch verstehen. Das kann aber bedeuten, dass man mit Freunden und
Familie brechen muss oder dass man sich ständig bemühen muss, die
Wahrheit vor denen, die einen umgeben, zu verbergen.

Manche Leute gehen einen Kompromiss ein, indem sie sagen:
»Ich bin nicht religiös, aber immer noch spirituell.« Ich habe noch nie
genau verstanden, was das heißen soll. Auf meine Nachfrage bekam
ich dann eine Antwort in der Art »Du würdest nicht verstehen, woran
ich glaube« oder »Das ist meine eigene persönliche Form des Glaubens«. Anders gesagt, fehlt hier die Bereitschaft, den Glauben einer
Prüfung zu unterziehen. Einige dieser Menschen können die traditionellen Religionen vielleicht nicht mehr gutheißen. Vielleicht haben
sie auch das Gefühl, dass keine Religion ihre Ansichten repräsentiert.
Oder sie sind in einem religiösen Elternhaus groß geworden und waren
nicht mit dem einverstanden, was ihnen beigebracht wurde. Dennoch
sehnen sie sich immer noch nach übernatürlichen Antworten auf die
entscheidenden Lebensfragen.

Manche Menschen behaupten, dass ihr Glauben an eine spirituelle
Macht nur bedeutet, »dass ich an Dinge glaube, die größer sind als
ich«. Dieser Glaube kann sowohl monistisch als auch dualistisch sein.
Ich für meinen Teil glaube an eine Menge Dinge, die größer sind als
ich. Aber ich bin ein entschiedener Monist, der sich vollkommen wohl
dabei fühlt, Teil einer chaotischen, unvorhersehbaren Entwicklung organischer Ereignisse zu sein, die vor Milliarden Jahren eingesetzt hat.

Andere verstehen unter Spiritualität so etwas wie Ehrfurcht oder
Bewunderung für das, was sie die »Mysterien« der Natur nennen. Ich

liebe Mysterien, und ich schrecke auch nicht vor Dingen zurück, über die ich mir unsicher bin. Ganz im Gegenteil, sie stiften mich an, mehr darüber erfahren zu wollen, und ich gehe davon aus, dass neues Wissen die Rätsel verringern und das Gefühl der Verbundenheit mit der Natur verstärken wird. Und nur weil uns etwas Rätsel aufgibt, heißt das ja nicht unbedingt, dass die Wissenschaft es nicht erklären kann. Tatsächlich sind einige dieser Rätsel für die, die sie untersucht haben, bei Weitem nicht so mysteriös. Wissenschaftler sind manchmal einfach nicht besonders gut darin, ihre Erklärungen einer breiten Öffentlichkeit kundzutun, aber wenn mehr Leute wissenschaftliche Erklärungen kennen würden, dann würden sich sicherlich weniger Menschen als »spirituell« bezeichnen.

Die Menschen glauben an so viele verschiedene Dinge und sind von so unterschiedlichen Dingen überzeugt, dass es schwer zu sagen ist, wie viele Menschen wirklich an Gott glauben. Wie ich schon erwähnt habe, ist die Zahl der Leute in den Vereinigten Staaten, die sich als »Atheisten« bezeichnen, sehr gering. Doch viele andere Leute sind eigentlich durchaus auch Atheisten. Selbst wenn sie sich nicht als solche sehen, hat ihr Glauben dennoch nichts mit Gott oder der Heiligen Schrift zu tun und ist vermutlich für traditionelle Gläubige inakzeptabel. Laut Umfragen betrachten 20 Prozent der Amerikaner sich als Atheisten, Agnostiker, Spiritualisten, Anhänger von New Age, Anhänger östlicher Religionen oder anderer nichttheistischer Überzeugungen.[91] Zusammengenommen ist diese Gruppe so groß wie jede andere Glaubensgemeinschaft in Amerika.[92]

In anderen Ländern ist die Zahl derjenigen, die nicht an Gott glauben, viel höher: In England sind es 31 Prozent, in Frankreich 48 Prozent und in Norwegen 54 Prozent.[93] Studien haben ergeben, dass mindestens 82 Prozent der Schweden nicht an einen »persönlichen Gott« glauben. Wenn man die Atheisten, Agnostiker und Nichtgläubigen aller Länder zusammenzählt, sind zwischen 500 Millionen und 750 Millionen Menschen auf diesem Planeten keine Theisten. Und in vielen Ländern, darunter auch in den Vereinigten Staaten, nimmt die Zahl der Nichtgläubigen ständig zu. Das ist ein großer Teil der Menschheit, ungefähr genauso groß wie der Teil, der an die großen Weltreligionen glaubt. Ich vermute, dass viele dieser Menschen ein naturalistisches Weltbild vertreten, auch wenn es dazu keine Untersuchungen gibt. Die Länder mit einem hohen Prozentsatz an Nichtgläubigen gehören zu den freiesten und stabilsten Ländern der Erde mit einem hohen Ausbildungsstandard und guter Gesundheitsversorgung. Wenn Länder nach dem Human Development Index (HDI) gemessen werden, der Kriterien wie Lebenserwartung, Alphabetisierung und Bildungsabschluss bewertet, sind die fünf am höchsten entwickelten Länder Norwegen, Schweden, Australien, Kanada und die Niederlande – alles Länder mit einer großen Zahl an Nichtgläubigen. Alle 50 Länder am unteren Ende der Skala sind äußerst religiös. In den Ländern mit der höchsten Mordrate ist die Religiosität stark ausgeprägt, in Ländern mit der höchsten Geschlechtergerechtigkeit am wenigsten stark. Diese Fakten sagen natürlich nichts darüber aus, ob Atheismus ein positives Anzeichen für Gesellschaften ist oder das genaue Gegenteil. Aber die Vorstellung, dass Atheisten irgendwie weniger moralisch seien als Gläubige, wurde Studie für Studie glaubhaft widerlegt.

Ich werbe in meinen Songs oder wenn ich Studenten unterrichte, nicht für den Atheismus. Während meiner Vorlesungen über Charles Darwin führe ich kaum Darwins ausschlaggebende Gründe für die Ablehnung des Theismus aus. Seine Theorien über biologische Phänomene sind da weitaus wichtiger. In den Einführungskursen, die ich gebe, sollte die Aufmerksamkeit der Studenten auf die Prozesse und Wechselbeziehungen gerichtet sein, die wir in der Natur vorfinden. Die Debatte darüber, ob alle Arten eigens von einer Gottheit erschaffen wurden, ist hier nur zweitrangig von Interesse, und dafür ist in den Biologie-Einführungskursen auch einfach keine Zeit.

Trotzdem teile ich jedem, der mich danach fragt, gerne meine Meinung mit. Darwin zeigte, dass die Menschen Teil der Natur sind. Obwohl wir einzigartige Eigenschaften haben, sind wir nicht über andere Arten erhaben oder fortgeschrittener. (Übrigens sind alle Arten einzigartig.) Wenn Studenten die Logik dieses Gedankens erfasst haben, bringt das ihre Überzeugung von der privilegierten Rolle des Menschen als Gottes liebster Schöpfung ins Wanken. Oder zumindest werden sie dazu ermutigt, ernsthaft über ihre Überzeugungen und Vorstellungen nachzudenken.

Wenn ich Songs schreibe, versuche ich nicht so zu sein, wie Mr Gorski sich mir gegenüber verhalten hat. Ich verlange nicht, dass jemand Anhänger eines bestimmten Weltbilds ist. Ich möchte lediglich darauf hinweisen, dass es eine produktivere Sicht auf die Dinge geben kann als die traditionelle religiöse Perspektive. Vielleicht ist das eine Reaktion auf die Erfahrung, die ich machte, als ich *Jesus Christ Superstar* hörte. Auf jeden Fall bin ich mir sicher, dass Lieder Menschen auf entscheidende Weise prägen können – nicht nur in der Art, wie sie fühlen, sondern auch, wie sie denken. Wenn Musik eine andere Art von Lernen fördert als das Lernen aus Büchern, wie manche Wissenschaftler behaupten, dann ist das Singen über Vorstellungen und nicht nur über Gefühle eine gute Möglichkeit, dieses Lernen anzuregen.[94] Aus diesem Grund – und natürlich auch deshalb, weil meine Eltern mich so erzogen haben – habe ich meine Kinder immer voll und ganz unterstützt, wenn sie lieber Musik auf ihren iPods hören wollten, als Hausaufgaben zu machen. Natürlich ist mir klar, dass das nur eine Masche ist, um um die Hausaufgaben herumzukommen, aber ich bin nach wie vor der festen Überzeugung, dass sie beim Musikhören auch etwas Wertvolles lernen.

Als ich angefangen habe, Songtexte zu schreiben, habe ich mehr Fragen gestellt als absolute Aussagen getroffen. Ich denke, dass es die künstlerische Glaubwürdigkeit eines Songs gefährdet, wenn der Text zu direkte Forderungen stellt. Es gibt zum Beispiel in»God Song« auf dem Bad-Religion-Album *Against the Grain* eine Stelle, an der ich etwas dogmatisch werde:

And did those feet in ancient times trod on America's
pastures of green?
And did that anthropocentric God wane with his thoughts
and beliefs so unseen?
I don't think so. He's up there with the others laying low,
vying with those whom you've traded your life to bless
your soul.
And have they told you how to think, cleansed your mind
of sepsis and autonomy?
Or have you escaped scrutiny and regaled yourself with
depravity?
Now we all see religion's just synthetic frippery,
unnecessary in our expanding global cultural efficiency.
Now don't you fear this impasse you have built to your
future? Ever so near and oh so austere. [95]

Meiner Meinung nach ist die schlimmste Zeile in dem Lied die, in der ich eine dreiste Behauptung über die Religion aufstelle (dass Religion nur künstlicher Firlefanz ist). Der Rest des Liedes beschwört nur Bilder herauf, die jedem in den Sinn kommen, unabhängig davon, ob er an Gott glaubt oder nicht. Und die meiner Meinung nach überzeugendsten Zeilen in dem Lied sind die Fragen. Das Lied ist ein immerwährender Lieblingssong von Bad-Religion-Fans – ob sie nun Gläubige sind oder nicht –, und teilweise liegt der Grund für diesen Erfolg in den Fragen, die sich jeder der Hörer selbst auch stellt.

Viele Bad-Religion-Songs könnten als Sammelruf für Atheisten dienen, aber Brett und ich sind immer davor zurückgeschreckt, einfache revolutionäre Aussagen oder billige Einzeiler ohne tiefere Bedeutung zu schreiben. Wenn man ein musikalisches Gemälde mit breiten Strichen malt, dann erlaubt man es den Zuhörern, ihre eigenen Schlüsse zu ziehen. In dem Lied »Atheistic Peace« aus dem Album *The Empire Strikes First* schrieb ich:

*Maybe it's too late for an intellectual debate, but a residue
of confusion remains.
Changing with the times and developmentally tortured
minds are the average citizen's sources of pain.
Tell me what we're fighting for, I don't remember anymore.
Only temporary reprieve
And the world might cease if we fail to tame the beast.
From the faith that you release comes an atheist peace.
Political forces rent bitter cold winds of discontent and the
modern age emerged triumphantly.
But now it seems we've stalled and it's time to de-evolve
and relive the dark chapters of history.
Tell me what we're fighting for? No progress ever came
from war, only a false sense of increase.
And the world won't wait for the truth on a plate, but
we're ready now to feast on an atheist peace.*[96]

Dieser Song kann auch als ein verletzender Angriff auf alle Gläubigen missinterpretiert werden. Aber mir lag mehr daran, Leute zu motivieren, als sie zu kritisieren. Die sokratische Methode, Fragen zu stellen, funktioniert – zumindest meines Erachtens – immer besser, als nur plumpe Aussagen zu treffen. Wenn die Menschen ermutigt werden, die Welt so zu sehen, wie sie ist, und darüber nachzudenken, woher sie kommt und was ihr Sinn ist, dann sind sie bereit, etwas zu lernen. Genau wie diejenigen, die sich schließlich von der Religion abwenden, damit anfangen, Fragen zu stellen, können diejenigen, die die Fragen aufwerfen, ihr Weltbild auf Beweisen und Vernunft aufbauen anstatt auf Dogmen. Sie können die Welt direkt erfassen, ohne erst den Schleier der Vorurteile durchschneiden zu müssen.

Ich versuche in meinen Aussagen bezüglich des naturalistischen Weltbilds vorsichtig zu sein. Mir ist klar, dass manche Menschen Gott fürchten, was ihr Vermögen zur Selbstbeobachtung und Skepsis beeinträchtigt. Andere Menschen verabscheuen Gott, was sie möglicherweise auch daran hindert, einen sinnvollen und fruchtbaren Dialog zu führen. Diejenigen, die Gott fürchten, behaupten, dass das Leben auf der Erde von einem intelligenten Wesen gelenkt wird und dass wir uns vor allem der Frage widmen sollten, was mit uns geschieht, wenn wir sterben. Diejenigen, die Gott hassen, glauben, dass religiöse Gläubige nichts anderes sind als ein Haufen Drohnen, die eine Gehirnwäsche hinter sich haben. Einige dieser Gotteshasser haben sich bemüht, ihre eigenen sozialen Gruppen zu gründen, mit einem Leitmotto, Treffpunkten (auch wenn die oft nur im Internet sind) und einem quasireligiösen Gemeinschaftssinn. Der stille Ruf »komm, schließ dich uns an«[97] ist auf ihren Webseiten und in ihren öffentlichen Veranstaltungen unüberhörbar. Mich erinnern diese Gruppen von Nichtgläubigen sehr an diejenigen, die sie diffamieren.

Religionen widmen sich den wichtigen Lebensfragen: Woher komme ich? Was ist der Sinn meines Lebens? Und was für einen Sinn hat es, sich anzustrengen? Es gibt so viele dieser »großen« Fragen, und sie sind so schwierig und zeitlos, dass man annehmen sollte, dass die wichtigsten sozialen Institutionen uns darauf mittlerweile umfassende Antworten anzubieten haben, die die meisten Leute zufriedenstellen. Viele Antworten, die die Religion liefert, gehen in die Richtung: »Du bist fehlerhaft, aber das macht nichts, weil Gott dich so geschaffen hat« oder »Gott will, dass du ein gutes Leben führst« oder »Gott ist perfekt, und man darf weder seinen Willen noch seine Intelligenz infrage stellen«. Anders gesagt: Es gibt hier kaum Raum für Diskussionen, wenn es um die wichtigen Lebensfragen geht.

Einige der Lösungsangebote aus der atheistischen Populärliteratur klingen genauso dogmatisch. Wenn jemand an Gott glaubt, ist er vermutlich das Opfer von »moralischem Terrorismus«[98] oder wurde einfach einer Gehirnwäsche unterzogen. Aber das ist verständlich, weil sein Gehirn so »veranlagt« war, als er jung war, und jetzt, da er erwachsen ist, lässt es sich eben nicht so ohne Weiteres »umpolen«. Begründungen dieser Art halten einen eher davon ab, sich mit den großen Fragen des Lebens zu beschäftigen, als dass sie einen dazu ermutigen.

Doch das sind genau die Fragen, mit denen wir uns am dringendsten auseinandersetzen sollten. Was sagen die fossilen Funde darüber aus, woher wir kommen? Wie weit können wir die molekularen Ursprünge des Lebens zurückverfolgen? Wie kann das Altern verlangsamt werden? Was für Arten von Lebensformen existieren womöglich auf anderen Planeten? Alle Antworten auf diese Fragen bilden ein großes Gesamtbild. Und ich denke, dass dieser naturalistische Ermittlungsbereich genauso von vielen Rätseln umgeben ist wie das Meditieren oder Beten. Aber der Prozess ist komplett anders. In der naturalistischen Tradition tauscht man Informationen aus und vergleicht Daten. Menschen aus jeder Ecke der Welt können in der Sprache der Wissenschaft miteinander kommunizieren. Die Polarität der Atheismus-versus-Theismus-Debatte verhindert aber diesen harmonischen gesellschaftlichen Austausch.

Es ist an der Zeit, die langwierige und endlose Debatte über die Existenz Gottes beiseitezulegen. Wir sollten uns auf das Leben und die ihm innewohnende Kreativität – und auch die unvermeidliche Tragödie – konzentrieren.

5. KAPITEL

DIE TRAGÖDIE: DIE ERRICHTUNG EINES WELTBILDES

»[Das] vernichtete mit einem Schlag alle Reste meines
früheren dualistischen Weltbildes.«
Ernst Haeckel über den Tod seiner Frau 1864[99]

»Wir haben die Freude unseres Haushaltes und den
Trost unseres Alters verloren.«
Charles Darwin über den Tod seiner zehnjährigen
Tochter Annie 1851[100]

Jeder von uns hat wahrscheinlich bereits tragische Dinge erlebt, etwa den Tod eines Familienmitgliedes oder eines Freundes. Vielleicht war es auch nur eine gute Gelegenheit, die jemand aufgrund unvorhergesehener Umstände verpasst hat, oder der Verlust der Arbeitsstelle oder ein Augenblick, der so peinlich war, dass er einem immer noch Kummer bereitet. Während des gesamten Lebens ereignen sich kleinere und größere Tragödien, und um damit fertig zu werden, müssen wir den Sinn dahinter verstehen. Manche Gelehrten glauben, dass die tragischen Ereignisse in den persönlichen Biografien der ersten Evolutionisten einen starken Einfluss auf die Ausbildung ihrer naturalistischen Weltsicht hatten.[101]

Tragische Ereignisse waren sicherlich auch einer der Antriebe für meine intellektuelle Entwicklung. Mein Leben war nicht besonders tragisch. Viele der Traumata, die meine Freunde erlitten haben, sind mir erspart geblieben. Aber Tragödien anzuerkennen hat mich dazu gebracht, andere zu unterstützen, aber auch andere um Unterstützung zu bitten, und dadurch habe ich meine Probleme mit anderen geteilt und anderen Menschen zugehört. Tragische Ereignisse sind in unserem Leben so normal, dass ich sie als einen roten Faden betrachte, der alle Lebewesen verbindet. Alle Organismen sind von permanenten traumatischen Veränderungen betroffen, die wir Menschen als Tragödien bezeichnen. Und das Empfinden dieser Tragik im Leben ist der unausweichliche Begleiter eines naturalistischen Weltbilds.

Am 29. Oktober 1959 kollidierte ein Auto, das von Edward Michael Zerr gelenkt wurde, einem der prominenten Kirchenältesten der restaurationistischen Glaubensgemeinschaft, die als Churches of Christ bekannt ist, in dem kleinen Städtchen Martinsville in Indiana mit einem anderen Auto. Zerr brach sich einen Arm, ein Bein und mehrere Rippen, und auf dem Weg ins Krankenhaus fiel er ins Koma. Vier Monate später starb er im Alter von 82 Jahren, ohne sein Bewusstsein wiedererlangt zu haben.

Bruder Zerr war ein erfolgreicher Autor, Lehrer und Prediger. Er schrieb Artikel für religiöse Fachzeitschriften, biblische Analysen von historischen Zitaten und zwei Bände mit Fragen zur Bibel zum Selbststudium. Über den Zeitraum von 60 Jahren hielt er von New England bis Kalifornien mehr als 8000 Predigten. Er schrieb auch die Musik und Texte für mehrere religiöse Lieder, darunter zwei, »The True Riches« und »I Come to Thee«, die heute noch in Gottesdiensten der Churches of Christ gesungen werden.

Bekannt wurde E. M. Zerr aber vor allem durch seinen sechsbändigen Bibelkommentar,[102] der zwischen 1947 und 1955 veröffentlicht wurde. Er arbeitete sechs Tage die Woche von vier bis acht Uhr morgens an den Bänden und wurde dabei von seiner Kirche unterstützt. Die Bände sind ein hervorragendes Beispiel der Textanalyse. Es ist offensichtlich, dass Zerr genauestens mit jedem Wort des Alten und Neuen Testaments vertraut war, und er konnte jede noch so kleine biblische Stelle zuverlässig deuten.»Es ist immer mein Ziel gewesen, Spekulation zu vermeiden«, schrieb er in dem Vorwort für den ersten Band, der die Bücher Genesis bis Rut enthält.»Ich biete keine Erklärungen an, die auf bloßer Mutmaßung basieren. In allen Fällen, in denen ich mir nicht sicher war, ob ich die Passage verstanden habe, habe ich auf Kommentare verzichtet. Meine einzige Absicht war es, ein komplexeres Verständnis des Heiligen Buches zu fördern. Wenn ich das erreicht habe, dann betrachte ich die Arbeit und Zeit, die ich aufgewendet habe, als vollständig entlohnt.«

E. M. Zerr war mein Urgroßvater und der Vater meiner Großmutter mütterlicherseits, die in den Wintermonaten immer in L. A. wohnte. Meine Mutter war zumindest seit meiner Geburt nicht religiös, aber seltsame Spuren von Urgroßvater Zerrs Glauben schimmerten doch hin und wieder in unserer Familie durch. Die Anhänger der Churches of Christ glauben, dass Musik nur gesungen und nicht mit Instrumenten begleitet werden darf. Die Aufforderung, keine Instrumente zu benutzen, entnehmen sie einem Vers aus den Briefen an die Epheser 5,19: »Lasst in eurer Mitte Psalmen, Hymnen und Lieder erklingen, wie der Geist sie eingibt. Singt und jubelt aus vollem Herzen zum Lobe des Herrn!« Von der Glaubensgemeinschaft meines Urgroßvaters wurden diese Worte wörtlich genommen und so interpretiert, dass keine Instrumente die Reinheit der menschlichen Stimme stören dürfen.[103] Im Grunde genommen wird von dieser Glaubensgemeinschaft alles in der Bibel wörtlich genommen. Die Churches of Christ waren Teil einer Restaurationsbewegung, die im 19. Jahrhundert im Zuge der »zweiten großen Erweckung« ihren Anfang nahm, einer Reformbewegung, die als Ziel hatte, die Gesellschaft von ihren Sünden zu reinigen, bevor Jesus ein zweites Mal wiederkehren würde. Die Anhänger dieser Strömung propagierten eine sehr wörtliche Bibelauslegung und eine Rückkehr zu der Art von Kirche, wie Christus sie eingeführt hatte.

E. M. Zerr erwartete von seinen Enkelkindern, dass sie sich an die Regeln seiner Glaubensgemeinschaft hielten, wenn sie ihre Eltern zur

Kirche begleiteten, aber meine Mutter und ihr Bruder Stanley durften in ihrer Kindheit durchaus Klavier und Gitarre spielen. Keiner von ihnen entwickelte aufgrund seiner kindlichen Prägung eine besonders religiöse Einstellung, aber beide hatten und haben eine bleibende Liebe zur Musik.

Die zweite Familientradition, die sicherlich auf E. M. Zerrs Hingabe, mit der er die Bibelinterpretation betrieb, zurückging, war die Wertschätzung einer guten Ausbildung. Sowohl meine Mutter als auch mein Onkel Stanley machten ihren Doktor, und die positive Bewertung von Bildung übertrug sich auch auf mich, meinen Bruder und meine Cousins. Akademische Diskussionen gehörten wie auch die Lieder, die wir gemeinsam sangen, zu den Höhepunkten der Familientreffen an den Thanksgiving-Tagen im Haus meiner Mutter. Die Diskussionen gingen meist schon beim Frühstück los und dauerten bis zum Nachmittag. Sie wurden von meiner Mutter und meinem Onkel Stanley angeregt, aber die eingeladenen Freunde, eigensinnige Jugendliche und selbst die Kinder wurden nie davon abgehalten, kräftig mitzuwirken. So mancher friedliche Morgen endete am Nachmittag in einer hitzigen Debatte über sozialpolitische Fragen oder aktuelle Ereignisse. Aber am frühen Abend wurde der Frieden stets wiederhergestellt, wenn Onkel Stanley seine Gitarre und sein Banjo hervorholte. Das Singen bekannter Lieder brachte die Familie stets wieder zusammen.[104] Es war einfach unmöglich, verärgert zu bleiben, wenn die Musik anfing. Wenn eine altmodische Melodie auf einem Banjo erklingt, muss man einfach gute Laune bekommen. Alle Sorgen der Welt sind dann vergessen.

Der Tod meines Urgroßvaters Zerr kam zu schnell und unerwartet für meine Familie. Ich bin mir sicher, dass er mich als armen, verirrten Sünder gesehen hätte, aber ich weiß, dass es ihm Freude bereitet hätte, beim gemeinsamen Singen dabei zu sein. Sein Tod führte meiner Familie deutlich vor Augen, dass Tragödien einen jeden Augenblick treffen können.

+

Jeder, der in der Punkszene der 1980er-Jahre in Los Angeles mitgemischt hat, weiß, dass Gewalt schnell und unerwartet auftreten und oftmals zu einem tragischen Ende führen kann. Meine Freunde wurden regelmäßig bei Unruhen während Konzerten von der Polizei verprügelt. Schlimmer waren noch die Selbstmorde in meinem Freundeskreis oder die Todesfälle aufgrund von einer Überdosis an Drogen. Ich habe nie Marihuana oder eine andere Droge genommen. Der Schock, als ich nach Kalifornien kam und unvorbereitet dieser Drogenkultur ausgesetzt war, war so groß, dass ich mir schwor, nie so fertig sein zu wollen wie die Schüler in der Mittelstufe und der Highschool. Doch meine Freunde zogen mich am Wochenende bei den Punkertreffs in ihre Drogeneskapaden hinein. Ich fühlte mich zwar unwohl in der Rolle des nüchternen Wachhunds, wollte aber andererseits auch Teil dieser Gruppe sein, daher lehnte ich am Anfang nicht ab. Ich ging sogar so weit, dass ich meinen Freunden gelegentlich eine Heroin- oder Speed-Spritze verabreichte. Mir läuft es heute noch kalt den Rücken hinunter, wenn ich daran denke, was dabei alles hätte passieren können. Ich hatte absolut keine Ahnung von der richtigen Dosierung, und ich hätte leicht jemandem eine tödliche Menge verabreichen und dann einige Jahre ins Gefängnis wandern können, weil ich einen Freund mit Drogen umgebracht hatte.

Mit Anfang 20 erzählten mir meine Kumpels aus der Band:»Hast du gehört? Bob ist letzte Nacht an einer Überdosis Heroin gestorben.« Dann, ein paar Monate später, hieß es:»Tom ist gestern gestorben, als er mit seinem Auto von hinten in einen Sattelschlepper gekracht ist.« Ich wusste genau, dass Bob und Tom nicht tot wären, wenn sie keine Drogen genommen hätten. Beide waren fröhlich und witzig, wenn sie nicht auf Drogen waren. Wenn sie aber Drogen genommen hatten, waren sie verschlossen und zurückgezogen. Diese Todesfälle führten dazu, dass ich genauer darüber nachdachte, was ich tat. Wenn Drogen die Persönlichkeiten meiner Freunde so drastisch verändern konnten, dann wollte ich nichts mit all dem zu tun haben. Ich wollte diese Erfahrung in meinem Leben nicht machen. Die Tode von Bob und Tom und die Tatsache, dass ich keine genetische Veranlagung oder einen psychologischen Zwang hatte, Drogen zu nehmen, machten mir bewusst, wie viel Glück ich gehabt hatte. Ich fasse den Begriff »Tragödie« weiter als die meisten Menschen. Denn ich verstehe darunter eine plötzliche Veränderung von Dingen, die wir als gegeben betrachten. Diese Veränderung zerstört Leben und Beziehungen, von denen wir annahmen, dass sie unzerstörbar seien. Tragische Ereignisse sind überraschende, unvorhergesehene Umbrüche, die wir oft nicht verstehen können. Es gibt keine Gewinner bei Tragödien, nur furchtbaren und unerbittlichen Verlust.

Die Quelle für viele persönliche Tragödien sind soziale Beziehungen. Die universellen Gesetze, die Menschen emotional aneinanderbinden, dienen dazu, unseren Glauben in unsere zwischenmenschlichen Beziehungen zu verstärken. Wir untersuchen beispielsweise selten die unausgesprochenen Regeln der Liebe.[105] Aber wenn die Liebe stirbt, eine Ehe endet oder ein Kind mit einem Elternteil zerstritten ist, haben wir das Gefühl, dass die Gesetze verletzt wurden, und wir empfinden dies als etwas zutiefst Tragisches.

Ich hatte durchaus einige Beziehungen, die tragisch endeten, und ich gebe dafür teilweise meinem mangelnden Verständnis die Schuld. Als Jugendlicher war ich überzeugt, dass die weiblichen Punker in unserer Gruppe genau gleich waren wie die Jungs. Uns verband unser Verlangen, die gesellschaftlichen Zwänge zu überwinden. Das kollektive Aufbegehren der Gruppe hatte immer mehr Gewicht als individuelle, persönliche Probleme. (Es gab wesentlich mehr Lieder, in denen es um »uns«, »unser« und »wir« ging als um »ich«, »mein« und »mich«.) Meine Punker-Freunde und ich konnten zwar tolerant sein, aber nicht wirklich verständnisvoll. Leider führte dies auch dazu, dass wir die unterschiedlichen Bedürfnisse und Blickwinkel von Männern und Frauen nicht thematisierten. Auch heute noch kann ich die speziellen Bedürfnisse von Frauen problemlos tolerieren, ohne diese Bedürfnisse völlig zu verstehen. Das beeinträchtigte auch meine Fähigkeit, ein guter Ehemann zu sein. Mir waren meine Musik, meine Ausbildung und meine Forschung wichtiger als die Angelegenheiten meiner Familie. Das Ende meiner ersten Ehe brach mir so richtig das

Herz. Es führte mir zum ersten Mal das Leid vor Augen, das meine Eltern durchlebt hatten, als sie sich scheiden ließen. An diesem Punkt nahm ich mir auch ganz fest vor, es unbedingt besser zu machen, wenn sich wieder einmal die Gelegenheit zu Liebe und Ehe ergeben würde.

Viele Leute betreiben einen enormen emotionalen Aufwand, um sich selbst einzureden, dass ihnen nichts Tragisches widerfahren ist. Sie fürchten sich davor, sich ihre Traurigkeit einzugestehen, weil sie sehr belastend sein und die normalen sozialen Beziehungen stören kann. Es wird von uns erwartet, dass wir in der Öffentlichkeit unsere Traurigkeit verbergen. Wir versuchen daher, nicht zu weinen oder unsere Gefühle zu deutlich zu zeigen. Das ist Teil einer großen Verschwörung. Wenn jeder die Existenz von tragischen Ereignissen anerkennen würde, dann würden alle begreifen, wie schmerzhaft das Leben wirklich ist.

Ich habe mir noch nie einreden können, dass Schmerz nicht so schlimm ist. Wenn ich einen großen Verlust erleide, dann tröstet es mich auch nicht zu wissen, dass andere noch mehr verloren haben, verwirrter sind oder ihnen schlimmere Dinge widerfahren sind. Meine Gefühle sind ganz allein meine, und ich kann sie nicht mit den Gefühlen anderer vergleichen. Mein Schmerz und der eines anderen werden immer unterschiedlich sein. Es ist auch unmöglich, sein Ausmaß zu messen. Aber den Schmerz zu ignorieren ist völlig irrsinnig.

Manche Menschen denken, dass zu viel öffentlich zur Schau gestellte Empfindsamkeit andere daran hindert, ihre eigene Traurigkeit zu überwinden. Das würde aber ja bedeuten, dass von uns erwartet wird, anderen dabei zu helfen, ihre Emotionen in den Griff zu bekommen, während wir gleichzeitig unser eigenes Bedürfnis nach Mitgefühl unterdrücken sollen. Das ist nur eine andere Art, die Unmittelbarkeit von Tragödien zu leugnen. Wir müssen einsehen, dass es keinen Weg gibt, Schmerz zu klassifizieren, wir können ihn nur als allgegenwärtigen Bestandteil unseres Lebens ansehen, mit dem wir uns permanent auseinandersetzen müssen.

Tragödien sind ebenso ein wesentlicher Bestandteil der Natur und der Evolution. Niemand kann Naturalist sein und seine Augen vor dem enormen Ausmaß an Verschwendung, Angst und Tod in der biologischen Welt verschließen. Kann uns aber ein tieferes Verständnis der Tragödien, die sich in der Natur abspielen, dabei helfen, mit den tragischen Ereignissen in unserem Leben besser umzugehen? Ich habe mir diese Frage oft gestellt. Das Studium von Fossilien hilft sicherlich wenig dabei, Tragödien in der Zukunft zu vermeiden. Andererseits kann das Studium der Geschichte – zum Beispiel das Sammeln von Daten über vergangene Zivilisationen und deren Zusammenspiel mit der Umgebung – wichtig sein, wenn es darum geht, Probleme zu lösen, die mit gegenwärtigen ökologischen Herausforderungen zu tun haben.[106] Wenn wir uns einig sind, dass die ökologischen Fehler unserer Vorfahren vermieden werden können, dann müssen wir zu dem Schluss kommen, dass das Wissen über die Geschichte hierbei einen praktischen Nutzen bringt. Kann diese praktische Anwendbarkeit bis in den Bereich der Naturgeschichte ausgeweitet werden? Ich bin noch nicht zu einer völlig zufriedenstellenden Antwort gelangt. Aber ich habe versucht, die Frage zu bejahen. Ich habe die Geschichte des Lebens nicht nur aus akademischem Interesse untersucht. Für mich hat das Studium der Vergangenheit auch eine emotionale Komponente.

Als Charles Darwin und Alfred Russel Wallace ihre Theorien über die Evolution entwarfen, waren beide von einem Essay beeinflusst, den einer ihrer Landsmänner verfasst hatte. 1798 schrieb der Pastor Thomas Malthus, dass die menschliche Bevölkerung viel schneller wachse als die Ressourcen, die sie als Nahrung benötige. Die unausweichliche Konsequenz daraus sei für die menschliche Bevölkerung Tod und Hungersnot. Malthus war ein Theist und vertrat die Ansicht, dass Hunger, Leiden, Wettbewerb und alle anderen Übel in der Welt von Gott gegeben seien, um den Menschen eine Lektion zu erteilen. Ohne die unbarmherzige Bedrohung von Hunger und Armut hätten die Menschen keinen Grund, hart zu arbeiten und sich und anderen Gutes zu tun. Er behauptete, dass das allgemeine Leiden zum Besten einiger weniger irgendwie auch der Antrieb für die menschliche Tugend sei.

Als Darwin und Wallace diesen Essay lasen, erkannten sie noch etwas anderes als Malthus. Ihnen wurde unabhängig voneinander klar, dass ein Ungleichgewicht in der Natur zwischen Population und Ressourcen den Vorgang erklären konnte, den Darwin die natürliche Selektion nannte. In der Natur werden mehr Organismen geboren als überleben und sich fortpflanzen können. Die Konsequenz daraus ist, dass die Organismen mit der größten Fitness ihre Merkmale an zukünftige Generationen weitergeben, während die untauglichen Organismen hungern, an Krankheiten sterben oder von anderen gefressen werden. Geringe Abweichungen in der Fähigkeit, die benötigten Ressourcen zu beschaffen, führen dazu, dass einige Mitglieder einer Population überleben und andere umkommen.

In diesem Licht betrachtet, wird die Theorie der Evolution zu einer Rechtfertigung all der Tragödien in der Natur. So scheint Darwin die Evolution gesehen zu haben.»Der Kampf ums Dasein«,»das Überleben des Stärkeren« und»der Wettbewerb um Ressourcen« – all dies geht auf den vielleicht unbewussten Versuch zurück, zumindest Teile des Leidens in der Welt zu erklären. Diese Sichtweise der Evolution bietet eine Rechtfertigung der Tragödien, indem die Rolle der Fitness übertrieben wird. Hierbei erscheint der Tod nur als ein Nebenprodukt der wesentlichen»Absicht« der Evolution, nämlich die tauglichsten Individuen aus einer Population mit unterschiedlichen Merkmalen auszuwählen.

Aber wie wir gesehen haben, lässt sich ein Großteil der Variationen im Leben nicht durch die Selektion erklären. Ungeeignete Eigenschaften und Verhaltensweisen kommen im Leben häufig vor, auch in unserem eigenen. Tragödien dienen keinem höheren Zweck, indem sie den Weg für Individuen mit größerer Fitness ebnen. Sie treten viel zufälliger, sinnloser und anarchischer auf, als die meisten Biologen annehmen.

Eine andere Beobachtung ist eine viel bessere Erklärung für den Tod. Das Leben auf der Erde ist begrenzt. Über sehr lange Zeitspannen hinweg muss die biologische Kreativität durch biologische Zerstörung ausgeglichen werden.[107] Wenn dieses Gleichgewicht nicht aufrechterhalten wird, würde die Welt an ihrem eigenen biologischen Überfluss ersticken, oder alles Leben würde sehr schnell von ihr verschwinden. Zu verschiedensten Zeiten in der Vergangenheit überwogen die Mächte der Zerstörung. Doch nach diesen Phasen wurde das Gleichgewicht schnell wiederhergestellt. Vom Standpunkt der Evolution aus betrachtet, benötigen und erhalten Tragödien keine Rechtfertigung. Der Tod ist nichts anderes als die notwendige Ergänzung zum Leben. Die fossilen Funde sind ein klarer Beweis für die unausweichliche Existenz des Todes. Die ganze Geschichte des Lebens auf der Erde wird dokumentiert durch die Momente des Todes, die als Fossilien für immer festgehalten werden. Jedes entdeckte Fossil stellt einen einzigartigen Schnappschuss in einem Kontinuum biologischer Ereignisse dar, und dabei liefert der Tod die Schnappschüsse der Vergangenheit für die zukünftigen Entdecker.

Unerwartete Ergebnisse mit tödlichem Ausgang kennzeichnen die biologische Analyse auf jeder Ebene – von der Zelle und dem Individuum über die Population und die Art bis hin zur ökologischen Gemeinschaft. Von den einzelligen Organismen auf der untersten Ebene der biologischen Gemeinschaft, die sich teilen, um sich fortzupflanzen – und die seit mehr als zwei Milliarden Jahren Bewohner der Erde sind –, kann behauptet werden, dass sie nicht aussterben. Einzellige Organismen existieren nahezu überall auf unserem Planeten, von den dunklen Tiefen unserer Eingeweide über die unterirdischen Gesteine, die nie Tageslicht sehen, bis zur Ionosphäre weit über der Erde. Sie waren die erste Lebensform, die auf dem Planeten aufgetaucht ist, und sie sind seitdem stets vorhanden. Einzellige Organismen können sterben, wenn sich beispielsweise die Umwelt verändert oder wenn sie von anderen Organismen gefressen werden. Doch für mich sind sie mehr als nur winzige Stoffwechselmaschinen, die immer geschäftig sind, manchmal Krankheiten übertragen, viel häufiger aber unsichtbar und unbeachtet Dinge auslösen, die von entscheidender Bedeutung sind für den Erhalt der auffälligeren Lebensformen.

Der Tod wurde zum vertrauten Zeichen einer scheinbar verschwenderischen Sinnlosigkeit – ungeachtet seiner biologischen Notwendigkeit –, als das mehrzellige Leben sich entwickelte. Anstatt einzelner Zellen oder kleiner Zellkolonien, die einfache Funktionen für sich selbst ausführen, brachte das mehrzellige Leben komplexes Gewebe und Organe hervor, die alle zum Vorteil eines höchst komplizierten Organismus in einem Zusammenspiel funktionieren. Ein Charakteristikum von mehrzelligen Organismen ist eine »Arbeitsteilung« zwischen den Körperzellen (somatisch) und den Geschlechtszellen (Gameten). Gameten transportieren genetische Informationen von einer Generation zur nächsten. Sobald diese Zellen die Entwicklung des Nachwuchses angestoßen haben, ist der restliche Organismus biologisch nicht mehr notwendig, nachdem der Nachwuchs geboren wurde. Die somatischen Zellen altern einfach und sterben ab, und schließlich stirbt auch der Organismus.

Die Evolution der mehrzelligen Organismen in den letzten Milliarden Jahren ermöglichte die Entwicklung eines Nervensystems. Diese Netzwerke aus sehr spezialisierten Zellen statteten Organismen mit sehr speziellen Fähigkeiten aus. Organismen mit einem Nervensystem können die Umweltbedingungen mit größerer Genauigkeit und Empfindsamkeit wahrnehmen als andere Organismen. Sie können von einem Teil des Körpers zu einem anderen mit großer Geschwindigkeit Signale versenden. Die Teile des Nervensystems kommunizieren auch untereinander, was der Beginn des hoch entwickelten Phänomens, das wir »Denken« nennen, ist.

Außerdem kann ein Nervensystem Schmerz fühlen und erkennen, wenn ein Tier verletzt ist. Nichtmenschliche Lebewesen haben das, was wir »Bewusstsein« nennen, in unterschiedlichem Maße, was bedeutet, dass sie Schmerz wahrscheinlich anders wahrnehmen als wir.[108] Aber Schmerz dient ihnen dazu zu lernen, in der Zukunft Gefahren zu vermeiden.

Die Evolution von komplexen Nervensystemen führte auch zu in so hohem Maße sozialen Tieren wie Menschen, Schimpansen, Walen, Elefanten und selbst den staatsbildenden Insekten. Diese Organismen können die Beziehung von sich zu anderen unterschiedlich bewerten. Wenn beispielsweise der Tod zuschlägt und sie ihren Nachwuchs verlieren, erleben nahe Verwandte oder Gefährten diesen Verlust auf verschiedene Weise. Gazellen oder andere Huftiere werden ständig von Fleischfressern wie Löwen oder Wölfen gejagt. Wenn Familienmitglieder oder andere Angehörige der Herde getötet werden, verändern sie ihr Verhalten kaum. Andere Säugetiere wie Schimpansen oder Elefanten dagegen können durch den Verlust von jemand Nahestehendem so getroffen sein, dass sie nicht mehr normal funktionieren. Es scheint dann fast, als wäre das Leben für sie nicht mehr lebenswert. Tiere mit einem höher entwickelten Nervensystem – und besonders die mit einer Großhirnrinde – scheinen Tragödien also tiefer zu empfinden.

Wir Menschen mit unserer hoch entwickelten Großhirnrinde scheinen die einzigen Lebewesen zu sein, die in der Lage sind, die Unausweichlichkeit des Todes zu erfassen (obwohl wir natürlich nicht wirklich wissen können, was andere Tiere mit einer hoch entwickelten Großhirnrinde denken). Diese Fähigkeit bürdet uns eine einzigartige Form des Leidens auf. Wir sind uns bewusst, dass alles um uns herum vergänglich ist. Trotzdem gibt uns dieses Wissen keinen Trost, und wenn uns eine Tragödie trifft, ist unser Schmerz unvermindert.

Leiden ist eine unausweichliche Folge der Evolution. Naturalisten betrachten Tragödien als eine Nebenerscheinung von natürlichen Prozessen, die sich in mehrzelligen Organismen durch die ganze Geschichte hindurch abspielen: bakterieller Parasitismus, Kindersterblichkeit, Infektionen, Hunger, Katastrophen, Artensterben. Dient all dieses Leid einem anderen Zweck, als uns dazu zu bringen, in Zukunft zu versuchen, dem Leiden zu entgehen? Vielleicht ist es zu viel verlangt, dass eine Weltanschauung – egal, ob sie auf dem Naturalismus aufbaut oder auf einer Religion – eine endgültige Antwort auf die Frage nach Tragödien liefert.

✦

Hin und wieder werden wir mit der verblüffenden Unermesslichkeit des Universums konfrontiert. Während meiner Kindheit und Jugend versuchten mein Bruder und ich, in den Sommernächten in Wisconsin der stickigen Schwüle des Hauses meines Vaters zu entkommen, das über keine Klimaanlage verfügte, ungefähr einen Kilometer vom Michigansee und weit genug von den Lichtern von Milwaukee und Chicago entfernt lag, um einen rabenschwarzen Himmel zu enthüllen. Gelegentlich legten wir uns dann auf den Rasen im Vorgarten, liehen uns Vaters Feldstecher aus und bestaunten die Sterne. Wir wussten sehr wenig über das, was wir betrachteten, aber wir hatten genug Sendungen des Astronomen Carl Sagan gesehen, um zu wissen, dass das Licht, das wir betrachteten, Tausende von Jahren gebraucht hatte, um uns zu erreichen, obwohl Licht im Jahr fast zehn Billionen Kilometer zurücklegt. Und je länger wir dort lagen, desto mehr Sterne sahen wir, die sich über uns in der dunklen Unendlichkeit zeigten. Ich weiß noch, dass ich meinen Bruder fragte:»Wie lange gibt es den Weltraum schon?« Und er antwortete:»Der ist schon immer da.« Dem neugierigen Jungen, der ich damals war, reichte diese Antwort, auch wenn ich heute eine vollständigere und wissenschaftlichere Antwort kenne.

Als ich anfing, ernsthaft Evolutionsbiologie zu studieren, erleichterten es mir die Erfahrungen im Vorgarten meines Vaters, etwas zu begreifen, was für die meisten Menschen unfassbar ist: die unglaubliche Unermesslichkeit der Zeit. Menschen denken in Zeitspannen von Tagen, Monaten oder vielleicht bestenfalls in Dekaden. Das ist nur natürlich, weil das Zeiträume sind, in denen sich menschliche Belange abspielen, die für uns persönlich Bedeutung haben. Aber das ist genauso, als würden wir kosmische Distanzen ebenso einschätzen wie die Entfernungen, die wir tagtäglich auf den Straßen zurücklegen. Die Zeit dehnt sich hinter uns so endlos aus wie die schwarze Leere über uns.

Die meisten von uns können ihre Familien ein paar Generationen zurückverfolgen. Aber wenn wir annehmen, dass die durchschnittliche Dauer einer menschlichen Generation 25 Jahre ist, dann trennen uns 80 Generationen von der Zeit Christi. Das sind 80 Kreisläufe von Geburt und Tod, 80 Übermittlungen von DNA von einer Generation zur nächsten, 80 Gelegenheiten, dass die Linie, die von unseren Vorfahren zu uns führt, ausstirbt.

Und 80 Generationen sind, von einem evolutionären Standpunkt aus betrachtet, wirklich nicht viel. Ungefähr 8000 Generationen trennen uns von den aus anatomischer Sicht modernen Menschen, die vor 200 000 Jahren in Ostafrika gelebt haben. Und 8000 Generationen sind eine winzige Zahl verglichen mit den 250 000 menschlichen Generationen, die zwischen uns und den Vorfahren liegen, die wir mit den Schimpansen gemein haben, oder verglichen mit den 2,5 Millionen Generationen, die uns vom Zeitpunkt des Aussterbens der Dinosaurier trennen, oder mit den 140 Millionen menschlichen Generationen, die zwischen uns und den Anfängen des Lebens auf der Erde liegen.

Wir können eigentlich so große Zahlen noch nicht einmal wirklich erfassen. Vielleicht können wir die Zahl 1000 noch begreifen – es dauert ungefähr zwölf Minuten, um bis 1000 zu zählen. Aber bereits eine Million ist eine Zahl, die sehr schwer zu verstehen ist, auch wenn wir jeden Tag über Millionen in der Zeitung lesen. Als Brett und ich einmal die Strecke von L. A. nach Berkeley mit dem Auto fuhren, um dort ein Konzert zu geben, begannen wir als Zeitvertreib ein Lied zu singen: »*A million bottles of beer on the wall, a million bottles of beer ... if one of those bottles should happen to fall?* (Lange Pause) ... *nine hundred ninety-nine thousand nine hundred and ninety-nine bottles of beer on the wall!* (Zweite Strophe) *Nine hundred ninety-nine thousand nine hundred and ninety-nine bottles of beer on the wall, nine hundred ninety-nine thousand nine hundred and ninety-nine bottles of beer ... if one of those bottles should happen to fall?* (Lange Pause) ... *Nine hundred ninety-nine thousand nine hundred and ninety-eight bottles of beer on the wall!*«[109] Nach etwa fünf Minuten baten uns unsere Freundinnen auf dem Rücksitz inständig, damit aufzuhören. »Aber wir sind doch nur bis 999 992 gekommen!«, protestierten wir. Ihre Bitte brachte uns jedoch dazu, darüber nachzudenken, wie lange es wohl dauern würde, bis zu einer Million zu zählen. Also zählte ich fünf Minuten lang, und Brett stoppte die Zeit. Dann zählte ich noch einmal, dieses Mal von hinten nach vorne. Zu diesem Zeitpunkt waren unsere Mitfahrerinnen schon ziemlich genervt von unserem absonderlichen Spielchen und unterhielten sich nur mehr miteinander. (Die beiden waren nach der Autofahrt nicht mehr lange unsere Freundinnen.)

Wir rechneten aus, dass zwei Leute, wenn sie nichts anderes machten, als acht Stunden am Tag zu zählen (ohne Essenspausen, aber nur an Werktagen unter der Woche), ungefähr 20 Wochen ihres Lebens bräuchten, um bis zu einer Million zu kommen. Das sind fünf Wochen mehr, als ein Universitätssemester dauert.

Wissenschaftliche Forschungen haben es uns ermöglicht, bemerkenswerte Erkenntnisse darüber zu erlangen, wann in der Geschichte des Universums, des Sonnensystems und der Erde bestimmte Ereignisse stattgefunden haben. Radioaktive Atome zerfallen in bestimmten Zeiträumen in andere Atomtypen. Da bekannt war, wie viel von einem Isotop zu einer früheren Zeit vorhanden war und wie viel es heute davon gibt, konnten Wissenschaftler das Alter des Mondes, der Erde und der ersten fossilen Funde auf der Erde sehr genau bestimmen.[110] Diese Daten können nicht mit absoluter Sicherheit berechnet werden, weshalb Geologen zum Beispiel sagen:»Vor 1,65 Milliarden Jahren, plus oder minus 82,5 Millionen Jahre«, dabei aber ziemlich sicher sind, dass der Zeitraum innerhalb dieses Bereichs liegt. Das Alter der Erde wurde etwa aufgrund von mehreren unabhängigen Untersuchungen auf 4,54 Milliarden Jahre geschätzt, plus oder minus 45 Millionen Jahre. Das ist eine ziemlich genaue Schätzung, wenn man sich die enorme Zeitspanne vergegenwärtigt, die seitdem vergangen ist.

Der älteste Beleg für Leben auf der Erde sind Fossilien, die 3,4 Milliarden Jahre alt sind, plus oder minus 100 Millionen Jahre.[111] Von diesen frühesten Fossilien führt eine unberechenbare Abfolge biologischer Ereignisse zu uns, daher ist auch jeder von uns Teil dieses Prozesses. Ich bezeichne diese Kette von Geschehnissen in der Evolution als»endlich, aber unberechenbar«.

Die Vergangenheit ist voll von fremden Kreaturen, seltsamen atmosphärischen Bedingungen und eigenartigen Landschaften, die uns so fremd sind wie der Weltraum und so ungreifbar wie die geologische Zeit für das menschliche Verständnis. Würde jemand in der Zeit zurückreisen und im Kambrium, vor ungefähr 540 Millionen Jahren, bei einem küstennahen Riff schwimmen gehen, dann wäre das Wasser genau richtig – die Temperaturen wären in etwa die gleichen wie an den tropischen Riffen der Florida Keys, am Great Barrier Riff von Australien oder in Cancún in Mexiko. Würde man sich aber mit einer Taucherbrille die Lebewesen am Riff anschauen, dann würde sich das, was dort zu sehen wäre, gravierend von dem Leben in den heutigen Ozeanen unterscheiden. Heute sind Riffs hauptsächlich von Organismen bevölkert, die zu dem Stamm der Nesseltiere gehören. Diese Tiere sind Teil einer großen Gruppe, zu der die Quallen, die Seeanemonen und winzige, Kolonien bildende und becherförmige Organismen gehören, die das kalkartike Gefüge der Riffgemeinschaften in modernen Ozeanen ausmachen. Im frühen Kambrium waren die Riffe von Organismen bevölkert, die Archeocythiden hießen und heute ausgestorben sind. Diese Lebewesen waren von ihrer Anatomie und der Klassifikation her den Schwämmen sehr nahe. Sie waren von den Quallen und den Seeanemonen, die heute an den Riffen leben, so verschieden wie Menschen von Muscheln. An den kambrischen Riffen lebten zwar auch ein paar Nesseltiere, aber diese Arten sind heute alle ausgestorben.

Würde der Taucher erneut in seine Zeitmaschine steigen und im mittleren Mesozoikum, vor etwa 84 Millionen Jahren, an einem Riff schnorcheln, gäbe es wieder ein ganz anderes Bild. Wo sind die Archeocythiden? Was sind das für Nesseltiere? Diesmal würden die Organismen, die das Riff bilden, keine Ähnlichkeiten mit schwammähnlichen Lebewesen oder den heutigen Korallen haben. Die Riffe der späten Kreidezeit waren von Bivaliva (Muscheln) bevölkert, die Rudisten genannt wurden. Diese Tiere hatten kegelförmige Schalen und waren ungefähr 20 Zentimeter groß, sie bildeten Kolonien und setzten sich senkrecht am küstennahen Felsgestein fest. Vor dem mittleren Mesozoikum gab es keine Spuren von Rudisten an den Riffs. Sie sind nicht vor dem Jura, vor ungefähr 200 Millionen Jahren, entstanden. Es ist also kein Wunder, dass der Taucher sie von seinem letzten Ausflug im frühen Kambrium nicht kannte.

Die heutigen Riffe sind hauptsächlich von einer Art bevölkert, die zur Gruppe der Nesseltiere gehört, den sogenannten Steinkorallen. Steinkorallen machten in der späten Kreidezeit einen sehr kleinen Teil der Riffe aus. Aber vor 65 Millionen Jahren, während der Zeit des großen Aussterbens, dem auch die Dinosaurier zum Opfer fielen, verschwanden die Rudisten vollständig. Sowohl an Land als auch im Meer bereitete das Aussterben großer Gruppen von Organismen den Weg vor für ein neues Zeitalter der Evolution.

Das vermehrte Aussterben von Arten ist ein rätselhafter Vorgang, der sich in der Geschichte des Lebens wiederholt ereignet hat. Wir wissen seit über 150 Jahren davon. 1860 erstellte ein Geologe basierend auf Fossilien aus England eine Illustration, die seiner Meinung nach eine Aufstellung der kompletten Anzahl von Tierarten der Erdgeschichte war.[112] Er hatte keine Vorstellung von der genauen Zeitspanne, weil es zu der Zeit noch keine radiometrischen »Uhren« gab (Radioaktivität war noch gar nicht entdeckt worden). Trotzdem konnte er deutlich zeigen, dass in der Vergangenheit zwei Ereignisse dafür verantwortlich gewesen waren, dass eine große Zahl von Tieren, die er untersuchte, ausgestorben war.[113]

Heute schätzen wir zwei Ereignisse als besonders einschneidend für die Geschichte der Erde ein. Das jüngste ereignete sich vor 65 Millionen Jahren und ist als K-T-Aussterben bekannt (benannt nach der Kreidezeit, die oft mit dem Buchstaben K abgekürzt wird, und dem Tertiär). Das K-T-Aussterben vernichtete die Dinosaurier und schuf für andere Säugetiere neue Möglichkeiten, um zu variieren und in ökologische Nischen vorzudringen, die vorher von den Dinosauriern besetzt waren. Das K-T-Aussterben ist heute noch vielen vor allem wegen der Erklärung für seine Entstehung ein Begriff – ein Meteorit hat wohl auf der Halbinsel Yucatán eingeschlagen und die Welt in eine verderbliche Dunkelheit gehüllt.[114]

Das Perm-Trias-Aussterben vor 252 Millionen Jahren (das sogenannte Große Sterben) war noch viel schlimmer, da es 95 Prozent aller Meereslebewesen auslöschte.[115] Wahrscheinlich wurde das Perm-Trias-Aussterben durch ein massives Ausströmen von Treibhausgasen aufgrund der vulkanischen Aktivität in der Region des heutigen Sibirien ausgelöst. Es dauerte etliche Millionen Jahre, bis das Leben an Land und im Meer wieder eine solche Artenvielfalt entwickelt hatte, wie sie vor dem Ereignis bestanden hatte.

Massenaussterben führen zum Verschwinden einer großen Palette an Lebensformen. Selbst besonders erfolgreiche und gut angepasste Individuen unterliegen. Es ist im Grunde genommen unmöglich zu bestimmen, welche Arten bei einem Massenaussterben zugrunde gehen werden.[116] Die Fitness spielt kaum oder gar keine Rolle bei einem solchen Aussterben. Wenn sich die Tragödie ereignet, ist kein Individuum darauf vorbereitet. Es scheint also einfach Glück zu sein, welche Lebewesen überleben.

Nach einem Massenaussterben bildet sich mit der Zeit eine neue Artenvielfalt aus. Aber diese Arten können sich völlig von denen davor unterscheiden. Das offensichtlichste Beispiel dafür ist der Siegeszug der Säugetiere nach dem Aussterben der Dinosaurier. Genau wie bei dem Aussterben kann auch hier kaum vorausgesagt werden, welche Evolutionslinien nach einem Massenaussterben aufblühen werden. Das Leben sieht nach einer Tragödie oft ganz anders aus.

Kann dieser ganze ökologische Austausch eine größere kosmische Bedeutung haben? Je mehr ich mich mit Paläontologie beschäftige, desto eindeutiger ist meine Antwort darauf ein Nein. Das Leben wird von keinen zielgerichteten Kräften geleitet. Dieser oder jener Stamm herrscht vielleicht für eine bestimmte Phase der Geschichte vor, nur um dann völlig ausgerottet und von Organismen eines anderen Stammes ersetzt zu werden. So betrachtet, sind auch die Menschen nur ein unvorhersehbares Produkt der Evolution und nicht der evolutionäre Höhepunkt, auf den eine ständige Abfolge minderwertiger Lebensformen zulief.[117]

Es gibt viele Dinge des Lebens, die eine Erklärung brauchen, wenn Gott der Schöpfer sein soll. Gott hätte dann zahllose sinnlose Experimente mit Lebewesen betrieben, Massenaussterben, unglaublichen Schmerz und Leiden ausgelöst, bevor er schließlich den Menschen erschaffen hätte. Aber inwiefern wäre so etwas fürsorglich oder weise? Es ist schwer, Theist zu sein, wenn man sich eine Weile mit Fossilenfunden beschäftigt hat.

+

Jeder Theist, der an einen fürsorglichen, reagierenden und mächtigen Gott glaubt, muss sich mit dem zentralen Problem der Religion auseinandersetzen: dem großen Leiden und Elend, das in der Natur vorhanden ist. Dieses Paradox kann so auf den Punkt gebracht werden: Wenn Gott uns nach seinem Ebenbild geschaffen hat, dann bedeutet das, dass er Mitgefühl für andere Wesen empfindet. Wie kann er dann aber so viel Tragisches, das auf der Welt passiert, zulassen? Alle großen Religionen haben eine Antwort auf diese Frage gesucht. Eine Antwort ist, dass die Menschen grundsätzlich sündig und schlecht sind, oder auch, dass das Böse eine notwendige Voraussetzung für den freien Willen des Menschen ist. In manchen Religionen wird das Böse als eine Art Strafe Gottes gesehen, während andere Denkschulen einfach sagen, dass Gottes Wege unergründlich sind. Die Menschen hatten Tausende von Jahren Zeit, um ihre Erfahrung der Welt mit ihrem religiösen Glauben unter einen Hut zu bringen. Allerdings ist keine der Erklärungen, mit denen sie aufwarten, tröstend oder befriedigend.

Viele Leute benutzen die Lehren ihrer Religion, um tragische Ereignisse zu erklären. So heißt es zum Beispiel, dass eine Person starb, weil »Gott sie zu sich rief«, oder dass eine Person nach ihrem Tod an einem besseren Ort sei. Ich kann mit diesen Sätzen nichts anfangen. Sie appellieren an die oberflächlichen Teile unseres Mitgefühls und führen dazu, den Blick von der Unausweichlichkeit von Tragödien und Verlusten abzuwenden. Wenn bei einem Begräbnis jemand zu mir sagt: »Er ist im Himmel bei seinen Lieben« oder »Zumindest hat er ein gutes Leben geführt«, dann weiß ich nicht, was ich darauf antworten soll. Denn ich glaube nicht daran, dass Menschen in den Himmel kommen, und vielleicht glaubt die Person, die das sagt, das ja auch nicht. Solche Aussagen sind für mich nur ein Zeichen dafür, dass jeder seine Schwierigkeiten damit hat, den Sinn der dem Leben innewohnenden Tragödien zu verstehen.

Diese Art Aussagen machen meines Erachtens auch deutlich, wie gefährlich die Annahme sein kann, dass nur Gott weiß, wann es für jemanden »Zeit ist zu gehen«. Denn wenn sie zu weit getrieben wird, kann eine solche Überzeugung auch zu einer Rechtfertigung für unverantwortliches Handeln werden. Ich bin mir sicher, dass viele meiner Freunde, die Drogen nahmen, das taten, weil sie verantwortungslose Einstellungen vertraten:»Ich weiß, dass ich süchtig bin, aber ich kann eh nicht bestimmen, wann meine Zeit abgelaufen ist!« Im menschlichen Leben sind viele Tode vermeidbar, wie etwa viele der sinnlosen Todesfälle bei Autounfällen, die Tausende Tode, die in den Vereinigten Staaten durch Schusswaffen verursacht werden, oder die verheerenden Folgen von ansteckenden Krankheiten. Der Tod mag grundsätzlich unvorhersehbar sein, aber unsere Chancen stehen noch schlechter, wenn wir nicht verantwortungsvoll agieren, uns im Auto anschnallen, Waffen in den Schrank schließen oder Kondome benutzen. Handeln wir hier fahrlässig, dann ist das die Kehrseite von religiösen Erklärungen, die das Böse rechtfertigen wollen. Denn sie können dazu führen, dass alle tragischen Ereignisse als Teil von Gottes Plan angesehen werden und es daher nicht der Mühe wert zu sein scheint, ihr Auftreten zu verringern zu versuchen.

In den westlichen Religionen ist die zentrale Metapher für Tragödien die Sünde. Die Menschen unterscheiden sich von ihrem Schöpfer, denn Gott ist perfekt, und wir sind es nicht. Gott gab uns aber, weil wir seine liebste Schöpfung sind, den »freien Willen«. Die Menschen müssen, da sie von Geburt aus sündhaft sind, ihren freien Willen dazu gebrauchen, Gutes zu tun, um in den Himmel zu kommen und im Paradies ein ewiges Leben zu führen. Sünde wird dabei zur Rechtfertigung für Schuld und Strafe. Derjenige, der seinen freien Willen nicht dazu gebraucht, seine angeborene sündhafte Natur zu überwinden, verdient eine Strafe.[118]

Wenn andere von Tragödien getroffen werden, dann stellen wir uns eher die Frage, was für Sünden sie begangen haben mögen, anstatt die lange Kette von Ereignissen zu betrachten und zu erkennen, die zu dem besagten Ereignis geführt haben. Versuchte ein Räuber nur verzweifelt, seine Familie zu ernähren? War ein Mörder von irrsinnigem Neid und Habgier heimgesucht? War das gewalttätige Verhalten eines Mannes aufgrund seiner Umgebung und seiner Erfahrungen vorhersehbar?

Wenn solche Einflüsse in Betracht gezogen werden würden, könnte man vielleicht ein sinnvolleres Resozialisierungsprogramm ins Leben rufen anstelle der Strafeinrichtungen, die wir gegenwärtig haben, in denen Gefangene alt werden und in einer Betonzelle ein sinnloses Dasein fristen, bis sie sterben. Natürlich gibt es viele Kriminelle, die nicht in einer Gesellschaft leben können und weggesperrt werden müssen. Aber für all die, die durchaus für das Leben in der Gesellschaft geeignet sind, wären ausgezeichnete Resozialisierungseinrichtungen nötig, während die anderen abgesondert eingesperrt bleiben sollen, sodass sie keinen Schaden anrichten können.

Unser Strafsystem spiegelt unser Bedürfnis wider, Geschichten zu erfinden, die die Tragödien erklären, auch wenn Tragödien letztendlich sinnlos sind. Diese»zentralen Erzählmuster« formen die tröstende und zutiefst bedeutsame Basis für unsere Weltbilder. Eines der gängigsten Erzählmuster des modernen Amerika beinhaltet die Sünde und ihre Beziehung zur Schuld. Die Tatsache, dass wir so fasziniert sind von Schuld, führt zu unserer Leidenschaft für Strafen. Schon den Kindern wird erzählt, dass Strafen die Konsequenz falscher Entscheidungen sind – eine Nebenerscheinung unseres unbegründeten Glaubens an den freien Willen. Aufgrund dieser Überzeugung sind wir so versessen auf die Strafe. Unsere Geschichten, Filme und Fernsehsendungen weisen alle dasselbe zentrale Erzählmuster auf und zeigen Leute, die die Gesellschaft aufgrund ihrer abscheulichen Sünden schockieren. Egal, welche Geschichte, welchen Film oder welches Buch man auch betrachtet, Strafe und Sünde sind mit großer Wahrscheinlichkeit irgendwo darin enthalten.

Unsere zentralen Erzählmuster sind jedoch geprägt von einer einseitigen Sichtweise. Wir fühlen uns nur gezwungen, die tragischen Seiten des Lebens zu betrachten. Wenn alles gut läuft, hinterfragen wir das nicht. Aber wenn sich etwas Tragisches ereignet, geben wir uns selbst die Schuld und suchen in unserem Weltbild nach Erklärungen. Es scheint selbstverständlich, wissen zu wollen, warum das Furchtbare passiert ist und welche Ereignisse dazu geführt haben.

Kann die Einsicht, dass tragische Ereignisse allgegenwärtig sind, den Schmerz lindern? Nein. Schmerz kann nicht weganalysiert werden. Es gibt keine Antwort auf Tragödien. Wenn wir die Ursachen der Tragödien kennen, löscht das nicht die Traurigkeit aus. Ich weiß nicht, was genau die Ursachen für die tragischen Tode meiner Freunde waren. Ich weiß nur, dass Sterben ein Teil des Lebens ist, und ich bin froh darüber, dass wir einige Zeit unseres Lebens gemeinsam verbringen konnten.

Ich versuche tragische Ereignisse als zum Leben gehörig wahrzunehmen und nicht als Anomalien oder als bloßes bedrückendes Unglück. Und ich versuche zu verstehen, was genau bei einer Tragödie geschehen ist und was anders ist, als ich es erwartet hatte. Dieses Verstehen ist zumindest teilweise eine Entschädigung im Sinne von Selbsterkenntnis. Das Verstehen ermöglicht mir auch Mitgefühl für die Tragödien anderer Menschen, denn es gibt keinen besseren Weg, Mitgefühl für den Schmerz anderer zu entwickeln, als die schmerzhaften Erfahrungen des Lebens zu verstehen, wenn sie einen selbst betreffen.

Die naturalistische Perspektive bietet lediglich eine Analogie zu den tragischen Ereignissen im eigenen Leben an. Ich mache mir immer wieder bewusst, dass sich Tragödien schon immer ereignet haben, seit es das Leben gibt. Manchmal denke ich darüber nach, was Massenaussterben über das Leben aussagt. Das Leben endet nach solchen Ereignissen nicht, aber es nimmt eine neue Gestalt an. Und nach einer Tragödie ändert sich vielleicht meine Rolle in der Gesellschaft oder in der Familie. Aber ich sollte mich nicht zu sehr mit einzelnen traumatischen Erfahrungen beschäftigen. Ich sollte daran denken, dass Tragödien nur eine kurze Zeit andauern und dass die Gegenwart das Ergebnis einer unabsehbaren Anhäufung von tragischen Ereignissen ist.

Am besten betrachtet man das Leben als eine Serie von tragischen Geschehnissen, die von sporadischen Fortschritten und immer wiederkehrenden Rückschlägen bestimmt ist. Es gibt genauso viele Enttäuschungen wie Freuden. Aber Tragödien müssen nicht gleich Verzweiflung auslösen. Sie können uns die realen Gegebenheiten der natürlichen Welt, der wir alle angehören, bewusst machen.

6. KAPITEL

KREATIVITÄT, NICHT SCHÖPFUNG

»Tatsachen über die Natur passen häufig weder zu den Wunschvorstellungen noch zu den scheinbar logischen Vorurteilen der Menschen.«
Julian Huxley[119]

»Die natürliche Selektion (...) hat keinen Zweck vor Augen. Sie hat keinen Verstand und kein inneres Auge. Sie plant nicht für die Zukunft. Sie hat keine Vision, keine Voraussicht, sie hat keinerlei Absicht. Wenn man von ihr sagen kann, dass sie der Uhrmacher der Natur ist, dann ist sie der blinde Uhrmacher.«
Richard Dawkins[120]

1980, als ich 15 war, hatte Bad Religion ein paar Monate lang geübt, um sechs Songs, die wir als EP veröffentlichen wollten, wirklich perfekt zu beherrschen. Als wir im Aufnahmestudio ankamen, fragte uns der Produzent:»Seid ihr Jungs ein Power-Trio?« Alle vier schauten wir uns überrascht und belustigt an, um uns zu vergewissern, dass wir auch tatsächlich alle vier anwesend waren, sagten dann aber Ja. Wir gingen wohl davon aus, dass»Power-Trio« im Studiojargon etwas bedeutete, von dem wir noch keine Ahnung hatten, und wir wollten natürlich nicht so wirken, als wüssten wir nicht, was wir hier taten.[121]

Als wir unseren ersten Song spielten, war sofort klar, dass der Produzent überhaupt nicht auf unserer Linie war. Er hatte vorher noch nie Punkrock gehört und bestand darauf, dass unsere Lieder noch nicht fertig seien.»Ihr müsst noch ein Gitarrensolo reinpacken. Außerdem braucht der Song einen Refrain. Dann ist er fertig.« Wir antworteten, dass es in diesem Song kein Gitarrensolo gebe und dass er schon fertig sei. Der Produzent verdrehte nur die Augen und machte dann mit der Aufnahmesession weiter, obwohl ich mir ziemlich sicher bin, dass er dachte, wir seien nur ein Haufen jugendlicher Punks, die von nichts eine Ahnung hatten. Diese Songs werden immer noch gepresst und haben sich Hunderttausende Male verkauft. Und es wurde ihnen nie vorgeworfen, dass Gitarrensoli oder Refrains fehlten. Wir hatten keine Möglichkeit, das Potenzial unserer kreativen Bemühungen wirklich einzuschätzen. Wir waren Neulinge sowohl im Bereich des Songschreibens als auch beim Aufnehmen. Aber wir hatten eine gute Kombination aus Stil und Hooklines riskiert, die sich als erfolgreich erweisen sollte. Vielleicht wären wir genauso erfolgreich gewesen, wenn wir damals auf diesen Produzenten gehört hätten. Aber unsere Denkbilder unterschieden sich. Er ging davon aus, dass wir etwas erreichen wollten, das die Einhaltung einer strikten Formel verlangte. Wir aber wollten etwas Lebendigeres schaffen, indem wir die Elemente traditioneller Rock-'n'-Roll-Songs ablehnten. Wir waren wild entschlossen, standardisierte Routinen auszuhebeln, und aus diesem Prozess ergab sich ein einzigartiger Sound.

Kreativität wird häufig als etwas missverstanden, das geplant oder beabsichtigt ist.[122] In Wirklichkeit sind tatsächliche und dauerhafte Neuerungen häufig Überraschungen, und sie rütteln uns auf, weil sie so erstaunlich sind.

Manche Menschen haben gar kein Verlangen, kreativ zu sein. Sie gehen davon aus, dass sie von sich einmal behaupten können, ein erfolgreiches Leben gelebt zu haben, wenn sie bestimmten Regeln und Routinen folgen. Vielleicht glauben sie, dass sie damit ein zweckmäßiges Ziel oder einen sinnvollen Endpunkt erreichen können. Ich denke jedoch vielmehr, dass ihnen nur ein flüchtiger Geschmack des Erfolges gewährt ist. Andauernder Erfolg verlangt nach Kreativität, auch wenn die meisten kreativen Taten letztendlich zufällig und unvorhersehbar sind. Regeln und Routinen mögen auf kurze Sicht bequem sein und helfen. Aber letztlich müssen sie hinterfragt und in vielen Fällen abgelehnt werden, um sich intellektuell und emotional weiterzuentwickeln. Rebellion muss Teil der Reaktionen auf starre soziale Institutionen sein, ansonsten stellt sich Stagnation ein. Wenn uns die Evolution etwas zeigt, dann das, dass das Leben sich in einem ständigen Wandel befindet. Es zeigt sich Anarchie in der Variation, die als ein Antrieb für die Evolution dient, und es zeigt sich Anarchie in der Unfähigkeit des Lebens, bewegungslos zu verharren. Schlussendlich wird jedes Lebewesen von radikalen Veränderungen heimgesucht.

Und Institutionen, die eine bedingungslose Einhaltung ihrer Grundsätze verlangen, müssen mit besonderer Skepsis hinterfragt werden. Religionen, politische Parteien und sogar Bands können der Versuchung erliegen, loyale und unbedingte Hingabe zu verlangen. Sie fordern von ihren Anhängern womöglich sogar, nicht nur in einer bestimmten Art und Weise zu handeln, sondern auch zu denken. Im Großen und Ganzen streben Institutionen nach Beständigkeit, und sie sehen das Leben fast immer durch eine starre Brille und missbilligen Individualität und Veränderung.

Ich habe festgestellt, dass das selbst im Punkrock der Fall ist. Manchmal erzählen mir Punker, dass sie Fans von Bad Religion waren, bis wir sie enttäuscht haben, weil wir ein Album veröffentlicht haben, das nicht ihrer Definition von Punk entsprach. Wir haben bisher 15 Alben veröffentlicht, was bedeutet, dass die Leute genug Möglichkeiten hatten, sich über unsere Musik zu ärgern. Ich finde, dass unsere aktuellen Alben genauso konfrontativ und herausfordernd sind wie unsere ersten. Aber natürlich hat sich unsere Musik mit der Zeit verändert. Wir sind handwerklich besser geworden. Wir haben unsere emotionale Bandbreite erweitert. Und wir haben neue Inspirationsquellen und Möglichkeiten für kreative Neuerungen entdeckt.

Viele Leute glauben, dass nur Künstler kreativ sind. Aber in Wirklichkeit ist jedes Leben ein fortwährendes kreatives Arbeiten. Jeder von uns hat das Potenzial zu Kreativität. Wenn jemand Kinder hat, stellen die überraschenden, unerwarteten Eigenschaften des Nachwuchses ein unvermeidliches Ergebnis der biologischen Kreativität dar. Oder jemand verändert die Umgebung um ihn herum, auch die soziale Umgebung. Die Kreativität, die dem Leben innewohnt, ist das Gegengewicht zu den Tragödien. Das bestätigt unseren Glauben, dass das Leben eine gute Sache ist und dass es für den Menschen jede Menge Sinn birgt. Religionen sehen Gott, den Schöpfer, als Quelle allen Lebens. Die einzelnen Individuen haben womöglich unterschiedliche Ansichten, in welchem Ausmaß sie alles als eine Schöpfung Gottes ansehen. Sie glauben vielleicht, dass Gott das Universum erschaffen hat und dann Zeit und Materie ihren Lauf nehmen ließ. Oder sie sind überzeugt, dass Gott für die Bewegungen jedes einzelnen Moleküls verantwortlich ist. Einig sind sich die Gläubigen jedoch in der Überzeugung, dass es ohne Gott keine Schöpfung, keine Vergangenheit und keine Zukunft geben würde.

Naturalisten finden die Kreativität in dem physischen Universum, nicht in den Werken eines immateriellen Gottes. In einem naturalistischen Weltbild entsteht Kreativität aus Naturgesetzen, die spontan wirken. Materie und Zeit vereint erschaffen eine endlose Vielfalt physischer Formen und Phänomene, einige davon sind uns vertraut, andere fremd und unerwartet.

Die Ansicht, dass die physische Welt kreativ sein kann, war für manche Menschen immer problematisch. Wie kann aus der blinden Kollision von ziellosen Atomen etwas Neues entstehen? Und vor allem: Wie kann Leben, das Organismen einschließt, die in der Lage sind, Liebe, Angst und Ehrgeiz zu empfinden, aus dem unbelebten Geröll eines leblosen Planeten hervorgehen? Um diese Fragen auch nur teilweise beantworten zu können, müssen wir einen kurzen Blick auf ein sehr großes Thema werfen: die Geschichte des Universums.

Angesichts der Geschwindigkeit, mit der Galaxien sich voneinander entfernen, und der Stärke der Strahlung, die das All durchquert, sind jegliche Energie und Materie im Universum ungefähr vor 13,5 Milliarden Jahren entstanden, bei dem sogenannten Urknall. Die Bestandteile des Universums explodierten von einem sehr kleinen und sehr dichten Punkt aus und breiteten sich sehr schnell aus, woraus nicht nur Materie und Energie hervorgingen, die wir heute kennen, sondern auch Raum und Zeit.

Für viele Leute sind die scheinbaren Absurditäten des Urknalls – etwa die Idee eines unendlich dichten Punkts aus Materie – Beleg für die Schöpfung durch die Hand Gottes. Soweit es mich betrifft, können sie ruhig so denken. Naturalisten haben wenig Erklärungen dafür anzubieten, was vor dem Urknall geschah, hauptsächlich deshalb, weil das Ereignis selbst alle Beweise für das, was davor war, zerstört hat. Auch der Urknall ist von wissenschaftlicher Überprüfung nicht ausgenommen. Physiker benutzen gegenwärtig den größten wissenschaftlichen Apparat, der je gebaut wurde, den Großen Hadronen-Speicherring in Europa, dazu, subatomare Partikel mit enormer Kraft miteinander kollidieren zu lassen, um herauszufinden, was in den ersten Momenten des Urknalls geschah. Vielleicht stellt sich dabei heraus, dass es einen unendlichen Kreislauf aus Explosionen und Zusammenbrüchen von Universen gab oder dass mehrere Universen parallel existierten oder dass vor dem Urknall nichts existierte. Ich persönlich verschwende nicht viel Zeit mit diesen Fragen. Denn mir reicht es, die 13,5 Milliarden Jahre seit dem Urknall als eine Zeit enorm kreativer Gärungen anzusehen, die nie zur Gänze erforscht werden wird.

Nachdem die Materie, die beim Urknall entstand, genügend abgekühlt war, bestand das Universum aus einer gewaltigen Wolke von Wasserstoffatomen – die aus einem einzelnen Proton, das von einem Elektron umkreist wird, bestehen – und ein paar vereinzelten geringfügig schwereren Elementen, darunter Helium (mit zwei Protonen) und Lithium (mit drei). Zu der Zeit war das Universum der langweiligste Ort, den man sich vorstellen kann. Es bestand aus nichts anderem als geisterhaften Atomen, die durch das All trieben, und der Strahlung, die vom Urknall noch übrig war. Allerdings lag das Potenzial für Kreativität bereits in einem unscheinbaren Phänomen verborgen: in der Asymmetrie der Wasserstoffatome. Ein Wasserstoffatom ist nicht nur ein nichtssagender runder Ball, der von anderen Wasserstoffatomen abprallt. Es ist von Haus aus zweigeteilt, er besteht aus einem positiven Proton und einem negativen Elektron – zwei polaren Gegensätzen. Sowohl das Proton als auch das Proton-Elektron-System können Energie aufnehmen, was bewirkt, dass sie verschiedene Strukturen annehmen können. Die ganze Kreativität, die wir in der Welt beobachten, entsteht letztendlich aus dem Potenzial der Formen, die in dem Wasserstoffatom liegen.

Schon früher war Materie wie heute im Universum nicht gleichförmig verteilt. In manchen Teilen des Universums gab es mehr Atome und in anderen weniger. Die Atome in den dichteren Regionen zogen sich bedingt durch die Schwerkraft gegenseitig an. Bald wurden daraus sich drehende Bälle und Scheiben. Innerhalb dieser Gasbälle waren der Druck und die Temperaturen so hoch, dass die Wasserstoffatome mit enormer Kraft miteinander kollidierten. (Eigentlich waren diese »Atome« geladene Ionen, weil die Temperaturen zu hoch waren, als dass die Elektronen an den Protonen hängen bleiben konnten. Aber für die Zwecke dieser Darstellung werde ich sowohl geladene Ionen als auch neutrale Atome als Atome bezeichnen.) Wenn das passiert, können zwei Wasserstoffatome (na ja, in Wirklichkeit Ionen, es ist klar, was ich meine, oder?) zu einem Heliumatom verschmelzen. Dieser Prozess, die sogenannte Kernfusion, setzt eine immense Menge an Energie frei – sie ist die Quelle für die Energie von Wasserstoffbomben. Aufgrund dieser Freisetzung von Energie fingen die verdichteten Gasbälle an zu scheinen, und die ersten Sterne leuchteten auf.[123]

Sobald die erste Generation von Sternen den Großteil ihres Wasserstoffes in Helium umgewandelt hatte, schrumpften sie wieder, und die innere Hitze und der Druck stiegen an. Schließlich gingen die Heliumatome untereinander und mit anderen Atomen Verbindungen ein, und es entstanden schwerere Elemente – Sauerstoff, Kohlenstoff, Silizium und Eisen. Für die Sterne begann damit ein Todeskampf. Manche vergossen ihre Hülle in den Weltraum. Andere zerstörten sich mit massiven Explosionen selbst, die wir als Supernovae kennen, wodurch Elemente entstanden, die sogar schwerer waren als Eisen – Kupfer, Gold, Blei, bis hin zu Uran.

Unser eigenes Sonnensystem bildete sich aus einer rotierenden Gas- und Staubscheibe, die mit diesen schwereren Elementen angereichert war. Als unsere Sonne anfing zu scheinen, erhitzte sich die Strahlung und zerstörte die meisten der leichteren Elemente. Die schwereren Elemente verklumpten und bildeten das steinige Innere der Planeten unseres Sonnensystems – Merkur, Venus, Erde, Mars. Vor ungefähr 4,5 Milliarden Jahren war die neu angeknipste Sonne umgeben von einer Reihe prächtiger, aber lebloser Planeten.

Chemischen Funden auf dem ältesten Gestein der Erde zufolge war die Erde innerhalb von weniger als einer Milliarde Jahren von Lebewesen bevölkert – der Blaualge, den 3,4 Milliarden Jahre alten Fossilien, die ich in Kapitel 5 schon erwähnt habe. Natürlich muss der älteste Fossilienfund nicht mit dem Ursprung der Organismen übereinstimmen, die er darstellt. Das Leben auf der Erde ist nicht plötzlich mit vollständig ausgeprägten Bakterienfilamenten entstanden.[124] Wahrscheinlich gab es verschiedene Stufen der Evolution, die nur nicht als Fossilien erhalten sind. Vor den Bakterien hat es vermutlich zellenähnliche Strukturen mit Membranen gegeben, die nicht in der Lage waren, sich selbst zu duplizieren. Die erste DNA wird frei fließend und von keiner Membran geschützt gewesen sein, sodass sie keine Fossilien hinterlassen hat. Die ältesten Fossilienfunde belegen nur das mögliche Mindestalter eines Organismus, das tatsächliche Alter ist jedoch unbekannt.

Wenn gläubige Menschen einen möglichen Punkt für Gottes Eingriff in das Universum nennen, ist dies meist der Ursprung des Lebens. Dies scheint in der Geschichte der Erde eine klare Trennlinie zu sein. Vorher war die Erde nur ein öder Steinklumpen, der durch das All trudelte. Danach enthielt er Organismen, Wesen, die sich fundamental von allem unterschieden, was davor existierte.

Der Ursprung des Lebens ist eines der schwierigsten Probleme der Wissenschaft. Er liegt Milliarden Jahre zurück, und Beweise, die Bedeutung für dieses Phänomen haben könnten, gibt es kaum. Trotzdem sind die grundsätzlichen Umrisse – wenn auch noch nicht die exakten Details – des Lebens auf der frühen Erde ein ergiebiges Feld für wissenschaftliche Untersuchungen.[125]

Weil Wasserstoffatome und andere Arten von Atomen sich ergänzende Formen haben, passen sie zusammen, wenn sie kollidieren. Das Ergebnis ist ein Molekül – eine Ansammlung von zwei oder mehr Atomen, die abhängig von ihrer Form angezogen und zusammengehalten werden. Wenn man ihre Form betrachtet, dann passen manche Atome besser zusammen als andere. Und sie passen noch besser zusammen, wenn ein anderes Molekül vorhanden ist, der Katalysator, der die Wahrscheinlichkeit erhöht, dass vorhandene Atome oder Moleküle so kollidieren, dass sie eine passende Anordnung ergeben. Manche Katalysatoren können sich selbst vervielfachen – ein Prozess, der als Autokatalyse bezeichnet wird.[126] In solchen Fällen benutzen sie frei verteilte Atome und Moleküle, um konzentrierte Arten von Autokatalysatoren zu formen, einige davon haben das Potenzial, mikroskopische Strukturen in der Form von Bällen, Röhren oder Polyedern zu bilden. Diese Moleküle gelten als selbstassemblierend. Ein Beispiel dafür ist die Hülle eines Virus, die aus verschiedenen Proteinen besteht, die sich selbst zu der hohlen Struktur zusammenfügen, die das genetische Material des Virus enthält.

Einmal angenommen, da wäre eine Ansammlung von verschiedenen autokatalytischen Molekülen, die in einer warmen Brühe irgendwo auf der frühzeitlichen Erde umherschwimmen. Wenn einige der Moleküle sich selbst zu einer hohlen Struktur zusammenfügen, könnten sie einen Teil der autokatalytischen Moleküle in der Brühe einschließen. Diese»Urzelle« enthielte alles, was sie braucht, um sich selbst zu reproduzieren. Sie bräuchte ein permanentes Angebot an frei zugänglichen Atomen und Molekülen, aber das bekäme sie auch, wenn sie aufbräche oder wenn sie irgendwie ihre Schutzhülle öffnete. Eine Urzelle wie diese könnte sich selbst wiederherstellen, wenn sie auseinandergebrochen wäre. Das sind die theoretischen Schritte, die zu den primitiven Lebensformen geführt haben könnten, die als die ersten Fossilien der Erde erhalten sind.

Es gibt aber keinen Grund anzunehmen, dass bei diesem Prozess der Autokatalyse und Selbstassemblierung nur eine Kombination von Molekülen beteiligt war. Womöglich gab es zahlreiche kreative Kombinationen, die sich nicht weiterentwickelt haben. Ziemlich unterschiedliche Kombinationen von Molekülen können an ähnlichen Prozessen beteiligt gewesen sein. Zu diesem Zeitpunkt waren alle wesentlichen Zutaten für die darwinistische Evolution vorhanden. Die Urzellen, die erfolgreicher darin waren, Ressourcen aus der Umwelt zu nutzen und sich selbst zu reproduzieren, wären dann zahlreicher geworden. Die Veränderung molekularer Kombinationen könnte zu einer primitiven Art von Entwicklung geführt haben, einem entscheidenden Faktor in der Evolution.

Von den Urzellen bis zu den Menschen ist es ein weiter Weg – oder selbst von den Urzellen bis zu den ersten Lebensformen, die als Fossilien erhalten sind. Aber sie markieren den Beginn des Evolutionsprozesses. Urzellen weisen viele der Eigenschaften des Lebens auf, auch wenn ihre Zugehörigkeit dazu zweifelhaft ist. Sie gedeihen in einer guten Umwelt, und sie gehen zugrunde, wenn ihre Umwelt katastrophalen Veränderungen unterworfen ist. Sie zeigen die schwach erleuchteten, theoretischen Anfänge dessen, was wir heute als Kreativität und Tragödien ausmachen. Sie sind individuelle Wesen – sie haben ein wahres »Selbst«. Sie bestehen für eine Weile und bringen dann spontan Nachkommen hervor, die neue chemische Reaktionen und molekulare Strukturen aufnehmen können.

Es gibt keine Garantie dafür, dass das Leben auf diese Weise begann. Allerdings ist es eine vollkommen plausible Darstellung der Anfänge des Lebens, die keiner göttlichen Intervention bedarf, die dem Staub der Erde Leben einhauchte. Tatsächlich ist nirgends in dieser kurzen Geschichte des Universums Gottes Eingriff notwendig. Es ist zwecklos, dass Gläubige versuchen, bestimmte historische Ereignisse als Beweis für Gottes Existenz anzusehen, wenn man die Tendenz der Wissenschaften berücksichtigt, nichttheistische Erklärungen für diese Ereignisse zu liefern. Alle diese Diskussionen fangen damit an und hören damit auf, dass jemand sich zu einem Weltbild bekennt, sei es nun monistisch oder dualistisch, theistisch oder naturalistisch.

+

Seit meiner frühesten Kindheit haben meine Eltern Kreativität immer gefördert und geschätzt. Die Lieblingsgeschenke meines Vaters zu Feiertagen und Geburtstagen waren Ölfarben, Pinsel und Modelle von Flugzeugen und Autos. Meistens malte ich surreale Bilder, die Ideen aus meinen Lieblingsalben aufgriffen. Ich entwickelte mit meinen Freunden auch alle möglichen kreativen Wege, um die Plastikmodelle zu zerlegen, wenn sie lange genug auf einer Regalablage gestanden hatten. Das erforderte meist zehnmaliges geschicktes Schießen mit der Luftpistole in dem provisorischen Schießstand im Keller meines Vaters.

Als kleine Kinder wurden wir dazu angehalten, das Wörterbuch zu benutzen, um es selbst zu entdecken. Das führte unvermeidlich zu einigen absonderlichen Spielen. Mein bester Freund Wryebo und ich konnten uns gegenseitig selten verblüffen, wenn wir uns darin herausforderten, seltsame Wörter im Wörterbuch zu suchen. Wir waren geschockt, als wir auf einige Schimpfwörter stießen, und beeindruckten gerne unsere Freunde mit den anatomischen oder berufsbezogenen Definitionen dieser geläufigen umgangssprachlichen Ausdrücke. Eines Tages forderte ich Wryebo auf, die weibliche Entsprechung für »Penis« nachzuschlagen. Er sah mich verwirrt an. »Jetzt habe ich dich endlich einmal durcheinandergebracht!«, rief ich aus. »Nein, hast du nicht«, antwortete er. »Ich überlege nur, wie man es buchstabiert.« In diesem Augenblick beschloss ich, eine Gruppenarbeit daraus zu machen, das richtige Wort zu suchen. »Penis« war leicht zu finden, aber das Wort für die weiblichen Genitalien war schwerer aufzuspüren. Nach zehn erfolglosen Minuten entschieden wir schließlich, mit unserem Problem zu Wryebos Mutter zu gehen, die Akademikerin und außerdem selten aus der Fassung zu bringen war. Wryebo reichte ihr das Wörterbuch und sagte: »Mama, wir haben ›Penis‹ gefunden, aber wir können das Teil für die Frauen nicht finden. Wie kann das sein?« »Na ja, Jungs, vielleicht habt ihr es nicht richtig buchstabiert … hier ist es.« Sie las uns vor: »Ein Schlauch, der bei Frauen und den meisten weiblichen Säugetieren von der Vulva zum Zervix der Gebärmutter führt.« Natürlich mussten wir kichern, waren aber immer noch leicht verwirrt. Wryebo fragte:»Aber Mama, wieso hast du die Erklärung für ein Wort, das mit B beginnt, so weit hinten in dem Buch gefunden?«»Welches Wort habt ihr Jungs denn nachgeschlagen?« Wir antworteten einstimmig:»Bagina!«

Wryebo und ich brachten den Großteil unserer Zeit in der Grundschule damit zu, Wettbewerbsspiele zu erfinden, die all die Haushaltsutensilien und unbenutzten Gegenstände nutzten, die wir rund um unsere Häuser fanden. Besenhockey im Flur, Alufolienball, Fußhieb (eine Mischung aus Football und Basketball) und Schnipp-den-Kaffesahnebehälter waren nur ein paar dieser Spiele. Das letzte Spiel wurde mit den kleinen Kaffeesahnebehältern gespielt, die unsere Eltern im Kühlschrank aufbewahrten und zum Kaffee reichten. (Meine Familie spielt dieses Spiel heute noch, wenn wir irgendwo Kaffee bestellen und die Kaffeesahne in diesen kleinen Bechern serviert wird. Die Form der Behälter lässt sie relativ stabil verkehrtherum auf dem Tisch liegen. Der Sinn des Spieles besteht darin, den Behälter möglichst oft so in die Luft zu schnipsen, dass er sich um 360 Grad dreht und wieder an derselben Stelle landet. Wer die meisten Drehungen schafft, hat gewonnen.) Wir hatten nie Mangel an Material, das unsere Fantasie anstachelte. Manchmal, wenn wir keine Modellflugzeuge oder -autos hatten, auf die wir schießen konnten, spielten wir einfach Schieß-auf-die-Farbenbehälter im Schießstand des Kellers meines Vaters.

Ich habe immer versucht, Ideen, Aktivitäten und weggeworfene oder unbenutzte Dinge zu kombinieren, meistens, um mir damit die Zeit zu vertreiben. Es machte mir Spaß, Blockhäuser aus Stöcken zu bauen. Wenn es regnete und der Rinnstein voll reißendem Wasser war, veranstaltete ich Kanurennen mit Blättern verschiedener Größe und Form. Beim Malen in meinem Zimmer setzte ich häufig unterschiedliche Techniken und Materialien ein (Farbe, Kleber, Stoff, Magazine und Zeitungen) und erstellte Poster, die den Pop-Art-Büchern in der Bibliothek meines Vaters glichen. Ich hatte nie das Gefühl, dass ich etwas erfand oder revolutionierte. Aber ich war überzeugt, dass meine Werke gut waren, und ihr Schaffensprozess war eine befriedigende Beschäftigung, um die Nachmittage herumzubringen.

Einige der kreativen Experimente meiner Kindheit wurden zu Frei-
zeitbeschäftigungen, zu Aktivitäten, zu denen meine Freunde und ich
immer wieder zurückkehrten. Andere waren bloß eine Option, um an
einem bestimmten Tag die Langeweile zu vertreiben. Nur eine Handvoll von unseren kreativen Kombinationen wurde zu Zeitvertreiben,
die erhalten geblieben sind wie Schnipp-den-Kaffeesahnebehälter, das
wir an unsere Kinder weitergegeben haben. Fußhieb ist vor langer Zeit
ausgestorben.

Ich vertrödelte viel Zeit in meiner Kindheit. Vielleicht ist das auch der
Grund, dass ich in der Junior Highschool kein besonders guter Schüler
war und meine Noten auch später meistens ziemlich mies waren. Erst
nachdem ich angefangen hatte, über die Evolution zu lesen, begann ich
im Unterricht mehr zu machen. In meinem letzten Semester an der El
Camino Real Highschool gelang mir dann endlich das, was mir in den
vorherigen Jahren nie geglückt war – ich bekam lauter Einsen.

Aufgrund meiner mittelmäßigen Highschoolbilanz durfte ich
nicht sofort eine Forschungsuniversität besuchen, wo ich auf der Stelle knallharte Wissenschaftsseminare belegen und Forschung hätte betreiben können. Aber weil der Vater unseres Schlagzeugers, der ein
Professor an der California State University in Northridge (CSUN)
war, seine Beziehungen spielen ließ, wurde ich dort für das Herbst-
semester angenommen, nachdem ich meinen Highschoolabschluss
gemacht hatte. Ich lernte eine Menge von den ausgezeichneten Professoren an der CSUN. Obwohl sie vor allem als eine renommier-
te »staatliche Schule« für Lehrer bekannt ist, gibt es dort auch eine
ausgezeichnete Geologie- und Biologie-Fakultät. Dort wurde ich dazu
animiert, ins Freie zu gehen und die großartige Umgebung von Kalifornien näher zu studieren. Ich begann mit dem Bergsteigen und der
Erkundung der Wildnis, was sich bald zu einer unersättlichen Gier
nach Abenteuern im Freien weiterentwickelte. Ich arbeitete hart in
Northridge und belegte vor allem die Wissenschaftsseminare, die ich

in der Highschool so gern ignoriert hatte. Im darauf folgenden Herbst, nach einem kurzen Ausflug an die Universität von Wisconsin in Madison (die ich verlassen musste, weil ich das Schulgeld in diesem Staat nicht mehr aufbringen konnte), bewarb ich mich dann an der UCLA und wurde aufgenommen.

Zu der Zeit – im Herbst 1984 – war die Punkszene in Südkalifornien so gut wie tot. Ich mochte zwar die Musik und die Auftritte, war aber traumatisiert von der Gewalt, die den Punk umgab, und zutiefst verstört von der ständigen Gleichsetzung von Punk mit Nihilismus und Hass. Die Punkszene um 1980 war voll von toleranten und ernsthaften Jugendlichen, die an den aktuellen Ereignissen interessiert waren und sich nicht scheuten, bestehende Normen auf eine intellektuell und künstlerisch provokante Weise herauszufordern. Aber diese Szene ging letztlich an ihrer Popularität zugrunde. Es kamen immer mehr Menschen zu den Konzerten, die mit den ursprünglichen Werten des Punk, mit Individualität, Selbstdarstellung und künstlerischer Kreativität nichts anfangen konnten. Eigenartigerweise erwarteten die neuen und größeren Mengen mehr Konformität und Vorhersehbarkeit von den Bands. Etwas, das man nur als Rowdytum bezeichnen kann, begann sich in den Punkrock-Läden auszubreiten. Einige der Bands übernahmen das Verhalten ihrer Fans. Die Konzerte wurden immer gewalttätiger, und irgendwann duldeten Veranstalter keine Punkbands mehr in ihren Läden.

Die meisten meiner Freunde, die Anfang der 1980er noch in Punkbands waren, gaben es schließlich auf zu versuchen, den Punk am Leben zu erhalten. Aber sie liebten die Musik immer noch und spielten weiterhin in Bands. In den meisten Fällen bedeutete das, dass sie ihre Haare wachsen ließen und auftoupierten, sich schminkten und mit hoher, kreischender Stimme sangen. Der Hair Metal der 1980er-Jahre begann im Augenblick des Niedergangs der Punkszene aufzublühen. Die gleichen Läden, die in den frühen 1980ern Punkkonzerte veranstaltet hatten, verlagerten ihren Schwerpunkt und hatten nun großen Erfolg mit Bands wie Guns N' Roses, Faster Pussycat, Mötley Crue und Ratt. Viele der Fans, die sich für diese Musik interessierten, waren noch vor wenigen Jahren Punkrocker gewesen. Für sie war Punk nicht gestorben, sondern hatte sich in Hollywood-Hair-Metal verwandelt. Wer zwischen 1983 und 1988 in L. A. aufwuchs und sich für Musik interessierte, der liebte als Songs entweder geschriene Hymnen, die für Gruppengeist und zahlenmäßige Überlegenheit warben (von gangartigen Bands aus der aufgesplitterten Punkszene), oder schmollende, schrille Melodien und Balladen, die rührselig von Beziehungen und dem Rock-'n'-Roll-Lebensstil sangen (von den Hair-Metal-Bands).

Ich wäre vermutlich wie viele andere Punker völlig vom Punk abgekommen, wenn Greg Hetson nicht gewesen wäre. Er rief mich ab und zu an und meinte:»He, wenn du willst, können wir die Bläser zusammentrommeln und dieses Wochenende ein Konzert in dem Club XYZ geben.« Bad Religion hatte natürlich keine Bläser, aber es sollte heißen, dass wir jetzt, da es keine richtige Punkszene mehr gab, einfach irgendwelche Musiker zusammenholen und ein Konzert geben konnten, bei dem wir unsere Songs aus den vergangenen Jahren als eine einmalige Angelegenheit spielten. Es zeigte sich, dass eine kleine, loyale Gruppe auch 1986 noch Bad Religion sehen wollte, obwohl wir seit vier Jahren kein richtiges Album mehr herausgebracht hatten. Wir hatten 1985 eine EP mit sechs Songs aufgenommen, *Back to the Known*, die Brett produziert hatte, auf der er aber nicht Gitarre spielte. Die EP wandte sich von der experimentellen Phase von *Into the Unknown* von 1983 ab, wir kehrten zu Punkrock-Songs zurück, und kleine Plattenläden in Kalifornien, Arizona und Nevada verkauften die Scheibe. (Als Greg Hetson *Into the Unknown* hörte, war ihm klar, dass Punkrocker sie hassen würden. Seine Kritik war eine geniale Mischung aus Trost und Verriss:»Scheiß auf die, wenn sie keinen Spaß verstehen.«) Greg Hetson und ich hielten die Band hauptsächlich am Leben, um unsere wenigen loyalen Fans zufriedenzustellen, die immer noch an Liedern über Philosophie und aktuelle Ereignisse interessiert waren, die zum Nachdenken anregten. Abgesehen von ein paar gelegentlichen Wochenendkonzerten 1985 und 1986 befand sich Bad Religion aber eigentlich im Winterschlaf.

Ich machte meinen Bachelor-Abschluss an der UCLA im Winter 1987 und bekam auf der Stelle einen Job im Naturhistorischen Museum des Bezirks Los Angeles, wo ich während der Highschool als Praktikant gearbeitet hatte. Meine offizielle Stellenbeschreibung lautete »Assistenz-Präparator« für einen Kurator, der auf Expeditionen in Südamerika Fossilien sammelte. Wie früher war es meine Aufgabe, mithilfe von Zahnarztwerkzeugen, Handschleifmaschinen, Mikrosandstrahlern und Imprägnierkleber namens Glyptol die Knochen vorsichtig von dem Gestein zu befreien. Ich brauchte oft Wochen, um einen einzelnen Reptilienkiefer oder einen Säugetierschädel für die Ausstellung herzurichten, aber für einen Anfänger war mein Tempo angemessen, und ich betrachtete das als eine Herausforderung und eine kreative Übung meiner Interessen.

Wenn ich Stunden mit dem Fossilien-Präparations-Werkzeug zubrachte, um einen Knochen vorsichtig von dem Gestein zu befreien, empfand ich die gleiche Befriedigung wie damals, als ich mit den Pinseln und Materialien, die mein Vater mir zum Geburtstag geschenkt hatte, ganz unterschiedlich komponierte Gemälde fabrizierte. Aber ich konnte nur ein paar Stunden lang still sitzen. Meine Rastlosigkeit kam immer wieder durch.

Als ich meinen Abschluss machte, hatte ich mich bereits entschlossen, ab Herbst meinen Master an der UCLA zu machen, doch ich hatte gemischte Gefühle, was meine Zukunft betraf. Ich wusste, dass die Jobs im naturgeschichtlichen Bereich rar waren und dass ich wirklich Glück hatte, einen ergattert zu haben. Aber trotz des befriedigenden Gefühls bei der Arbeit wusste ich, dass der Laborjob meinem Drang nach Forschung auf Dauer nicht genügen würde. Im Grundstudium hatte ich das Vorlesungsverzeichnis immer nach Veranstaltungen durchsucht, bei denen »Feldforschung erforderlich« vermerkt war. Ich wollte so viel wie möglich vom Campus wegkommen und die Natur direkt untersuchen. In vielen meiner Kurse hörten wir am Morgen Vorlesungen über die wesentlichen Grundlagen der Naturwissenschaften und stiegen dann am Nachmittag in Fahrzeuge des Instituts, um Beispiele für das zu finden, was wir gerade gelernt hatten, solange die

Konzepte in unserem Gedächtnis noch frisch waren. Und viele meiner Kurse beinhalteten zumindest eine ausgedehnte Exkursion, bei der man viel wandern und campen musste.

Feldforschung scheint immer gut geplant und zielgerichtet zu sein, doch die meisten meiner Aha-Erlebnisse hatte ich, weil ich offen war für jede Beobachtung, die sich ergab. So stolperte ich beispielsweise in das *Atta*-Ameisen-Projekt, während ich im Wald herumwanderte und nach Blattabfällen suchte. Das tiefere Studium der Ameisen führte mich zu der Annahme, dass die natürliche Selektion nicht so prägend war, wie ich zunächst gedacht hatte, was mir wiederum völlig andere Bücher und eine veränderte Denkweise eröffnete. Wenn man die Natur unvoreingenommen betrachtet, gibt es unbegrenzte Möglichkeiten zum Lernen und zu kreativer intellektueller Reflexion.

Als ich mich im Museum eingelebt hatte, begann ich mich begeistert mit den erstaunlichen Erlebnissen der Naturforscher zu beschäftigen. Ich verbrachte viel Zeit damit, die Schädel und Häute zu untersuchen, die von den letzten Expeditionen mitgebracht worden waren, las die Aufzeichnungen von toten Forschern und prüfte ihre Karten von den Fundorten eingehend. Ich vertiefte mich in das Studium der Exponate in den zahllosen Schaukästen der Museumssammlung, auf deren Etiketten »Malaiischer Archipel, 1928«, »Marshallinseln, 1957«, »Cook Inlet, 1940«, »Yukon Delta, 1976« oder »Brahmaputra-Stromgebiet, 1955« zu lesen war. Die Ausstellungsstücke und die geografischen Namen weckten in mir eine große Sehnsucht nach Erkundungen. Diese Museumsschaukästen erzeugten in mir den Wunsch, entfernte Regionen zu besuchen und mit Dingen zurückzukehren, die vielleicht zum besseren Verständnis der Welt und der Natur beitragen konnten.

Eines Tages, als wir meine zukünftigen Forschungspläne besprachen, erwähnte der Kurator, der mein Vorgesetzter war, dass er nach einem Assistenten suchte, der ihn auf seiner nächsten Expedition begleitete. Er hatte vor, im Amazonasbecken nach Fossilien zu suchen, und hatte von der Abteilung des Museums für Vögel und Säugetiere Fördermittel zugesichert bekommen, die ausreichten, um eine weitere Person mitzunehmen. Ich musste nicht zweimal darüber nachdenken und signalisierte sofort Interesse. Ich erzählte ihm, dass ich als Student an zahlreichen Kursen teilgenommen hatte, die Feldforschung umfasst hatten, und mich mit Mammalogie, Ornithologie und Ichthyologie – also Säugetieren, Vögeln und Fischen – beschäftigt hatte. Ich präsentierte mich als perfekt geeignet für die Anforderungen. Bevor unser Gespräch zu Ende war, hatte er mich im Grunde genommen schon für ein zwölfwöchiges Abenteuer am Amazonas angeheuert.

Es blieben mir noch sechs Wochen Zeit, um mich auf die Reise vorzubereiten. Meine Anweisungen für diese Zeit lauteten: Verbringe jeden Tag in der Abteilung für Vögel und Säugetiere, und lerne, wild lebende Exemplare für die Aufbewahrung im Museum zu präparieren. Als ich eines Tages gerade die Abteilung verließ, fragte mich der Kurator:»Ach übrigens, du kannst doch mit einem Gewehr umgehen, oder?«

»Kein Problem«, antwortete ich, obwohl ich bisher nicht mehr gemacht hatte, als im Keller meines Vaters auf Flugzeugmodelle und Farbdosen zu schießen. Aber ich wollte unbedingt an dieser Expedition teilnehmen und verdrängte daher jeden besorgten Gedanken an meine fehlende Erfahrung mit Gewehren. Ich war überzeugt, dass das meine einzige Chance sein würde, das Amazonasbecken zu sehen.

Als ich mehr Zeit in der Abteilung für Vögel und Säugetiere verbrachte, erkannte ich leider eine beunruhigende Tatsache. Eines der Ziele des Naturhistorischen Museums des Bezirks Los Angeles war es, dabei zu helfen, in einer riesigen Gegend des Amazonasbeckens ein Naturschutzgebiet aufzubauen. Um einen Lebensraum schützen zu lassen, muss allerdings nachgewiesen werden, dass er wertvolle Flora und Fauna enthält. Das bedeutete aber, dass einzelne Exemplare eingesammelt und ihre Leichen als Beweise zurückgebracht werden mussten. Durch den Tod einzelner Tiere konnte die Art als Ganzes gerettet werden. Mein eigentlicher Titel bei der Expedition lautete»Sammler von Vögeln und Säugetieren«. Das hieß, dass ich auf so ziemlich alles, was sich bewegte, schießen oder es in Fallen locken und töten musste. Meine Vorbereitung lief gut. Bald konnte ich ein kleines Säugetier häuten, seinen Körper zerlegen und die Identifikationskarte für diese Art ausfüllen – und das alles in ungefähr 15 Minuten. Für Vögel brauchte ich etwas länger, aber die Ergebnisse waren dieselben: schön präparierte Häute und vollständige Skelette. Meine Notizbücher waren voll mit Anleitungen und Vorlagen, um Daten über Lebensraum und Arten aufzuzeichnen. Theoretisch war ich darauf vorbereitet, der beste Feldbiologe zu sein, den der Kurator je auf eine tropische Expedition mitgenommen hatte. Und ich war beseelt von der Überzeugung, bald zu einer viel größeren Sache beitragen zu können: der Dokumentation und dem Erhalt der Artenvielfalt. Ich hatte keine Ahnung, welche Erfahrungen mich wirklich erwarteten.

Expedition – das klingt für die meisten Menschen beinahe romantisch. Als wir am Internationalen Flughafen von Los Angeles eincheckten, fragte uns der Mann am Schalter nach den Holzkisten, die wir als Gepäck aufgegeben hatten. Der Kurator sagte:»Wir graben in Bolivien nach Dinosauriern. Das ist eine spezielle wissenschaftliche Ausrüstung.«

»Ach du meine Güte, Dinosaurier!«, rief der Mann am Schalter. »Kim, diese Männer hier sind Wissenschaftler, die Dinosaurier ausgraben, ist das nicht aufregend?« Mir war nicht ganz wohl bei der Lüge des Kurators, aber ich wollte Kim auch nicht den Tag versauen, indem ich ihr die Wahrheit erzählte:»Ich fahre in den Dschungel, um in den nächsten zwölf Wochen allem, was sich bewegt, das Hirn rauszupusten!« Ich wusste nicht viel über unsere Reiseroute, nur dass wir über Miami nach La Paz fliegen würden, der Hauptstadt von Bolivien, wo der Kurator die Genehmigungen und Zulassungen einholen würde, die wir benötigten, um die abgelegenen Gegenden des Landes zu erforschen. Das würde ungefähr fünf Tage dauern, also hatte ich fünf Tage »Stadtleben« vor mir, bevor es in den Dschungel ging.

Als ich in La Paz ankam, war das für mich eine vollkommen andere Welt. Es war das erste Mal, dass ich einen Ort besuchte, an dem ich mir ausgeschlossen vorkam. Mittlerweile habe ich dieses Gefühl sehr oft gespürt, wenn wir mit Bad Religion in fremde Länder gereist sind, aber in Bolivien war es das erste Mal. Ich war überhaupt nicht vorbereitet auf die Armut, die unser Hotel im Stadtzentrum umgab, die tristen und unbehaglichen Unterkünfte, die kalte, schmutzige Luft oder die gefriergetrockneten Kartoffeln, die zu jeder Mahlzeit serviert wurden. Aber ich war vor allem nicht vorbereitet auf etwas, an das ich eigentlich hätte denken sollen: die Höhenlage.

La Paz liegt auf einer Höhe von ungefähr 4000 Metern in den Anden. Es ist die höchstgelegene Hauptstadt der Welt. Wenn man vom Meeresspiegel aus dort hinfliegt, kann diese drastische Höhenveränderung sogar gefährlich werden. Wie alle Bergsteiger wissen, gibt es in höheren Lagen weniger Sauerstoff in der Luft, sodass der Mensch schneller atmen muss, um genügend Sauerstoff aufzunehmen, damit die Muskeln und das Gehirn richtig funktionieren. Wenn der Körper sich aber nicht gut an die drastische Abnahme des Sauerstoffs anpasst, können unangenehme Nebeneffekte auftreten, die gemeinhin als »Höhenkrankheit« bekannt sind. Wenn ich in der Sierra Nevada in Kalifornien Feldforschungen unternahm, hatte ich immer die notwendigen Vorkehrungen getroffen. Ich habe einen Tag auf ungefähr 2500 Meter Höhe verbracht und bin dann im Lauf der nächsten Tage langsam auf 3000 oder 3500 Meter hinaufgestiegen. Während des elfstündigen Fluges von Miami aus gab es allerdings keine Möglichkeit, sich langsam an die Zunahme der Höhe zu gewöhnen.

Als ich am Flughafen gerade mein Gepäck packen wollte, schnappte es sich ein Gepäckträger und warf es in ein wartendes Taxi. Das war mir sehr angenehm, denn bereits der Fußweg vom Flugzeug zur Gepäckausgabe hatte mir den Atem geraubt. Sobald ich das Hotel betrat, reichte ein Angestellter mir eine Keramiktasse mit heißem Wasser, in dem ein paar ganze getrocknete Blätter schwammen. »*Aquí lo tiene, señor, coca te.*« Coca? So wie in Kokain? Es stellte sich heraus, dass Bolivianer Fremden dabei helfen, sich an die Auswirkungen der Höhenlage anzupassen, indem sie ganze getrocknete Blätter der Coca-Pflanze – dieselbe, aus der auch die Droge Kokain gewonnen wird – in heißem Wasser aufkochen und so eine Brühe mit deren natürlichen Inhaltsstoffen erhalten. Ich trank den geschmacklosen Tee und aß dann zu Abend Kartoffeln und ein dunkles, rätselhaftes Fleisch von irgendeinem Huftier.

Später, als ich mein Abendessen wieder auskotzte, nahm ich an, dass ich von dem Essen krank geworden war. Es war vermutlich gut, dass ich nichts über Hirnödeme (Hirnschwellung) wusste, die sich zuerst über Übelkeit, Kopfweh und Erbrechen bemerkbar machten. Als die Übelkeit und das Erbrechen nach zwei Tagen immer noch nicht nachließen, begriff ich, dass ich höhenkrank war und keine Lebensmittelvergiftung hatte. In den Bergen ist das einzige Heilmittel gegen Höhenkrankheit, auf eine niedrigere Höhe hinabzusteigen. In La Paz ist das allerdings schwer, weil man nirgends hinkann. Die Stadt ist von höheren Bergen umgeben, nach Westen führen Hochebenen und nach Osten undurchdringliche Wälder. Ich musste also weiterhin Coca-Tee trinken und auf Besserung hoffen.

Während der Kurator die Genehmigungen einholte, blieb ich im Hotelzimmer und las den einzigen Roman, den ich mitgebracht hatte, *Elmer Gantry* von Sinclair Lewis. Am dritten Tag fühlte ich mich wieder wie ein Mensch und war in der Lage, ein bisschen durch die Innenstadt zu spazieren. Ich sah viele Bettler, Märkte, auf denen man beinahe alles erwerben konnte, was man sich nur vorstellen konnte, und eine riesige Kathedrale, San Franciso, die in der Kolonialzeit erbaut worden war, nur ein oder zwei Generationen nachdem die Spanier die Neue Welt erobert hatten. Wie auch andere Teile des ehemaligen spanischen Reiches beeindruckte mich La Paz wegen der unglaublichen Überbevölkerung und der großen Armut, unter der die Leute litten. Das Leben dort erschien mir vollkommen chaotisch und so, als befände sich die Stadt in jeder Sekunde an der Schwelle zum Kollaps – in etwa wie New York oder jede andere überfüllte Großstadt zur Rushhour, dabei aber überzogen von einer tiefen Hoffnungslosigkeit.

Ein oder zwei Tage später begleitete ich den Kurator zu einem offiziellen Treffen mit GEOBOL, der Abteilung der Regierung, die

die Erforschung der entlegenen Gegenden von Bolivien überwachte. Dort traf ich einige Wissenschaftler der Regierung, von denen einer uns begleiten sollte, um geografische Daten zu sammeln. Ein weiterer neuer Teilnehmer an unserer Exkursion war ein kanadischer Wissenschaftler, der entschlossen war, den abgelegenen Krater eines Meteoriteneinschlags zu finden, von dem es nur eine schwache Andeutung auf einem Satellitenbild gab. Der Abdruck war womöglich nicht mehr als eine fotografische Täuschung, aber das Ganze sollte mit Bodenproben aus der Nähe des vermeintlichen Einschlagpunktes bestätigt oder negiert werden.

Alle bei dem Treffen stimmten überein, dass die Reise, die wir vorhatten, ein ehrgeiziges Unternehmen war. Wir wollten den abgelegenen Nebenfluss eines Hauptflusses in Bolivien erforschen, den Rio Madre de Dios. Dieser Fluss fließt nordöstlich Richtung Brasilien und vereinigt sich schließlich mit dem Amazonas, aber wir wollten den Nebenfluss stromaufwärts, tief im Dschungel Boliviens, erforschen. Die Menschen, die in den abgeschiedenen Siedlungen entlang des Rio Madre de Dios wohnen, betrachten sich eher als Brasilianer denn als Bolivianer, weil ihr Leben als Gummisammler, Bauern und Sammler dem typischen Lebensstil im Amazonasbecken in Brasilien viel mehr ähnelt als dem urbanen Leben in Bolivien in der Nähe der Hauptstadt in den Bergen.

Genau wie in Joseph Conrads *Herz der Finsternis* oder in dem Film *Apocalypse Now* bewegte sich unsere Expedition flussaufwärts, weit entfernt von jeder bekannten Siedlung. Ich begriff, dass unsere Pläne eher vage waren, als sie eine Karte der Region hervorholten, auf der nichts als gestrichelte Linien eingezeichnet waren, die bestenfalls Schätzungen von Standorten angaben. Wenn der Verlauf eines Flusses beispielsweise nur als gestrichelte Linie anstelle als durchgängige blaue Linie dargestellt ist, dann heißt das, dass der Kartograf den genauen Verlauf des Stroms nicht angeben konnte. In unserem Fall basierte die Karte auf äußerst verschwommenen Landsat-Bildern der ersten Generation von Satellitenfotografien, die das U. S. Geological Survey gemacht hatte.[127] Es gab in der ganzen nördlichen Gegend Boliviens um 1986 keine Straßen oder Wege, und kein Kartograf hatte diese Region je besucht. Tatsächlich hatte sich noch kein Weißer je so weit auf diesen Nebenfluss hinausgewagt, wie wir es vorhatten, was einer der Hauptgründe war, warum die Regierung so lange gezögert hatte, bis sie uns Zutritt gewährte.[128]

Laut den allerersten Berichten von Missionaren gab es nur wenige kleine Dörfer entlang dem Rio Madre de Dios, die meistens nur von ein paar Familien bewohnt waren. Diese sogenannten *Barracas* lagen viele Stunden Flussreise voneinander entfernt. Es wurde auch angenommen, dass eine Gruppe Eingeborener als Jäger und Sammler in dieser Region lebte, aber es gab keine offiziellen Berichte darüber. Es war also durchaus möglich, dass sie dieselben Nebenflüsse nutzten wie wir.

Ich begriff sehr schnell, dass die bolivianische Regierung keinen besonders großen Einfluss auf das nördliche Territorium hatte. Eigentlich hatte die Regierung noch nicht einmal in ihrer Hauptstadt das Sagen. Bolivien war in den 1960ern, 1970ern und 1980ern von einer Reihe extremistischer Machtübernahmen heimgesucht worden, die alle das Klischee einer Bananenrepublik nährten. Zahlreiche Staatsstreiche gingen unserer Expedition voraus. Meine Aufgabe war es, Daten über die globale Artenvielfalt zu sammeln, die international von Bedeutung waren, aber die Expedition als Ganzes war von der bolivianischen Regierung genehmigt worden, um einige grundlegende Informationen über Bolivien zu sammeln. Der Wissenschaftler der Regierung, der uns begleitete, sollte mit geografischen Basisdaten in die Hauptstadt zurückzukehren.

Der Kurator brauchte etwa eine Woche, um die notwendigen Genehmigungen von der Regierung zu bekommen, aber schließlich waren wir auf unserem Weg zum Flughafen, um ein Flugzeug Richtung Amazonasbecken zu besteigen. Mein Herz raste vor Aufregung, als ich an unsere bevorstehenden Erlebnisse in der Wildnis dachte. Ich freute mich darauf, die komplizierten Abhängigkeiten von einer Art zu einer anderen und ihrer Umgebung zu beobachten. Gleichzeitig fand ich es aufregend, in der Gesellschaft von anderen erfahreneren

Wissenschaftlern zu sein. Ich hoffte in all den ungezwungenen Gesprächen, die wir an den Lagerfeuern unter dem südlichen Himmel führen würden, viel von ihnen zu lernen. Diese Reise enthielt alles, was ein ehrgeiziger junger Naturwissenschaftler sich nur wünschen konnte – Abenteuer, Gefahren, Unsicherheiten und das Versprechen neuer Entdeckungen. Sie hatte alles, was eine klassische naturalistische Expedition ausmacht.

Den vielleicht größten Schock, den ich je auf einer Exkursion bekam, versetzte mir der Flug ins Amazonasbecken. Es gab einen täglichen Flugverkehr von La Paz nach Trinidad, einer kleinen, aber wachsenden Stadt weit unterhalb der Berge. Dort sollten wir in ein Propellerkleinflugzeug umsteigen, das uns nach Riberalta bringen sollte, der Stadt an dem Fluss, in der sich unser Expeditionsteam traf. Es dauerte nur eine halbe Stunde, um nach Trinidad zu kommen, aber es erwies sich als eine der aufregendsten halben Stunden in einem Flugzeug, die man sich vorstellen kann. Flugzeuge, die in La Paz starten, benötigen Startbahnen, die viel länger sind als sonst, weil die Luft so dünn ist, dass die Flugzeuge viel weniger Auftrieb zum Abheben zur Verfügung haben. Deshalb schaffen sie es gerade so, abzuheben und dann auf einer niedrigen Flughöhe zu bleiben. Wenn die Maschine mit Mühe und Not abgehoben hat, wird schnell das Fahrgestell eingezogen. Und dann macht die Maschine das Gegenteil von dem, was sie machen sollte. Anstatt nämlich schnell aufzusteigen, um Höhe zu gewinnen, fängt sie an zu sinken. Um von der höchsten Hauptstadt der Welt in das Amazonasbecken zu gelangen, fliegt die Maschine nur knapp über der abfallenden Landschaft.

Wenige Minuten nach dem Abflug konnte ich eine der größten Naturschönheiten auf dem Planeten bewundern: Das smaragdgrüne Band endloser Wälder schlängelte sich am östlichen Hang der Anden entlang. Von meinem Fensterplatz hinten im Flugzeug aus konnte ich riesige Bäume sehen, die sich an Felsen schmiegten oder an steinigen Vorsprüngen in die Wolken erhoben, weit über den Regenwald. Manche Gebiete waren öde, von hellen grauen Flecken aus kristallenem Andesit bedeckt. Als wir tiefer in das Becken flogen, weg von den

Bergen, wurde die Landschaft gleichförmiger. Die letzten zehn Minuten vor der Landung bot sich ein Anblick, den ich nie vergessen werde. So weit das Auge reichte, war nichts als eine gleichmäßige Landschaft aus massiven Baumkronen und undurchdringlichem Grün zu sehen. Keine Menschenseele, keine Wohnstätten, keine Straßen, absolut kein Zeichen von Zivilisation. Das Einzige, was die Monotonie der Wälder unterbrach, waren Flüsse, aber die meisten davon waren von einer wogenden Pflanzenwelt verdeckt. Ich weiß noch, dass ich mir so unbedeutend klein vorkam und das Gefühl hatte, dass der Wald mich einfach verschlingen könnte. Die Angst, für den Rest der Welt verschollen zu sein, gesellte sich zu meinem Gefühl der Aufregung hinzu. Irgendwie musste ich es schaffen, hier draußen zu überleben, wo die Regeln der Natur herrschten und die Sorgen unserer Gesellschaft keinen Platz hatten.

Riberalta am Ufer des Rio Madre de Dios war 1987 ein abgelegener Außenposten der Zivilisation. Obwohl es eine Bevölkerung von fast 14.000 Menschen zählte, größtenteils Bauern, Farmer und Waldarbeiter, verfügte es über keine Straßen, die es mit dem Rest Boliviens verbanden. Eine neue »Superautobahn« – eigentlich eine Schotterpiste – führte flussabwärts zu den Städten in Brasilien, wo die Märkte größer waren. Die Einheimischen hatten in Bezug auf Flugpläne eine lässig-heitere Einstellung. Es hieß: »Riberalta ist ein Ort, an den man gelangt, wenn man kann, und den man verlässt, FALLS man kann.« Sie hatten recht: Unser Flug von Trinidad nach Riberalta kam mit einer Verspätung von 36 Stunden an!

Mein erster Tag in Riberalta war aufregend und spannend. Wir trafen dort noch einen anderen Wissenschaftler, einen Botaniker aus dem Botanischen Garten in Missouri, der uns begleiten wollte, um Pflanzenproben zu sammeln. Damit bestand die Expedition aus mir, dem Jüngsten und Unerfahrensten in der Erforschung der Tropen, dem Kurator, meinem Chef, Jim, dem Botaniker, dem kanadischen Meteoritenspezialisten, dem Geologen der bolivianischen Regierung und einem einheimischen jungen Mann namens Cenone, dem *Motorista*, der dafür verantwortlich war, unser Boot durch die unbekannten Gewässer zu lenken. Während des Essens im »Club Social«, dem besten Restaurant in einer Stadt ohne Restaurants, saßen wir am Tisch und besprachen unsere Hoffnungen und Pläne für die Expedition. Der Kurator sagte nur sehr wenig. Der Rest von uns konnte es kaum erwarten, das Boot zu beladen und »in See zu stechen«. Als ich meine Mahlzeit, *Pescado Frita y Papas*, gegessen hatte, bestellte der Kellner uns fünf Mopedtaxis, die uns zurück zu unserem Motel fuhren. Am nächsten Morgen trafen wir uns dann am Ufer und machten uns auf den Weg zum Hafen, wo unser gerade erst generalüberholtes Boot auf uns wartete, das für die nächsten sechs Wochen unser Zuhause sein sollte.

Wenn es zu Mark Twains *Leben auf dem Mississippi* eine moderne Entsprechung gäbe, würde sie von Riberalta und seinen Hafenanlagen um 1987 handeln. Es gab riesige, 30 Meter lange Doppeldecker-Handelsschiffe, die neben winzigen Einbäumen lagen. Einige der Schiffe sanken auf ihrem Weg zu den brasilianischen Märkten beinahe unter der Ladung aus Leinensäcken, die voll waren mit *Castañas* (das einheimische Wort für brasilianische Nüsse). Andere waren mit mehreren Reihen von Hängematten für die Minenarbeiter bedeckt, die sich ihren Weg von oder zu ihrer Tätigkeit draußen im Dschungel und weit weg von zu Hause erkämpften. Kanus, die mit eingeborenen »Indianern« aus dem Regenwald bemannt waren, brachten Felle von Säugetieren oder Fische zu den örtlichen Märkten oder Gummibälle, die so groß waren wie Kürbisse, um sie gegen Nahrung einzutauschen.

Inmitten all dieser Boote, die an dem belebten Flussufer anlegten, befand sich ein frisch gestrichenes, zehn Meter langes, flaches Holzschiff namens *El Tigre de Los Angeles*. Das war unser Forschungsboot, das sogar das schöne Logo des Museums des Bezirks Los Angeles aufwies: eine Säbelzahnkatze. Auf die Einheimischen wirkte das alles vermutlich lächerlich. Sie hatten vorher sicherlich noch keine Säbelzahnkatze gesehen, und sie übersetzten den Namen des Bootes mit »Der Tiger der Engel«. Wir mussten noch einen Tag warten, bis unsere Vorräte verladen waren und die Fässer mit Kraftstoff und unsere Ausrüstung kamen, die im Lagerhaus eines ortsansässigen Händlers eingelagert gewesen waren. Am nächsten Morgen konnte es dann losgehen.

Die erste Woche der Reise erwies sich als furchtbar eintönig. Das Boot glitt von dem Moment an, als wir um ungefähr neun Uhr morgens aufbrachen, bis zum Sonnenuntergang um ungefähr sechs Uhr abends mit einer konstanten Geschwindigkeit von mehr oder weniger acht Knoten dahin. Nachts wird der Fluss selten befahren, vor allem nicht von kleinen Schiffen. Stürme können die größten Regenwaldbäume am Flussufer umwerfen. Manche dieser Bäume sind 60 Meter lang und haben einen Durchmesser von drei Metern. Sobald sie ins Wasser eintauchen, treiben sie in die Mitte des Flusses und saugen sich allmählich mit Wasser voll. Irgendwann haben sie dann so viel Wasser aufsogen, dass sie kaum noch treiben. Die meisten dieser Bäume sind daher schwer zu sehen, und viele Boote sind im Amazonas schon aufgrund einer Kollision mit diesen heimtückischen Hindernissen gesunken.

Weil es gerade die trockene Jahreszeit war, war der Wasserstand relativ niedrig, sodass sich das Ufer aus rotem Lehm und Schlamm sechs bis zehn Meter über uns erhob. Es war eine echte Herausforderung, unter diesen Bedingungen Plätze zum Übernachten zu finden. Ohne Treppen oder Rampen war es unmöglich, das steile, schlammige Ufer zu erklimmen, und es gab keine andere Möglichkeit, vom Wasser aus in den Wald zu gelangen. Manchmal kampierten wir daher in der Mitte des Flusses, wo sich aufgrund des niedrigen Wasserstandes einige Sandbänke gebildet hatten. Das waren aufregende Plätze, aber aus biologischer Sicht völlig uninteressant, da sich auf einer Sandbank, die nur ein paar Monate im Jahr frei liegt, keine Art etablieren kann. Dort konnte man allerdings wunderbar den spektakulären Sonnenuntergang beobachten. Doch umgeben von Hunderten Meter Wasser auf jeder Seite waren wir im Grunde genommen an diesen Abenden auf einer Insel gestrandet, die weit entfernt war von den biologischen Wundern des Tropenwaldes.

Meine Lieblingsorte zum Übernachten waren die *Barraccas*, die Siedlungen von einigen Familien, die sich an den bewaldeten Ufern gebildet hatten. Für gewöhnlich verfügten die Bewohner über behelfsmäßige Rampen, die zum Wasser führten und in provisorischen Häfen endeten, wo wir unser Boot anbinden konnten, damit es nicht flussabwärts davontrieb. Das waren aber auch die einzigen Siedlungen, die wir auf unserer Reise zu sehen bekamen. An den ersten beiden Tagen unserer Reise sahen wir etwa 15 bis 20 solcher Wohnstätten, am Ende der Woche an einem einzigen Tag höchstens noch eine *Barracca*.

In den *Barraccas* lebten vor allem brasilianische und bolivianische Familien mit einem niedrigen Einkommen. Die Hütten verfügten über keine Elektrizität und kein fließendes Wasser, waren üblicherweise mit einem Strohdach bedeckt und hatten oft einen kleinen Garten, manchmal gab es sogar einen Bananenhain. Die Menschen waren spärlich bekleidet mit T-Shirts und Shorts, die irgendwie fehl am Platz wirkten und die sie offenbar auf den Märkten flussabwärts erworben hatten. Sie lebten davon, dass sie Nüsse sammelten und Kautschukbäume anzapften. Ein- oder zweimal im Jahr fuhren sie mit ihren Einbäumen flussabwärts, um ihre Waren gegen notwendige Dinge einzutauschen. Ihr Leben schien ziemlich schwer zu sein. Keiner von ihnen sah besonders gesund aus, und ich denke, dass sie zu einer sehr armen Bevölkerungsschicht gehörten, die von der bolivianischen Regierung großteils nicht beachtet wurde. Wir waren den Familien auf jeden Fall enorm dankbar dafür, dass sie uns an diesen Plätzen kampieren ließen. Mehrere von ihnen hatten ungenutzte Schuppen oder Gartenhäuschen mit Strohdächern, unter denen wir unsere Zelte aufschlagen oder mit unseren Schlafsäcken liegen konnten. Im Tausch für einen angenehmen Schlafplatz ließen wir ihnen ein Abschiedsgeschenk da: Dosenfleisch aus Riberalta. Der Kurator hatte zum Handeln immer eine größere Auswahl an Dosenfleisch bei sich, meistens kleine Würstchen. Wir aßen massenweise Trockenfleisch, Paranüsse, Orangen, Bananen und Dosenbohnen – typisches Campingessen eben.

Während der ganzen Woche, in der wir ununterbrochen weiterfuhren, sprach der Kurator kaum. Er beschäftigte sich nur mit dem Satellitenbild und markierte Flussschlingen, die wir befuhren. Die Art des kanadischen Wissenschaftlers, eines schüchternen Mannes in den Vierzigern, lässt sich am besten mit distanziert beschreiben. Er war genauso schweigsam wie der Kurator und beobachtete ständig den vorbeiziehenden Wald. Nachdem wir ungefähr fünf Tage unterwegs waren, äußerte der Kanadier endlich einmal einen seiner Gedanken. Er sagte:»Ich bin nur selten in meiner beruflichen Laufbahn in eine Situation geraten, in der ich mich gefragt habe: ›Was zur Hölle mache ich hier?‹ Das hier ist eine davon.« Der Regierungswissenschaftler und der *Motorista* sprachen untereinander Spanisch, und ansonsten waren sie genauso schweigsam wie jeder andere an Bord.

Ich kam mir schrecklich einsam vor. Meine Erwartungen bezüglich Kameradschaft, Teamarbeit und Austausch mit anderen Wissenschaftlern stellten sich als total verfehlt heraus. Wenn diese Expedition typisch dafür war, wie sich Wissenschaftler im professionellen Bereich verhielten, dann war das leider sehr enttäuschend. Ich vermisste die ausgelassene Stimmung nach dem Essen mit den anderen Studenten, wenn wir bei Expeditionen kampierten. Wissenschaft kann nämlich durchaus auch äußerst sozial sein. Das Vorurteil von dem einsamen Wissenschaftler, der allein in seinem Labor arbeitet, ist weitgehend falsch. Aber ohne die wöchentlichen Seminare, Sprechstunden und lustigen Treffen mit den Studenten an den Freitagabenden kann ein Leben im Wissenschaftsbetrieb geradezu trostlos sein. Doch was nützt einem all das Wissen, wenn es keinen gibt, mit dem man es teilen kann?

Während all der Zeit, die ich grübelnd damit zubrachte, das Flussufer zu beobachten, wuchs in mir das Verlangen nach Musik. Als ich weggefahren war, war die Band kaum mehr aktiv gewesen. Und ich hatte gedacht, dass es ein geeigneter Ersatz wäre, wenn ich mich stattdessen einer wissenschaftlichen Expedition zuwenden würde. Aber das eisige Schweigen, das von den Wissenschaftlern um mich herum ausging, ließ mich über die emotionale Bedeutung der Musik in meinem Leben nachdenken. Ich hatte für die Reise einen Walkman und zwei Kassetten mit insgesamt vier Stunden Musik mitgebracht. Auf diesen Kassetten waren nur ungefähr drei oder vier Alben darauf, aber ich wurde nicht müde, sie mir anzuhören. Da ich quasi keine menschliche Gesellschaft genießen konnte, waren diese Kassetten und Elmer Gantry meine besten Freunde.

In der Gegend, in der wir kaum noch *Barraccas* entdeckten, bogen wir in einen äußerst schmalen Nebenflussarm eines kleinen Flusssystems namens Manuripi ab. Wenn ein Suchtrupp versucht hätte, uns zu finden, und dabei über die Gegend geflogen wäre, hätte er uns mit Sicherheit übersehen, weil das Baumkronendach des Waldes die gesamte Breite des Flusses überspannte. Durch die dichte Vegetation fielen kaum Sonnenstrahlen auf den flachen Strom, und das Ufer war kaum einen Meter hoch. Bald war die einzige Möglichkeit, weiter flussaufwärts zu gelangen, in ein Kanu umzusteigen, wir hatten aber keines dabei. Mittlerweile waren wir seit acht Tagen unterwegs, und ich hatte bisher kaum etwas gesammelt.

Wir banden *El Tigre de Los Angeles* an einen Baum nahe einer kaum mehr auszumachenden Lichtung. Dieses Gebiet war in den letzten Jahren wohl von Menschen aufgesucht worden, aber die Lichtung war mittlerweile so zugewachsen mit Büschen, dass wir sicher waren, dass schon lange niemand hier gewesen war. Der Regenwald war erstaunlich dicht. Unter dem Blätterdach der größeren Bäume war eine enorme Vielzahl an Sträuchern und Büschen gewachsen. Es ist unglaublich schwer, sich in diesem Dschungel zu orientieren. Er kann so dicht, gleichförmig und still wirken, dass man den Eindruck hat, in einem grünen Labyrinth gefangen zu sein.

Ich verbrachte den ersten Tag damit, meinen Arbeitsplatz, der aus einem Klapptisch und Klappstühlen bestand, die von Vorratsbehältern umgeben waren, aufzubauen. Die Behälter enthielten Baumwolle zum Ausstopfen, Nadel und Faden zum Nähen, Skalpelle und Scheren zum Sezieren, Drähte und Etiketten für die einzelnen Exemplare, Skizzenstifte, Ringbücher, Gläser mit Formalin (verdünntes Formaldehyd), um die gesammelten Exemplare zu konservieren, die ich mangels Zeit nicht häuten konnte, Spritzen mit Natriumpentothal, um den gefangenen Tieren Sterbehilfe zu leisten, Maismehl und Salz, um Blutrückstände auf Tierfellen zu entfernen, und jede Menge Verbandsmull, um ausfließende Körperflüssigkeiten aufzusaugen.

Jeden Morgen ging ich in den Wald, um die Fallen und Netze zu kontrollieren, die ich in der Nacht zuvor aufgebaut hatte. Die kleinen

Schnappfallen, die in diesem wissenschaftlichen Bereich verwendet werden, sehen kaum anders aus als die, die auf Dachböden und im häuslichen Bereich benutzt werden. Der Schlüssel zum Erfolg liegt immer darin, die Fallen sorgfältig aufzustellen. Ich legte ungefähr 50 Fallen im Wald aus und hatte jede Nacht eine Erfolgsquote von etwa zehn Prozent. Das bedeutete, dass ich normalerweise jeden Morgen fünf tote Nagetiere einsammeln, häuten oder einlegen musste. Vogelnetze sind aus so einem feinen Gewebe, dass sie für arglos dahinfliegende Tiere kaum zu sehen sind. Sie hängen locker zwischen Bäumen und flattern im Wind wie ein riesiges Spinnennetz. Tagsüber verfangen sich kleine Vögel und nachts Fledermäuse in dem feinen Geflecht des Netzes und können nicht mehr entkommen. Wenn sie einmal gefangen sind, müssen die Tiere umgebracht werden, üblicherweise geschieht dies, indem man ihnen auf das Brustbein drückt und sie am Atmen hindert. So tritt der Tod schnell und möglichst schonend ein.

Größere Säugetiere und die meisten Vögel sind aber nicht so leicht zu fangen und müssen geschossen werden, also verbrachte ich, sobald ich meine Netze und Fallen kontrolliert hatte, den Rest des Morgens damit, leise mit einem Gewehr auf die Jagd zu gehen, mit dem ich entweder eine 22-Kaliber-Patrone oder eine Ladung Vogelschrot abfeuern konnte. Für größere Beutetiere hatte die Expeditionsleitung mich mit einem Gewehr des Kalibers 20/20 ausgestattet.

Eines Tages stieß ich auf eine verlassene *Barracca* auf einer kleinen Waldlichtung, die ungefähr 500 Meter von dem Flussufer entfernt war. Sie wirkte wie eine normale Familiensiedlung – es gab zwei miteinander verbundene Grashütten, einen Kochbereich, in dem noch eine Dose mit etwas Getreide stand, und einen Schlafplatz. Da der Platz verlassen wirkte, stellte ich im Kochbereich ein paar Fallen auf, um zu sehen, was in der Nacht hier wohl vorbeikommen würde. Auf dem Rückweg zum Lager fand ich einen Teil eines Tierkadavers, der zu groß war, um ihn einzulegen, und zu verfault, um ihn zu häuten. Es handelte sich um den Kopf eines Tapirs, eines großen tropischen Verwandten des Elefanten, der in Südamerika vorkommt. Aber wer hatte dem Tapir den Kopf abschlagen? Plötzlich dämmerte es mir, dass dies ein relativ frischer Beweis dafür war, dass sich in dieser Gegend vor nicht allzu langer Zeit Menschen aufgehalten hatten.

Nach vier oder fünf Tagen des Häutens und Sammelns hatte ich eine große Menge seltener Arten beisammen. Ich brachte nicht viel Zeit damit zu, sie zu kennzeichnen. Die taxonomische Präzision wird normalerweise im Museum ausgeführt, wo man andere Exemplare zum Vergleich heranziehen kann. Meine Protokolle füllten sich allerdings mit Beschreibungen von interessanten Vögeln, Säugetieren, und selbst ein paar Reptilien hatten sich zu nahe an die Fallen herangewagt. Eines Nachmittags regnete es so stark, dass ich meinen Arbeitsplatz auf das Boot verlegte. Die anderen Expeditionsteilnehmer waren auf einem dreitägigen Ausflug und bahnten sich ihren Weg durch den dichten Wald auf der Suche nach dem schwer erreichbaren Einschlagkrater. Der *Motorista*, der Botaniker Jim und ich blieben im Lager zurück.

Während ich unter dem Vordach des Achterdecks arbeitete, bot sich mir auf einmal ein unheimlicher Anblick. Aus dem feuchten und dunklen Nebel des Regenwaldes tauchten zwei Männer auf, die bis auf einen Lendenschutz völlig nackt waren und aufrecht am Bug eines zehn Meter langen Einbaumes standen. Sie hatten Gewehre auf dem Boot, die aussahen wie Musketen aus der Zeit des Bürgerkrieges. Sie fuhren nicht schneller als der trübe Strom und trieben genau auf das Achterdeck unseres Bootes zu. Dann gingen sie an Bord der *El Tigre de Los Angeles*, ohne zuvor um Erlaubnis zu bitten. Ich winkte und rief:»*Hola! Me llamo Gregorio*«, worauf sie antworteten:»*Missionarios?*« Ich schüttelte den Kopf und zog mich schnell zum gegenüberliegenden Ende des Bootes zurück, wo der Botaniker Jim Blätter presste. Glücklicherweise hatte der *Motorista* unsere Besucher bemerkt und begann sich mit ihnen in einer einheimischen Sprache zu unterhalten, die ich nicht verstand.

Später erzählte uns der *Motorista*, dass er sich mit ihnen nur in einer Sprache unterhalten konnte, die am Oberlauf des Rio Madre de Dios verbreitet war. Unsere Besucher hatten noch nie zuvor Weiße gesehen, aber Geschichten über Weiße gehört, die sich selbst als

Missionare bezeichneten. Sie lebten in kleinen Dörfern zwei Tagesreisen flussaufwärts entfernt. Doch es stellte sich heraus, dass wir unser Expeditionszelt direkt unter einem großen Versteck mit getrocknetem Fleisch aufgeschlagen hatten. Das Fleisch hatten die Jäger erst vor einigen Wochen in die Bäume gehängt. Unser *Motorista* erklärte, dass sie uns freundlich gesinnt seien, vor allem als sie gehört hatten, dass wir nur kleine Tiere und Vögel fingen. Als er ihnen unsere Gewehre gezeigt hatte, hatten sie gelacht, weil sie wussten, dass wir damit keinen großen Fang wie etwa einen Tapir, den sie besonders zu schätzen schienen, machen konnten.

Nach ungefähr einer Stunde fuhren die Eingeborenen wieder flussaufwärts, nachdem sie ihren Vorrat an getrocknetem Fleisch und sechs Dosen mit Miniwürstchen mitgenommen hatten. Ich atmete erleichtert auf, als sie aufbrachen. Das waren Menschen, deren einzige Erfahrung mit Weißen Stammeserzählungen über aggressive und fragwürdige soziale Unternehmungen entstammte. Wenn man all die Geschichten über Krankheiten, Streitigkeiten um Ländereien und Ausbeutung, die die Weißen brachten, in Betracht zieht, hätte ich es ihnen nicht verdenken können, wenn sie uns gern tot gesehen hätten. Und da ich der Einzige war, der Waffen hatte, um Tiere aus ihren angestammten Jagdgebieten zu töten, wäre bei der Entscheidung, welche weiße Person zu opfern war, ihre Wahl sicher auf mich gefallen. Solche Gedanken erscheinen mir heute lächerlich, aber damals bescherten sie mir einen ziemlich anstrengenden Nachmittag.

Ich hatte an diesem Nachmittag aber noch einen weiteren Grund, um besorgt zu sein. Wir erfuhren dank der Übersetzung unseres *Motorista* von den eingeborenen Jägern, dass die nahe liegende *Barracca* erst kürzlich verlassen worden war. Erst vor wenigen Monaten waren die sechs Bewohner an hämorrhagischem Fieber gestorben, einer grauenhaften Infektionskrankheit, die zu inneren Blutungen der lebenswichtigen Organe führt. Dieses Fieber wird von Nagetieren übertragen – höchstwahrscheinlich genau von denen, die ich jagte und tötete.

Als die Tage und Wochen vergingen, wurde ich immer desillusionierter und einsamer. Der einzige Teil des Tages, den ich liebte, war die freie Zeit vor dem Schlafengehen. Meistens zog ich mich früh zurück, um *Elmer Gantry* zu lesen und Musik auf meinem Walkman zu hören. Wenn ich mich unter meine Kopfhörer flüchtete, fiel ich in einem losgelösten Zustand musikalischer Glückseligkeit in den Schlaf. Da ich jeden Tag in die Kreativität der Natur versunken war, empfand ich irgendwie eine verstärkte Neigung zu der Kreativität der Musik. Mit keinem der anderen Expeditionsteilnehmer entstand so etwas wie Freundschaft, und diese Distanz untereinander und mir gegenüber schien ihnen allen nichts auszumachen. Meine Musik hatte einen zutiefst beruhigenden Effekt. Eine der Aufnahmen auf meinen Kassetten war ein Studioprojekt mit Bad Religion mit drei Songs. Die Songs hatten es nicht auf unser Album geschafft, weil wir der Meinung waren, dass sie noch besser ausgearbeitet werden mussten. Ich hörte mir diese Lieder immer und immer wieder an. Es tröstete mich, davon zu träumen, wie ich die Band und mein Songschreiben voranbringen konnte. Die Musik half mir durch diese dunklen, einsamen Nächte im Wald. Sie erinnerte mich auch daran, dass zu Hause bessere Zeiten auf mich warteten. Immerhin existierte die Band zumindest dem Namen nach noch. Wir hatten uns nie offiziell aufgelöst, und es gab in einigen Nachtlokalen sicher noch die Gelegenheit aufzutreten. Wenn ich an das Schreiben von Songs und an Auftritte dachte, half mir das, meine gegenwärtige Situation in einem hoffnungsvolleren Licht zu sehen.

Ich sollte in ein paar Monaten die weiterführende Hochschule besuchen, aber das lag noch in weiter Ferne, und alles, was mir momentan wichtig war, war, diese Expedition mit gesundem Verstand zu überstehen. Ich war davon überzeugt, dass ich für meinen Master-Abschluss etwas Interessantes studieren konnte, und ich war genauso zuversichtlich, dass die Band ein neues Album aufnehmen konnte, das besser war als alles, was wir bisher produziert hatten. Das Studium der Natur allein würde mich nie ganz erfüllen. Vor allem, wenn das hieße, dass ich den Rest meines Lebens mit diesen langweiligen, unkommunikativen Feldforschungswissenschaftlern herumhängen musste. Ich brauchte Emotionen und eine Beziehung zu Leuten, etwas, das die Musik einem bieten konnte. In dieser abgelegenen Region am Manuripi gelang es mir letztlich, meine Werte zu überdenken, zu meinem eigenen Ich zurückzufinden und die Entscheidung zu treffen, meine Bemühungen, die Band am Leben zu erhalten, weiter zu verstärken.

Ungefähr zwei Wochen nach dem Besuch der eingeborenen Jäger machte sich die Expedition wieder auf den Weg flussabwärts, zurück nach Riberalta, um dort die Vorräte aufzufüllen. Obwohl wir für die Strecke flussaufwärts acht Tage gebraucht hatten, war es nur eine Drei-Tages-Reise zurück zu der Stadt. Es fühlte sich gut an, endlich wieder duschen zu können und im »Club Social« zu essen. Am nächsten Morgen beim Frühstück teilte der Kurator mir mit, dass er die Expedition verlassen würde, um in den nächsten vier Wochen in anderen Ländern an Konferenzen teilzunehmen. Auch der kanadische Wissenschaftler und der Forscher der Regierung stiegen aus der Expedition aus. Sie hatten erfolglos nach Beweisen für den Meteoritenkrater gesucht, was das Ende ihrer Untersuchungen bedeutete. Der *Motorista*, Jim, der Botaniker, und ich sollten flussabwärts zu der *Barracca* eines bekannten örtlichen Farmers reisen, unser Lager in seinem Bananenfeld aufschlagen und die nächsten paar Wochen damit zubringen, neue Exemplare zu sammeln.

Für mich war die Abreise des Kurators gleichbedeutend mit dem Ende seiner Verantwortung für das Ganze. Ich glaubte aber nicht daran, dass ich die Expedition zu einem erfolgreichen Ende bringen konnte. Schließlich war bei meiner Einstellung auch nicht so viel Eigenverantwortung von mir erwartet worden. Ich hatte keine Ahnung, was es hieß, der Bootskapitän zu sein, und Jim hatte seine eigenen Aufgaben und Ziele. Sobald wir an unserem neuen Ziel flussabwärts angekommen waren, sahen wir uns kaum noch. Jetzt, da wir führerlos und ziellos waren, gingen wir noch mürrischer unseren wissenschaftlichen Forschungen nach. Ich war mit den Nerven am Ende. Mir war bewusst, dass diese Etappe der Reise nichts weiter war als eine Art Trostpreis. Wie bei einem Vorrundenaus in einem Sportturnier machten sich die

Anführer auf zu neuen Aufgaben, während wir abgestellt wurden, um die Zeit totzuschlagen und beschäftigt zu wirken.

Eines Nachts hörte Jim sich eine Kurzwellen-Radiosendung auf Spanisch aus La Paz an. Er beherrschte die Sprache fließend, sodass er trotz des extremen Rauschens, das immer wieder störte, die ernste Rede des Reporters verstehen konnte. Während wir in unerforschten Teilen des Landes unseren täglichen Aufgaben nachgingen, hatte in Bolivien offenbar wieder einmal ein Staatsstreich stattgefunden. Es handelte sich dabei um die friedliche Machtübernahme einer rechten Gruppe, die sich standhaft gegen alle Fremden wehren wollte, die die natürlichen Ressourcen ausbeuteten, die der bolivianischen Bevölkerung gehörten.»Das bedeutet wohl«, erklärte Jim,»dass all die Genehmigungen, die uns die vorherige Regierung ausgestellt hat, nicht mehr länger gültig sind.«

Diese Neuigkeiten ließen uns schnellstmöglich nach Riberalta zurückfahren. Wir versteckten unsere Sammelstücke – die über Nacht zu verbotener Schmuggelware geworden waren – in dem Lager des ortsansässigen Kaufmanns, den wir kannten. Dann machten wir uns auf die Suche nach einem Weg, um das Land zu verlassen. Jim hatte keine Probleme damit, da er bei einem etablierten Unternehmen angestellt war. Wenn seine Arbeitgeber Geld an eine örtliche Fluggesellschaft zahlten, dann konnte er zusammen mit seinen Sammlungen den nächsten Flug nehmen, der ihn außer Landes bringen würde.

Ich dagegen hatte nur einen Kontakt zu meinem Museum – den Kurator, der mich angeheuert hatte –, und der war in irgendeiner südamerikanischen Stadt unterwegs und nahm an akademischen Konferenzen teil. Ich stellte mir bereits vor, wie ich von Bundesbeamten zum nächstgelegenen Gefangenenlager abgeführt wurde, weil ich illegal natürliche Ressourcen gesammelt hatte, während die Geschichte meiner Gefangennahme zu Hause in akademischen Kreisen auf Cocktailpartys die Runde machte. Glücklicherweise kannte der Kaufmann, der unsere Sammelstücke aufbewahrte, auch einen Mann, der eine zweisitzige Cessna besaß. Ich hoffte, dass der mich zum nächstgelegenen Flughafen mit einem regulären kommerziellen Flugverkehr bringen konnte –

nach Trinidad, das nur eine Flugstunde von Riberalta entfernt war. Ich werde nie vergessen, wie erleichtert ich war, als ich den Piloten traf. Wenn er sprach, hörte man den Dialekt des amerikanischen Mittleren Westen, mit dem ich aufgewachsen war. Er war ein Missionar, der ein Flugzeug besaß, und seine ersten Worte mir gegenüber waren: »Ich habe gehört, du willst nach Trini.« Sein Flugzeughangar war eine provisorische Hütte auf dem Feld eines Landbesitzers in der Nähe der städtischen Flugpiste. Wir plauderten über seine Heimat Indiana und die missionarische Arbeit seiner Familie unter den »Eingeborenen des Rio Madre de Dios«. Er war nie dort gewesen, wo wir gewesen waren, daher erzählte ich ihm von den Jägern dort oben, die seinen Besuch schon erwarteten.

Auf dem Armaturenbrett seiner einmotorigen Maschine, mit der er den ganzen Weg von Indiana hierhergeflogen war, befand sich ein Aufkleber mit den Worten »Gott ist mein Kopilot«. Wir sprachen kein Wort über den Putsch, hauptsächlich weil ich Angst hatte, dass er mich nicht dahin bringen würde, wohin ich wollte. Denn wer wollte schon mit einem Flüchtling in Verbindung gebracht werden? Als wir auf die provisorische Startbahn hinausrollten, raste mein Herz. Der Motor war so laut, dass wir aufhören mussten zu reden. Ich hatte daher Zeit, über all das nachzudenken, was passiert war. Die Expedition war ein großes Abenteuer gewesen. Aber eigentlich hatte die Expedition für mich schon Wochen früher geendet. Meine Begeisterung für die Wissenschaft basierte auch darauf, dass ich an ein soziales Miteinander, gegenseitige Unterstützung und Begeisterung unter allen Wissenschaftlern glaubte. Als mir bewusst wurde, dass jeder Teilnehmer unserer Reise sich nur um sich selbst kümmerte, verlor ich jegliche Motivation. Es hatte eigentlich keine Rolle gespielt, ob es einen Putsch gegeben hatte oder nicht. Ich verließ den Dschungel, weil die Expedition in einem kompletten Mangel an Kameradschaft auf mich, ihren unbedeutendsten und mit 22 Jahren auch unerfahrensten Teilnehmer, abgewälzt worden war. Außerdem hatte ich den Glauben daran verloren.

Der Pilot flog gerade einmal 300 Meter über dem Baumkronendach des Waldes. Er ließ die Fenster des Cockpits offen, sodass ich ein paar Fotos schießen konnte. Der Anblick kam mir jetzt sogar noch spektakulärer vor, nachdem ich Wochen in diesem grünen Pflanzenteppich verbracht hatte. Ein endloses Meer aus Blättern erstreckte sich in jede Richtung. Aus dieser geringen Höhe hatte ich einen ausgezeichneten Ausblick auf diese in puncto Leben wohl kreativste Landschaft. Die Anzahl an Baumarten, die ich sah, war atemberaubend, viel größer als irgendwo sonst auf der Erde. Bei einem Flug über einen ausgedehnten Wald in New York oder Wisconsin würde ich pro Hektar vielleicht 15 bis 20 verschiedene Arten zu Gesicht bekommen. Aber hier standen 70 bis 80 Baumarten auf einem einzigen Hektar! Und jeder dieser Bäume beherbergte eine komplette Gemeinschaft an Tieren und Pflanzen, die nur bei dieser einen Art vorkamen. Tausende von Insekten lebten auf jedem Baum, viele darunter sind von der Wissenschaft noch gar nicht katalogisiert. Wahrscheinlich könnte ich mein ganzes Leben an einem einzigen Ort dieses Waldes verbringen und wäre dennoch nicht in der Lage, seine biologische Artenvielfalt in Gänze zu beschreiben. Die Kreativität und der Überfluss des Lebens, die ich in diesem Dschungel beobachtet habe, sind unvorstellbar.

Ich glaubte aus dem gleichen Grund an die Wissenschaft wie an die Musik. Beide bringen die Menschen zusammen, und beide basieren auf Kreativität. Natürlich kann das Schreiben von Musik, das Üben der Songs und das Anhören ein einsamer Prozess sein, bisweilen zielgerichtet sein und genauso einsiedlerisch wie das Durcharbeiten eines Wälzers über die Naturgeschichte oder die der Dokumentation neuer Arten dienende Arbeit irgendwo in der Wildnis des Dschungels. Und meine Expedition hat mir gezeigt, dass die Beschäftigung mit der Wissenschaft ebenfalls etwas Einsames sein kann, wenn sich die Forscher so verhalten wie die verschlossenen Teilnehmer meiner erfolglosen Reise. Aber ich wusste auch, dass biologische Forschungen Wissen hervorbringen, das wir nicht für uns selbst behalten sollten. Ich hatte eine Geschichte zu erzählen. Ich konnte den Menschen damit helfen, ihr Leben zu verstehen.

Ich habe die Forschungsexemplare, die ich für das Museum gesammelt und präpariert habe, nie wieder zu Gesicht bekommen. Sie wurden in einer Mahagonikiste in einem dreckigen Lagerhaus in einer abgelegenen Stadt am Amazonas versteckt, und soweit ich weiß, sind sie heute noch dort. Vielleicht sind sie aber auch nach La Paz geschickt worden, wo ein Wissenschaftler des Museums meine Etiketten durch welche ersetzt hat, die seine Unterschrift tragen. All die harte Arbeit im Dschungel hatte allerdings eine unerwartete Konsequenz: Sie bestärkte meine Entschlossenheit, mich mit anderen Menschen auszutauschen. Ob mit Wissenschaftlern oder mit Musikern, ich war von da an immer an einer Zusammenarbeit interessiert, immer darauf aus, Errungenschaften aus den Feldstudien oder aus dem Aufnahmestudio für neugierige Menschen bereitzustellen, seien es nun Studenten oder Musikliebhaber. Die Expedition lehrte mich, dass ohne ein Gespür für Zusammenarbeit alle Unternehmungen zum Scheitern verurteilt sind.

Es würden weitere Expeditionen kommen, musikalische wie wissenschaftliche. Aber als ich über den abgelegenen Dschungel Nordboliviens flog, schwor ich mir, dass ich nie wieder an einem Unternehmen teilnehmen würde, wenn die Teilnehmer keinen Gruppengeist besäßen, nicht zusammenarbeiten wollten und keine Verpflichtung für ein höheres Ziel spürten. In der Wissenschaft wie auch in der Religion kann man abhängig sein von selbst ernannten autoritären Führungspersonen, die versteckten Motiven nachgehen. Ich wusste aber, dass ich das nicht mitmachen musste, und ich hatte immer noch den Glauben, dass ein Leben als Naturalist bereichernd sein kann.

Als der letzte Baum des Regenwaldes aus meinem Blickfeld verschwand, dachte ich jedoch nicht über die Wissenschaft nach. Der Klang eines harmonischen Refrains und verzerrter Gitarren erfüllte meine Ohren. Ich hatte wieder die Kopfhörer auf und malte mir eine neue Richtung für Bad Religion aus.

7. KAPITEL
WORAN MAN GLAUBT

»Du musst dir deine Helden aussuchen, schau sie dir
gut an. Sie könnten dich auf direktem Weg in die Hölle
führen.«
Todd Rundgren[129]

»Mein Leben wurde von drei einfachen, aber
überwältigend starken Leidenschaften beherrscht: der
Sehnsucht nach Liebe, der Suche nach Wissen und dem
unerträglichen Mitleid für das Leiden der Menschheit.«
Bertrand Russell[130]

lle Songschreiber streben danach, eine universelle Empfindung
anzusprechen – diese Kombination aus Wörtern und Noten, die
Frauen »auf der Stelle zum Weinen bringt, wenn sie sie hören«,
wie Nigel Tufnel es ausdrückt.[131] Aber in welchem Ausmaß hat irgend-
wer von uns überhaupt Zugang zu dieser universellen Empfindung –
nicht nur zu den eigenen Gedanken und Gefühlen, sondern auch zu
denen anderer? Diese Frage stellen sich Philosophen ebenso wie
Songschreiber. Sie haben sich diese Frage seit Hunderten von Jahren
gestellt und sind zu größtenteils pessimistischen Ergebnissen gekommen.[132] Manche behaupten, dass wir in unseren Köpfen eingesperrt
und nicht in der Lage sind, mehr als schwache Vergleiche zwischen
unseren Gefühlen und den Gefühlen anderer zu ziehen.

Meine Erfahrungen mit Musik und der Evolutionsbiologie führen
mich zu anderen Schlüssen. Wir können vielleicht nicht die Gedanken einer anderen Person denken oder genau wissen, was eine Person
denkt, aber wir besitzen die Fähigkeit, Freude, Angst, Überraschung

und selbst Liebe so tief zu empfinden, dass die übliche Differenz zwischen unseren Erfahrungen verschwindet. Bei den besten Konzerten gibt es keine Trennung zwischen einem Künstler und dem Publikum. Die Emotionen fließen in beide Richtungen, so als wären die Musiker und die Zuhörer in ein intensives Gespräch verwickelt. Das ist einer der Gründe, warum die meisten Musiker so heiß darauf sind aufzutreten, trotz all der Unannehmlichkeiten, die es mit sich bringt, unterwegs zu sein. Ein Auftritt liefert eine sofortige Antwort, etwas, was man nicht erreichen kann, wenn man einen Song schreibt oder im Studio aufnimmt. Wenn ein Sänger sich auf die ausgestreckten Arme eines begeisterten Publikums wirft, symbolisiert das nicht nur ein Vertrauensverhältnis, sondern auch ein gemeinsames Gefühl, das sich zwischen ihnen aufgebaut hat. Ich bin selten von der Bühne gesprungen, seit ich die »Pit-Praxis« aus den Anfängen meiner Karriere als Sänger aufgegeben habe. Aber ich erinnere mich noch deutlich an das Gefühl des Zusammenwirkens, das mich bei meinen jugendlichen Auftritten überkam. Wenn ich gesprungen bin, vertraute ich darauf, dass das Publikum mich nicht fallen ließ.

Der Slam Pit (der auch als Mosh Pit oder einfach Pit bezeichnet wird) bildet sich unmittelbar vor vielen Punkrock-Bühnen und drückt die Solidarität der Fans aus, die auf die intensive Musik bei einem Konzert reagieren. Für Leute, die mit Punkmusik nicht vertraut sind, wirkt der Pit wie ein Gewirr aus ungezügelter Aggression. Die Jugendlichen rennen wild und zufällig ineinander und prallen voneinander ab, als wären sie gefühllose Automaten. Manchmal laufen sie in riesigen Kreisen (die auch als Circle Pits bezeichnet werden) – ein menschlicher Strudel, der von der Bühne aus wie in Flammen stehende Spinnräder aussieht. Die meisten Pits scheinen völlig chaotisch zu sein, es wirkt, als würden nur die größten und am meisten alkoholisierten Teilnehmer das Ganze unbeschadet überstehen können. In Wirklichkeit gibt es aber viele unausgesprochene Regeln im Slam Pit, die die Leute davor bewahren, verletzt zu werden.[133] Die wichtigste ist die, dass Punker aufeinander Rücksicht nehmen sollen. Wenn jemand umfällt, hören die Leute um ihn herum auf zu slammen und helfen dieser Person auf. Wenn Mädchen sich in den Pit begeben, werden sie nicht betatscht oder angegriffen. Treten und Schlagen gelten nicht als cool, auch wenn das Umherwirbeln der Arme und Beine manchmal wie Treten oder Schlagen wirkt. Die Punkkultur war immer aufsässig und aggressiv, aber in ihrer besten Ausprägung war sie auch kollegial und gleichberechtigt. Manchmal werden die Regeln im Pit von Idioten, Betrunkenen oder Arschlöchern verletzt, aber trotzdem ist sich beinahe jeder dieser Regeln bewusst. Sie entwickelten sich von selbst aus der Punkkultur und den sozialen Netzwerken, die vor der Bühne in Kraft treten. Sie sind ebenso dafür da, für sozialen Zusammenhalt zu sorgen, wie sie auch Individuen erlauben, sich als unabhängige und autonome Akteure auszudrücken.

Die Evolutionsbiologie hat uns viele der gleichen Lektionen in einem größeren Maßstab gelehrt. Wir sind entwickelte soziale Organismen, die aus der Unbekümmertheit der primitiven Beziehungen zwischen Tieren entstanden sind. Auch wenn uns das vielleicht nicht in jedem Augenblick bewusst ist, teilen wir doch ein biologisches Erbe, das Milliarden Jahre in die Vergangenheit zurückreicht, und daher sehen wir die Welt auf ähnliche Weise, erfahren Kälte, Hunger und Schmerz mit denselben biologischen Mechanismen und empfinden Gefühle, die unsere nichtmenschlichen Vorfahren auch empfanden, selbst wenn die Emotionen durch unser einzigartiges menschliches Bewusstsein verändert werden. Und diese gemeinsamen Erfahrungen und Gefühle binden uns so eng aneinander, wie die Zuschauer an die Künstler eines guten Konzertes gebunden sind.

Die Gemeinsamkeit, die ich beschreibe, ist auch als Empathie bekannt – die Fähigkeit, die Gedanken und Gefühle einer anderen Person aufgrund einer gemeinsamen Erfahrung nachzuvollziehen. Ich unterscheide Empathie von Sympathie, was wieder ein anderes Gefühl ist – eine Art Mitgefühl für die Notlage einer anderen Person. Und beide unterscheiden sich von Mitleid, das eine Mischung aus Besorgnis und Herablassung ist. Empathie enthält sowohl eine erkenntnismäßige als auch eine gefühlsbedingte Komponente. Wir können begreifen, was eine andere Person denkt, so etwa, wenn jemand dieses Buch liest.

Wir können aber auch an den Gefühlen dieser Person teilhaben, in der Kunst, durch Kameradschaft oder in der Liebe. Nicht jeder empfindet in demselben Maße Empathie. Einerseits gibt es manche Autisten, die mit einem neurologischen Leiden geboren werden, das ihre Fähigkeit, die emotionale Verfassung von anderen Menschen einzuschätzen, stark beeinträchtigt, ungeachtet dessen, dass sie ähnliche Erfahrungen machen. Oder es gibt auch Soziopathen, die keinerlei Empathie empfinden oder so geschickt darin sind, sie zu unterdrücken, dass sie sich nie die Mühe machen, die Perspektive von jemand anderem einzunehmen. Und wir alle können so müde, frustriert, wütend oder gelangweilt sein, dass wir unsere empathischen Impulse ignorieren, auch wenn das dazu führt, dass wir uns selbst und andere sich dabei schlecht fühlen.

Woher kommt Empathie? Offensichtlich ist beinahe jeder mit der Fähigkeit geboren, sie zu spüren. Einjährige Kinder können Besorgnis für die Gefühle oder Verlangen anderer ausdrücken.[134] Auch andere Tierarten wie etwa Schimpansen scheinen zu Empathie fähig zu sein.[135] Man muss sich nur eine Fernsehdokumentation ansehen, in der die sanfte Fürsorge gezeigt wird, die solche »Bestien« wie Bären oder Krokodile ihrem Nachwuchs entgegenbringen, um zu begreifen, dass hinter diesem Verhalten eine Form von Empathie stecken muss.

Das Zeigen von Empathie bei Menschen verlangt, dass Individuen die dazugehörigen Erfahrungen machen, wenn sie aufwachsen. Wenn Kinder nie Zeuge sind, wie Erwachsene respektvoll miteinander umgehen, lernen sie das höchstwahrscheinlich auch selbst nicht. Empathie entsteht wie die meisten unserer Eigenschaften aus einer Kombination unserer biologischen Möglichkeiten und den Einflüssen unserer Umgebung. Aus diesem Grund können Gruppen von Menschen sich in puncto Empathiefähigkeit stark unterscheiden, und ihr Ausdruck kann sich innerhalb jeder einzelnen Gruppe mit der Zeit verändern.

Mit einigen Ausnahmen haben die westlichen Religionen der Empathie keine große Bedeutung zugemessen. Sie machen Vorschriften. Sie erstellen einen Verhaltenskodex, der mit den Regeln einer höheren Autorität begründet wird, nicht mit dem Prinzip des Gebens und Nehmens, wie es im menschlichen Zusammenspiel wirkt. Die westlichen Religionen definieren richtiges Verhalten, indem sie die menschliche Natur mit dem Verhalten von mythologischen Figuren, die übernatürliche Kräfte besitzen, gleichsetzen. Beispielsweise wird von den Leuten verlangt, dass sie sich wie die Heiligen oder Jesus verhalten, wenn sie von den Angehörigen der christlichen Gemeinde bewundert werden wollen. Daher stammt der Verhaltenskodex aus dem übernatürlichen Bereich und darf von Sterblichen nicht infrage gestellt werden. Die Wissenschaft dagegen baut fest auf dem Prinzip der Empathie auf. Sie postuliert eine gemeinsame Erfahrung der Welt, denn wie könnten wir uns sonst auf Erklärungen und Nachweise für natürliche Phänomene einigen? Noch wichtiger ist, dass sie den Menschen die Fähigkeit zuspricht, über die Welt zu lernen und Erfahrungen durch Vernunft, Logik, Sprache, Musik und Kunst zu teilen.

Die Fähigkeit zur Empathie ermöglicht es uns, unsere Gesellschaften auf eine nützliche Weise zu organisieren. Weil wir zumindest einige Aspekte unserer selbst in anderen sehen können, leiten wir daraus Möglichkeiten ab, die für uns und für die Gesellschaft als Ganzes gut sind. Damit das aber auch der Fall ist, müssen wir offen dafür sein, die Erfahrungen von anderen als gleichwertig mit unseren eigenen zu betrachten. Dies ist allerdings unmöglich, wenn zu strenge Verhaltensvorschriften bestehen, vor allem wenn diese Vorschriften durch die nicht nachweisbaren »Wahrheiten« aus dem übernatürlichen Bereich belegt werden. Empathie ist die beste Grundlage für menschliche Moral, die wir haben. Sie liefert uns ein festes Fundament für starke persönliche Beziehungen und eine produktive Gesellschaft.

Ich dachte an nichts dergleichen, als ich von meiner gescheiterten Expedition aus Bolivien zurückkehrte, obwohl mir meine Erfahrungen dort gezeigt haben, was passiert, wenn es an Empathie mangelt. Ich wollte einfach Bad Religion zu der bestmöglichen Band machen und gleichzeitig lernen, wie man in der Wissenschaft mit jemandem zusammenarbeiten konnte. Ich fing das weiterführende Studium an der UCLA im Herbst 1987 an und begann gleichzeitig mit neuer Begeisterung, Songs zu schreiben. Ganz egal, was sich in meinem Leben gerade abspielt, ich sammle immer Ideen für Lieder und habe daher stets mein Notizheft oder meinen Skizzenblock in Greifnähe. Sobald mir ein möglicher Songtitel oder eine Idee in den Sinn kommt, wird das auf einer eigenen Seite vermerkt. Dann fülle ich diese Seiten allmählich mit Textstücken oder irgendwelchen Gedanken. Als ich aus Bolivien zurückkehrte, waren da viele Seiten, die von Ideen nur so überquollen. Aber diese Ideen in Songs umzusetzen erforderte Zeit und Ausdauer. Ich wusste auch überhaupt nicht, ob einer meiner Bandkollegen noch Interesse daran hatte, Musik zu machen.

Als Erstes rief ich Greg Hetson an, der ständig mit seiner Band Circle Jerks auf Tour war. Ich fragte ihn, ob er Lust hätte, Bad-Religion-Songs zu spielen. Er war begeistert wie immer, fügte aber hinzu: »Ich kann dafür aber nicht meine ganze Zeit aufbringen, denn die Jerks geben diesen Herbst eine Menge Konzerte.«

Als Nächstes rief ich Brett an. Er war gerade damit beschäftigt, ein neues Studio zu bauen, und arbeitete bis in die Nacht hinein als Tontechniker, um Bands für sein wachsendes Plattenlabel zu gewinnen. Doch auch er hatte, was mich wenig überraschte, wie ich schon daran gedacht, ein neues Bad-Religion-Album aufzunehmen, und lud mich sofort ein, sein neues Studio in Hollywood zu besuchen. Es stellte sich heraus, dass Jay auch ziemlich viel Zeit in dem Studio verbrachte, und so war es kein Problem, ihn dafür zu begeistern, ein paar neue Songs aufzunehmen.

Zu der Zeit lebte ich in der Nähe der UCLA, und von dort waren es etwa acht Kilometer bis zum Studio. Ich hatte einen heruntergekommenen Honda Civic von 1979 – ein Auto, das wie das Auto eines Zirkusclowns aussah –, und meine Freundin (und zukünftige erste Frau) Greta beschaffte mir einen Job am Salatbüfett in dem Restaurant, in dem sie als Kellnerin arbeitete, sodass ich die Kosten für mein Auto bezahlen konnte. Greta bekam immer viel Trinkgeld, ich dagegen war im Gastronomiebetrieb eher faul. Ich verbrachte mehr Zeit damit, mit den Kellnerinnen zu flirten und mit den Barkeepern über Evolution und Philosophie zu reden, als mir Gedanken über die Präsentation des Salatbüfetts zu machen. Da ich meine Aufgaben in puncto Aufräumen und Putzen allerdings angemessen erledigte, wurde ich nicht gefeuert. Trotzdem habe ich es nicht einmal geschafft, zum Hilfskellner befördert zu werden, was ein Beleg dafür ist, wie viel Zeit ich in Gedanken bei der Hochschule war oder wie sehr ich nach Hollywood wollte, um in Bretts Studio abzuhängen.

Jede Nacht, in der es sich anbot, stattete ich Brett einen Besuch ab. Oft war das nach einem anstrengenden Unterrichtstag an der Universität oder wenn ich von der Arbeit im Restaurant wegkam. Egal, zu welcher Uhrzeit oder an welchem Tag der Woche, es gab immer zwei Konstanten: Brett saß hinter dem Mischpult, und irgendein komischer Typ befand sich in der Aufnahmekabine. Brett nahm das Aufnehmen ernster als je zuvor, und die Begeisterung, mit der er mir das vorspielte, was er an dem Tag aufgenommen hatte, beflügelte mich. Manchmal spielte er mir grauenhafte Dinge vor, die meine musikalische Empfindsamkeit beleidigten. Ich erinnere mich an einen Punksänger, der mehrere Stunden immer wieder den eintönigen Refrain »I just can't hate enough«[136] wiederholte, um ihn zu perfektionieren. Ich machte mir beinahe Sorgen, dass Brett sein Gespür für gute Songs verlieren könnte. Aber bei all dem überlegte er sehr gezielt, wie das nächste Bad-Religion-Album besonders gut werden konnte.

Brett hatte seinem Studio den angemessen nebulösen Namen Westbeach gegeben. Aus irgendeinem Grund tragen Aufnahmestudios immer seltsame Namen: Rumbo Recorders, Electric Lady, Ocean Way, Sound City, NRG, Track Record und so weiter. Keiner dieser Namen hat etwas mit der Geografie oder den Besitzern dieser Einrichtungen zu tun. Vielleicht soll das den Künstlern das sichere Gefühl geben, dass ihre Anonymität gewahrt bleibt, wenn sie arbeiten. 1987, als wir an neuen Ideen für ein Bad-Religion-Album arbeiteten, hatten wir so wenig Aufmerksamkeit zu fürchten, wie sich ein Künstler nur wünschen kann. Unsere Szene in L. A. war praktisch tot, und ich wusste nicht einmal, ob wir noch Fans hatten. Trotzdem verbrachte Brett die meiste Zeit damit, im Westbeach junge Bands aufzunehmen, und Greg tourte durch das Land und besuchte kleinere und größere Städte mit einer wachsenden Punkszene. Ich war mir sicher, dass die Leute begierig auf eine Wiederbelebung von Bad Religion warteten.

Westbeach war nicht wirklich ein professionelles Studio. Es war in einem winzigen fünfräumigen Bungalow in einem der schäbigeren Bereiche Hollywoods eingerichtet. Auf der einen Seite des Studios lag ein Industriegelände, auf der anderen Seite ein Parkplatz, der zum Hollywood Boulevard führte. Immer wieder musste eine Aufnahmesession unterbrochen werden, weil der Lärm von den schweren Maschinen des benachbarten Unternehmens bis in die empfindlichen Mikrofone drang. Grundsätzlich war das kleine Haus sehr gut geeignet für Aufnahmen. Jeder Raum war bis zu einem gewissen Grad schallisoliert. Das Wohnzimmer war der Raum für das Schlagzeug, der Eingangsbereich diente als Gesangsstudio, und die Küche war eine Art Lobby. Und der Kontrollraum war ein Gang, der die Küche und das Wohnzimmer verband, gerade lang genug, dass das 24-Kanal-Mischpult darin Platz hatte. Ein Nachteil von Westbeach war, dass die Musiker nicht direkt miteinander kommunizieren konnten. Der Schlagzeuger konnte den Bassisten ebenso wenig sehen, wie dieser den Gitarristen oder den Sänger sehen konnte, der abgeschottet im Eingangsbereich stand. Da Westbeach gemietet war, durften Brett und sein Partner Donnell keine Mauern einreißen und Glasscheiben einbauen, wie es bei besseren Studios die Regel war. Die Kommunikation funktionierte nur über Kopfhörer, die alle Musiker tragen mussten, um die Anweisungen aus dem Kontrollraum zu hören. Handzeichen waren sinnlos. Wenn jemand noch nicht bereit war, wenn der Tontechniker das »Standby«-Kommando gab, musste er entweder ein Mikrofon benutzen oder, was häufiger vorkam, in den nächsten Raum stürmen und, auf- und abspringend, mit den Händen wedeln, um Blickkontakt mit dem Schlagzeuger herzustellen. Wenn der Schlagzeuger aufhörte, wussten auch alle anderen Musiker, dass sie aufhören mussten zu spielen. Nichtsdestotrotz hatte Westbeach eine großartige Atmosphäre und Ausstattung, und da Brett überall selbst Hand anlegte, fühlte es sich für mich und Bad Religion wie ein Zuhause an, ein guter Ort, um kreativ zu sein.

Da Brett sich so sehr auf das Aufnehmen konzentriert hatte, war es ihm gar nicht in den Sinn gekommen, selbst live aufzutreten. Aber im September 1987 wurde uns angeboten, in einem angesagten Szenetreff in Berkeley namens »Gilman Street« zu spielen. Greg Hetson war mit den Circle Jerks anderweitig verpflichtet, und da wir keinen anderen Gitarristen hatten, willigte Brett ein, dieses Konzert zu spielen. (Das war übrigens die Fahrt, bei der wir ausrechneten, wie lange es dauern würde, bis zu einer Million zu zählen.) Das bedeutete, dass wir zum ersten Mal seit vier Jahren in der Originalbesetzung auf der Bühne standen. Das Konzert war ein voller Erfolg. »Gilman Street« war ausverkauft, und es war einfach unglaublich, was für einen genialen Empfang uns die San-Francisco-Bay-Area-Punker bereiteten. Auf der Rückfahrt nach L. A. beschlossen wir, dass sowohl Greg Hetson als auch Brett ab sofort fester Bestandteil der Band sein sollten. Von da an war Bad Religion ein Quintett.

Brett und ich machten uns auf der Stelle daran, eine Reihe von Songs zu schreiben. Manchmal kam er in meiner Wohnung in der West Side vorbei. Aber wir schrieben auch unabhängig voneinander Songs, wann auch immer einer von uns Zeit hatte. Wenn wir uns dann trafen, spielten wir uns gegenseitig unsere Ideen vor, für gewöhnlich auf einer Akustikgitarre, und tüftelten oft noch gemeinsam an den Akkorden herum. Brett und ich waren Fans von Simon and Garfunkel, aber auch von den Everly Brothers, also imitierten wir deren Stil und bastelten an Punksongs mit unverstärkten Instrumenten.

Innerhalb von zwei Monaten hatten wir genug Lieder zusammen, um die Band für abendliche Proben zusammenzutrommeln. Wir versuchten mindestens dreimal die Woche zu proben, wenn Brett und ich uns von unserer Arbeit freimachen konnten. Die Mitglieder der Band waren schon so gespannt auf das neue Material, dass sie bei jeder Probe mit Herz und Seele dabei waren.

Vermutlich hatten wir nie eine optimistischere Phase. Ich war auf einem neuen Trip – der weiterführenden Hochschule – und fand, dass die Beschäftigung mit philosophischen Fragen und die intellektuellen Herausforderungen auch die gedankliche Qualität meines Songschreibens außerordentlich verbesserten. Da mir wichtig war, dass meine neu entdeckten Ideen und Texte allgemein verständlich waren, verwandte ich viel Mühe darauf, mich besser auszudrücken und deutlicher zu singen. Ich investierte in ein transportables Aufnahmestudio, das ich mir von dem Geld kaufte, das ich als Angestellter am Salatbüfett verdiente, und übte meine Fähigkeiten als Sänger mit dem wachsenden Home-Recording-Equipment. So perfektionierte ich die Kunst der Harmonien und der Arrangements. Brett erschuf in seinem Studio mit viel größerem Geschick als irgendeiner unserer bisherigen Tontechniker oder Produzenten Sounds. Er hatte seinen Abschluss als Tontechniker erworben und setzte alles daran, mit seinem Wissen die Band im Studio besser klingen zu lassen als je zuvor. Und auch er war durch die Leitung seines neuen Plattenlabels und durch seine aufblühende und unersättliche Liebe zur Literatur intellektuell gefordert. Die ganze Band wurde durch die neue intellektuelle Aktivität bestärkt. Der Erfolg bei unserem Konzert im»Gilman Street« hatte uns gezeigt, dass»da draußen« ein Publikum nur darauf wartete, wachgerüttelt zu werden. Wir setzten also einen Aufnahmetermin fest, und als das Datum näher rückte, wurden unsere Proben regelmäßiger und länger.

Obwohl die Reise durch den Regenwald hinter mir lag, ließen mich die tiefen Gefühle, die ich in Bolivien empfunden hatte, nie los. Ich erinnerte mich an die langen Tage und Nächte voller Einsamkeit. Die elende Stille der tropischen Hitze ist für die, die nur die trockenen Winde Südkaliforniens gewöhnt sind, schwer zu beschreiben. Im Dschungel ist man ständig von Feuchtigkeit eingehüllt wie von einer Daunendecke. Es wird immer nur schlimmer, da sich die Feuchtigkeit auf der Haut ansammelt. Trotzdem fühlte ich mich privilegiert, dass ich in einem der letzten Wildnisgebiete, die es auf diesem Planeten noch gibt, arbeiten durfte. Trotz all der Widrigkeiten, die ich erlitten hatte, war ich mir stets dessen bewusst gewesen, dass die Geheimnisse des Lebens sicherlich eher im Wald enträtselt werden können als in dem Betondschungel einer Metropole.

In einem meiner Notizbücher aus der Zeit der Feldstudien schrieb ich:»Der Geschäftsmann, dessen Masterplan jeden Tag die Welt beherrscht, ist blind für die Anzeichen für den langsamen Verfall seiner Art.« Ich schlug das als textliche Untermauerung des Songs vor, der zum Titelsong unseres Aufnahmeprojekts werden sollte. Die anderen Songtexte waren gleichzeitig geprägt von der Enttäuschung über die Art und Weise, wie die Punkszene sich vor Jahren aufgelöst hatte, und der Hoffnung auf eine aufgeklärtere Anschauung, von der wir hofften, dass die Szene sie sich zu eigen machen würde. Brett und ich entschieden, dass wir das Album *Suffer* nennen würden.

Bei unseren Proben spielte die Band so gut zusammen und mit solcher Kraft, dass wir das Aufnahmedatum ein paar Tage vorverlegten, um unseren Enthusiasmus nicht zu verlieren. Manchmal können zu viele Proben einer Darbietung auch die Lebendigkeit rauben. Wir wollten die wichtigen Stücke aufnehmen, solange sie noch frisch und unverändert waren. Ich werde nie vergessen, wie aufgeregt ich am ersten Tag unserer Aufnahmesessions für *Suffer* war. Brett verwandte mehr Sorgfalt als sonst darauf, die Mikrofone aufzubauen. Und sein zuverlässiger Studiopartner Donnell verbrachte Stunden damit, Mikrofone vor einer Trommel oder vor einer Lautsprecherbox geringfügig zu verschieben, während Brett auf die kaum wahrnehmbaren Veränderungen in der Klangfarbe oder im Ton achtete, bis sie schließlich die perfekte Position gefunden hatten. Für mich war das alles neu. Ich lernte bereits vom Zusehen viel über Tontechnik. Gleichzeitig konnte ich es kaum erwarten, die Songs endlich zu spielen.

Nach ermüdenden Stunden, in denen jeder einzeln spielte, spielte die Band endlich zusammen. Ich konnte kaum fassen, was ich da über meine Kopfhörer zu hören bekam. Die Klarheit der Instrumente, die Aufteilung und der Raum, der durch die Stereowiedergabe entstand, und schließlich die Frische meiner eigenen Stimme klangen anders als alles, was ich bisher gehört hatte. Der erste Song, den wir aufnahmen, war »Land of Competition«, meine Hommage an die Rückkehr nach Los Angeles. Anfangs konnte ich gar nicht singen, weil ich vor lauter Freude über das, was ich hörte, grinsen und sogar lachen musste. Während wir die Stücke aufnahmen, waren wir alle voneinander getrennt, aber als wir in den Kontrollraum gingen, um uns die Wiedergabe anzuhören, grinsten Brett und Donnell wie Wahnsinnige. Dieses überwältigende und ungeheuerliche Gefühl, wenn ein fantastisches Stück im Studio entsteht, lässt sich mit nichts vergleichen. Es ist eine einmalige Freude. Der Aufnahmeprozess ist teils Wissenschaft, teils Darbietung und teilweise reines Glück. Wir machen jedes Mal, wenn wir ins Studio gehen, darüber Witze: Es ist »geplante Spontanität«. Die Aufnahmen für *Suffer* vermittelten uns ein absolutes Hochgefühl. Wir brauchten keine Drogen, um weiterzumachen – wir waren die ganze Zeit nur von der Aufregung high. Brett produzierte Sounds, die keiner von uns je zuvor auf einem Punkalbum gehört hatte, und ich brachte Harmonien zustande, die wirkten, als wären sie gerade vor Ort entstanden. Jedes Bandmitglied spielte so, als würde es etwas Neues über sich selbst entdecken. Es war, als würden wir all die Kreativität freilassen, die sich in den Jahren Inaktivität angestaut hatte. Die Aufnahmen dauerten die ganze Nacht. Wir schliefen dann tagsüber, und mittags trafen wir uns erneut zu einer weiteren Aufnahmerunde. Es war ein ungebremster kreativer Strom, der unseren gesamten kollektiven Geist und Ehrgeiz forderte. Das ganze Album war innerhalb von sieben Tagen aufgenommen und abgemischt, eine beachtliche Leistung.

Das Album wurde schließlich weltberühmt und zog eine Reihe von Alben und Touren nach sich. *Suffer* wird oft dafür gerühmt, dass es die schlummernde Punkszene in Südkalifornien wiederbelebt hat. Viele der Punkmusiker, die später weltweit erfolgreich waren, darunter auch die Anführer der »Grunge«-Bewegung in den frühen 1990ern, gaben zu, dass sie von diesem und den folgenden Alben in hohem Maße beeinflusst wurden. *Suffer* wurde 1988 in zwei der zu dieser Zeit einflussreichsten Punkmagazinen, *Flipside* und *Maximum Rock'n'Roll*, zum Album des Jahres gekürt, und beide druckten Jerry Mahoneys Bild, das einen von Flammen eingehüllten Punk-Teenager in einer öden Vorstadtsiedlung zeigt, ab. Es war ein enormer kreativer und kommerzieller Erfolg. Aber wie ich aus meinem Studium der Evolution weiß, kann Erfolg auch unerwartete Fallstricke mit sich bringen.

+

Als ich in diesen Tagen auf dem Sunset Boulevard zwischen der UCLA und Hollywood hin- und herfuhr, war ich permanent in Gedanken. Ich war Haupttutor für den herkömmlichen vergleichenden Anatomieunterricht geworden, was bedeutete, dass ich dafür verantwortlich war, einem Haufen Medizinstudenten beizubringen, dass das Verständnis der Evolution auch für Ärzte von Belang war. Mir gefiel der Austausch mit den Medizinstudenten, weil sie meistens ungeduldig darauf warteten zu erfahren, welche Bedeutung das Gewebe und die Organe von »niedrigeren« Tieren für sie in Bezug auf ihr Lieblingstier, den Menschen, hatten. Ihre Wissbegierde zwang mich, klassische Embryologie zu büffeln und alle möglichen historischen Evolutionserklärungen zu studieren. Gemäß der Vorhersage meines Betreuers – »Du beherrschst ein Thema nie richtig, bis du es unterrichten musst« – musste ich enorm viel lernen.

Die Musik war für mich dann immer eine willkommene Abwechslung zur akademischen Eintönigkeit. Immer wenn ich nachmittags in der biomedizinischen Bibliothek in dem Raum mit den seltenen Büchern zu unruhig wurde, flitzte ich durch die Kurven und über die Ampeln des Sunset Boulevard, um Brett im Studio zu besuchen. Nach der Veröffentlichung von *Suffer* verschwendeten wir nicht viel Zeit, wir schrieben weiter und nahmen ein neues Album auf, *No Control*, und danach gleich ein drittes mit dem Titel *Against the Grain*. Wir brachten diese drei Alben innerhalb von zweieinhalb Jahren heraus, und jedes war ausgeklügelter als das davor. Ich floh beinahe jeden Tag von der Hochschule und deckte dann meinen Bedarf an Studioaktivität. Manchmal waren andere Bands gerade mit Aufnahmen beschäftigt, an anderen Tagen spielte Brett mir neue Songideen vor. Oft hatte ich Kassetten mit Aufnahmen aus meinem transportablen Heimstudio dabei, die ich ihn hören ließ. Wir hatten auch einen Proberaum für die ganze Band, in dem wir viele angenehme Abende verbrachten und an neuen Songs arbeiteten. Trotzdem war ich jeden Morgen wieder auf dem Campus, nahm am Unterricht teil, kam meinen Lehraufgaben nach und betrieb Nachforschungen für meinen Abschluss.

Ich kenne eine Menge Leute, die sich ständig im Kreis drehen und zwischen verschiedenen Projekten hin- und herschwanken, ohne je vorwärtszukommen (mein Freund Ron nennt das »ewiges Planen«, man spinnt immer Pläne, führt sie aber nie aus). Das Hin und Her zwischen Musik und Wissenschaftsbetrieb funktionierte bei mir allerdings wunderbar und ist bei mir schon zur Gewohnheit geworden, die ich immer noch praktiziere. Sobald ein Bereich zu langweilig wird, stürze ich mich mit voller Energie in den anderen. Wenn ich dabei nicht in beiden Bereichen vorangekommen wäre, könnte man mir eventuell vorwerfen, dass ich ein zielloser Dilettant sei. Aber ich entwickelte mich sowohl in meinen Studien als auch im musikalischen Bereich weiter. Vielleicht bin ich einfach zu nervös und schlichtweg unfähig, länger still zu sitzen. Während der drei Jahre, während deren ich an meinem Master-Abschluss an der UCLA arbeitete, führte ich eine vollständige dreijährige Feldforschung in den Bergen Colorados durch, schrieb eine Abschlussarbeit über die früheste Umgebung der Wirbeltiere, gab neun Kurse in vergleichender Anatomie, Evolution und Paläontologie, nahm drei Alben auf und tourte mit der Band durch die Vereinigten Staaten und Europa.

Das erforderte einen flexiblen Zeitplan. An der UCLA gab es das Quarter-System,[137] was bedeutete, dass im Sommer kein Unibetrieb stattfand, sondern erst wieder im Oktober. Ich konnte also einen Monat lang von Ende Mai bis Ende Juni Feldforschung betreiben und hatte dann immer noch Zeit, um mit der Band zu touren, bevor es mit der Uni weiterging. Das Jahr 1988 war besonders hektisch. Ich weiß noch, dass meine zukünftige Schwiegermutter während der Ferien einmal zu mir sagte:»Kannst du nicht einfach einmal still sitzen und diesen wunderschönen Nachmittag genießen?« Heute denke ich, dass sie mir damit zu verstehen geben wollte, dass ich ihrer Tochter etwas mehr Zeit und Aufmerksamkeit widmen sollte, aber damals war ich zu unsensibel, um das zu bemerken. Das, was mich im Moment am meisten interessierte, waren die fantastischen Klippen in der Nähe, die ich besteigen wollte. Meine zukünftige Schwiegermutter wohnte im North County des Bezirks San Diego, direkt am Strand, nur eineinhalb Kilometer von dem fossilienhaltigen Gebiet bei Del Mar entfernt. Ich hatte tatsächlich viel mehr Interesse an Fossilien als daran, einen Nachmittag ruhig mit

Sonnenbaden, Rumsitzen und Plaudern zu verbringen. Nichtsdestotrotz heiratete ich Greta im Sommer 1988. Und binnen eines Monats machte Bad Religion sich zu unserer ersten Tour durch die gesamten Vereinigten Staaten auf. Leute, die tourende Musiker heiraten, müssen stark, vertrauensvoll und selbstsicher sein. Erstaunlicherweise finden sich genau diese Eigenschaften bei denen, die in der Musikbranche tätig sind, nur in geringem Maße. Damals, als junger Student, war ich da keine Ausnahme. Ich wusste, dass meine Rolle als Sänger und Songschreiber mit meinen akademischen Ambitionen und meinem häuslichen Leben immer mehr in Konflikt geraten würde, wenn unsere Alben in größerem Umfang vertrieben würden und die Band mehr und mehr Angebote bekommen würde, auch an weit entfernten Orten zu spielen. Doch ich glaubte, dass ich das hinbekommen würde. Nach der Rückkehr von unserer dritten Europatour zog ich mit Greta in die ruhige Stadt Ithaca im Bundesstaat New York, um an der Cornell-Universität ein Doktorandenprogramm anzufangen. Niemand in der Band war verärgert, dass ich L. A. verließ. Ich hatte versprochen, weiter Lieder zu schreiben und immer zurückzukommen, wenn es Zeit war zu proben oder etwas aufzunehmen. Zur gleichen Zeit plante Jay, nach Vancouver zu ziehen. Wir waren alle ziemlich zuversichtlich, dass wir anderen Interessen nachgehen und dennoch Bad Religion am Leben erhalten konnten. Schließlich legten die meisten Bands öfter mal zeitweise Pausen ein, genau wie Sportmannschaften, und die Mitglieder der meisten Bands, die international touren, leben an unterschiedlichen Orten. Doch das Gemisch aus Doktorarbeit, Unterrichten, Musikschreiben, Reisen nach L. A. für die Aufnahmen und Tourneen forderte seine Opfer.

Wie all diese Geschichten, die sich um den berüchtigten Punkaufruhr im El Portal Theatre am 29. Dezember 1990 ranken, entstanden sind, ist mir schleierhaft. Ich war damals ein rechtschaffener Exilant aus L. A. und mühte mich damit ab, als Doktorand an der Cornell-Universität meinen Weg zu finden. Ich fühlte mich einsam und verlassen, als ich kurz nach Weihnachten einen Anruf von meinen Bandkollegen erhielt, die mich aufforderten, für ein Konzert in einem Theater in Nordhollywood nach L. A. zu kommen. Aufgrund unseres Erfolgs bei unseren Touren durch Europa und die Vereinigten Staaten in den vergangenen zwei Jahren war ich eigentlich der Überzeugung, dass Bad Religion eher in einem der erstklassigen Rockschuppen der Stadt spielen sollte als in einer für ein chaotisches Wochenende gemieteten Halle. Trotzdem verkürzte ich meine Weihnachtsferien und flog los, um das Konzert zu geben, entschlossen, am Morgen nach dem Konzert zurückzufliegen, um mich auf ein weiteres Semester voller Lehre im Labor und das Aufbaustudium vorzubereiten.

Wie es meine Gewohnheit war, tauchte ich erst in dem Laden auf, als die Vorbands Pennywise und NOFX bereits auf der Bühne standen. Als ich im »Backstage-Bereich« ankam (es handelte sich bloß um ein Kino, das nur für eine Nacht für den Bad-Religion-Auftritt gemietet worden war, daher gab es keine Garderobe oder einen Raum für die Künstler), hörte ich eines der Mitglieder von Pennywise ins Mikrofon brüllen. Er redete etwas von der Polizei und wie ungerecht es sei, dass die das Konzert abbrächen. »Was, die brechen das Konzert ab?«, sagte ich zu mir selbst. »Dann habe ich hier ja nichts mehr verloren!« Ich ging zurück zu meinem Mietwagen, und als ich damit um die Ecke bog, sah ich, wie einige wütende Punks die Fenster des Kassenschalters einschmissen. »Wenig einfallsreich«, dachte ich noch. Angesichts der Punkerunruhen, die ich vor beinahe zehn Jahren erlebt hatte, brachten mich der Anblick dieser Punks und ihr Verhalten in dieser Dezembernacht 1990 nicht aus der Fassung.

Als ich wieder in meinem Hotel war, sah ich mir vor dem Schlafengehen noch die Spätnachrichten an. Der Nachrichtensprecher sagte: »Nach der Werbepause informieren wir Sie über den Aufstand in Nordhollywood, in den die Heavy-Metal-Band Bad Religion verwickelt war ...« Mein Erstaunen darüber, dass meine Band in den Fernsehnachrichten erwähnt wurde, wurde sehr schnell von Verärgerung überschattet. »Heavy-Metal-Band!?«, wunderte ich mich. »Wir haben nie Heavy Metal gespielt.«Ich sah mir den ganzen Beitrag an und erkannte entsetzt, dass sich das, was mit einem eingeworfenen Fenster des Kassenschalters angefangen hatte, in einen ausgewachsenen Aufstand mit Polizeiautos, Festnahmen und furchtbarer Gewalt verwandelt hatte. Trotzdem ging ich an diesem Abend schlafen, ohne einen einzigen Anruf von meinen Freunden oder meiner Familie erhalten zu haben.

Sobald ich am nächsten Tag in Ithaca aus dem Flugzeug stieg, suchte ich einen Fernseher, weil ich wissen wollte, ob es auf CNN irgendwelche Neuigkeiten zu dem Thema gab. Erstaunt musste ich feststellen, dass der Bad-Religion-Aufstand auch in den Landesnachrichten Erwähnung fand. Der Beitrag wurde den ganzen Abend über jede halbe Stunde wiederholt.»Heavy-Metal-Band Bad Religion hat zu viele Karten verkauft, Brandschutzbeauftragter musste Konzert absagen, Polizei wurde gerufen, es kam zu einem Aufstand.« Wir hatten zu der Zeit weder einen Manager noch einen Pressesprecher, der die Medien hätte informieren können. Die Geschichte wurde einfach zum Selbstläufer. Da der Veranstalter, der zu viele Karten verkauft hatte, sich dazu nicht äußerte, schusterten sich die Journalisten ihre Geschichte eben so zusammen, wie es ihnen passte. Natürlich hatten wir nichts mit den Kartenverkäufen zu tun, aber unser Name war bekannter als der des Veranstalters oder des Kinos, also wurde das Ganze zum Bad-Religion-Aufstand.

Damals befasste ich mich selten mit den geschäftlichen Angelegenheiten, ich konzentrierte mich lieber auf meine akademische Arbeit und wusste auch nur wenig über kommerzielle oder Verwaltungsangelegenheiten. Ich wollte daher der Aufstandgeschichte einfach ihren Lauf lassen und weiter an meinem Doktor arbeiten. Mir war allerdings nicht klar, dass unsere Fans extrem verärgert waren. Sie dachten, dass wir sie betrogen hatten. Da wir keine Stellungnahme zu dem Aufstand abgaben, glaubten sie, dass wir das Geld eingesackt und uns damit aus dem Staub gemacht hätten. Wenn wir das Ganze einfach so hätten weiterlaufen lassen, dann hätte das unseren Ruf und unsere Karriere ruinieren können.

Doch Brett handelte ziemlich klug. Er forderte, dass der Veranstalter seiner Verpflichtung uns und unseren Fans gegenüber nachkam. Wir schuldeten unseren Fans ein Konzert, und sie besaßen Karten für einen Auftritt von uns. Brett empfand die chaotischen Turbulenzen um den Aufstand als Gelegenheit, etwas Gutes nicht nur für unsere Fans, sondern auch für die Band zu tun.

Brett bestand darauf, dass die ausgegebenen Karten gültig blieben und dass das Konzert an einen renommierten Veranstaltungsort verlegt wurde, der dreimal größer war als das behelfsmäßige »El Portal«. Der Veranstalter war einverstanden, und am nächsten Tag wurde über lokale Radiostationen verkündet, dass Bad Religion in zwei Wochen im »Hollywood Palladium« auftreten würde, einem heiß begehrten Veranstaltungsort für international erfolgreich tourende Bands.[138] Es wurde weiter angekündigt, dass alle Karten aus dem »El Portal« ihre Gültigkeit behielten und dass zusätzliche Karten verfügbar waren.

Die Werbung im Radio wirkte: Innerhalb einer Woche waren die 3500 Karten – so viele Leute fasste das »Palladium« – ausverkauft. Diejenigen, die eine der 1000 Originalkarten aus dem »El Portal« besaßen, fühlten sich privilegiert und nicht über den Tisch gezogen, während die anderen 2500 Leute gespannt darauf waren, was für eine Band diesen ganzen Wirbel ausgelöst hatte. Das ausverkaufte Konzert im »Palladium« verhalf Bad Religion zu einer öffentlichen Wahrnehmung, die nie wieder verschwand. Wir wurden als seriöse Band angesehen, die kommerzielles Potenzial besaß und eine wichtige Rolle in einem wachsenden Musikgenre für sich reklamierte. Vor den Unruhen hatten wir nie als Hauptact auf einer großen Bühne gestanden, sondern immer nur als Vorband für berühmtere nationale Bands, die in L. A. vorbeikamen. Wir hatten zwar wiederholt betont, dass wir uns durchaus in der Lage sähen, große Läden zu füllen, aber kein Veranstalter war bereit gewesen, das Risiko auf sich zu nehmen. Sie behandelten uns wie etwas zu selbstüberzeugte Kinder, die keine Ahnung vom Musikgeschäft hatten. Wir mussten uns damit zufriedengeben, die zweite Wahl zu sein, während bekanntere Bands uns als Vorband buchten, um unsere Fans anzusprechen.

Im Januar 1991 veränderte sich diese Einschätzung endlich und ist seitdem so geblieben. Der Aufstand hatte unerwartet zu einer kurzzeitigen Katastrophe geführt, die Brett aber zum Wohle aller Beteiligten zu einem großen Erfolg verwandelte – für die Band, die Fans und für den Veranstalter. Das Leben ist voller plötzlicher, unerwarteter und drastischer Veränderungen, die durch lange Zeitabschnitte mit vorhersehbaren und ruhigen Erfahrungen voneinander getrennt sind.

Selbst in den erfolgreichsten Momenten lauert die Tragödie im Hintergrund und wartet nur darauf, uns zu überraschen. 1994, nachdem wir zur führenden Punkband in Los Angeles geworden waren, erfuhr ich, dass Brett nach 15 gemeinsamen Jahren die Band verlassen wollte. Das war ein geradezu unwirklicher Moment. Ich war zu der Zeit an der Cornell-Universität und in ein Hochschulforschungsprojekt über die Evolution von Knochen involviert. Zur gleichen Zeit traf ich mich mit namhaften Produzenten in New York und verhandelte mit großen Plattenlabels. Die Band hatte gerade ihr Major-Label-Debüt vollendet, nachdem wir bei Atlantic Records und Sony International unterschrieben hatten. Als unser neues Album veröffentlicht wurde, bekamen wir Angebote, in diesem Sommer bei einigen der größten Festivals in Europa als Headliner aufzutreten. Ich hatte erst vor Kurzem ein Haus in Ithaca gekauft und war ganz damit beschäftigt, es einerseits zu einem Hort der Produktivität zu machen – es enthielt ein komplettes Heimstudio –, aber auch zu einem angenehmen und funktionalen Ort für meine Familie. Ich malte es mir als das Wunderland einer musikalischen Familie aus, so in etwa wie eine Punkversion des Jackson-Anwesens oder vielleicht eher noch wie Frank Zappas »Utility Muffin Research Kitchen«.[139]

Wenn ich heute allerdings auf diese Zeit zurückblicke, erkenne ich deutlich auch ihre Schattenseiten. Beinahe unmerklich hatte sich mein Leben in ein kompliziertes Labyrinth aus Deadlines, Konferenzen und Verpflichtungen verwandelt. Das Projekt, das ich an der Hochschule angefangen hatte, verlangte Hunderte und Aberhunderte Stunden an Forschung sowohl mit einem Licht- als auch mit einem Elektronenmikroskop, und ich brauchte zwei Jahre, um damit umgehen zu können. Von meiner Doktorarbeit wurde natürlich auch wesentlich mehr erwartet als von einer Masterarbeit. Und dann, irgendwann im dritten Jahr der Beschäftigung mit meiner Doktorarbeit, kamen die Angebote von den großen Labels. Wenn man zu einem Major-Label gehört, bedeutet das tägliche Telefongespräche mit dem Bandmanager, permanente Anrufe von der Kreativabteilung des Labels und viele weitere neue Verpflichtungen. Sowohl Sony als auch Atlantic hatten engagierte Teams, die die Sache Bad Religion voranbrachten, aber alle brauchten Anweisungen vom »kreativen Zentrum«, das Brett und ich darstellten.

Ich dachte zunächst, dass ich das alles hinbekäme. Ich traf mich alle paar Monate mit dem Beratungsausschuss, und meiner Arbeit an den Mikroskopen ging ich zwischen den Konferenzgesprächen und den Reisen nach New York oder Kalifornien nach. Die Touren wurden kurz gehalten, außer im Sommer, wenn kein Unibetrieb war. Aber auch im Sommer dauerten unsere Touren höchstens sechs Wochen, dann nahmen wir uns drei Wochen zur Erholung frei, doch in dieser Zeit eilte ich zurück ins Mikroskopielabor, um in endlosen Stunden die verlorene Zeit wieder aufzuholen.

Allmählich bildeten sich jedoch in beinahe jedem Projekt, an dem ich beteiligt war, Risse. Unser Bandmanager bekam neue Stellenangebote, weil sich herumsprach, dass er dabei geholfen hatte, Bad Religion auf dieses Niveau zu bringen. In dieser Zeit redeten Brett und ich kaum mehr miteinander. Er war nicht einverstanden mit der Richtung, in die die Band sich entwickelte. Außerdem wurde das Label, das wir zusammen ins Leben gerufen hatten (Epitaph Records) und an dem er so unermüdlich arbeitete, um es zu einem professionellen Unternehmen zu machen, endlich enorm erfolgreich. Bretts Fähigkeiten im Studio führten dazu, dass er Bands wie The Offspring, NOFX, Pennywise und Rancid unter Vertrag nehmen konnte, allesamt Bands, die Hitalben hatten, und auch die Bad-Religion-Alben verkauften sich sehr gut. Der ganze Bereich des Plattenmachens und -verkaufens erforderte von Brett in seiner Rolle als Labelchef ein Vollzeitengagement. Bretts Leben war genau wie meines extrem kompliziert geworden. Eines Nachts rief er mich an und sagte:»Greg, ich habe mich mit den anderen zerstritten und steige aus der Band aus.« Er benutzte den Streit als Vorwand, damit er mich nicht auf seine Liste der Gründe für den Ausstieg aufnehmen musste, aber ich wusste, dass auch unsere mangelnde Kommunikation ein Grund war.

Ich hatte das Gefühl, dass meine Welt zusammenbrach, als ich den Anruf von Brett erhielt. Die Zeit des großen Erfolges schlug augenblicklich um in eine Zeit großer Niedergeschlagenheit. Ich hatte extrem viel zu tun und versuchte, mich so gut wie möglich mit meiner angespannten Ehe und meiner frischen Vaterschaft auseinanderzusetzen. Und jetzt kam zu allem Überfluss auch im kreativen Teil meines Lebens eine riesige Krise dazu: Wie sollte Bad Religion ohne Brett weitermachen?

Ich dachte nie daran, selbst die Band zu verlassen, und beschloss für mich, dass wir das weitermachen mussten, was wir gemeinsam begonnen hatten. Ich wollte mein Leben unverändert fortsetzen und meinen Glauben auf andere Dinge richten. Ich ergriff die Gelegenheiten, wenn sie sich boten, ohne mir über die größeren Zusammenhänge Gedanken zu machen. Außerdem waren wir vertraglich verpflichtet, drei weitere Alben zu machen. Ich war überzeugt, dass mir das Schreiben und Aufnehmen von Musik im Blut lag, und wollte nicht zulassen, dass Bretts Ausstieg mich von etwas abhielt, das ich liebte. Abgesehen davon, hatte ich eine neue Hypothek aufgenommen, besuchte die weiterführende Hochschule und musste eine Familie ernähren. Meiner Überzeugung nach konnte mir eine Musikkarriere all das bieten, was ich brauchte, um gleichzeitig ein glückliches und verantwortungsvolles Leben zu führen.

Allerdings wurden die Risse größer. Weil das Touren, die Vermarktung und das Songschreiben so viel Zeit in Anspruch nahmen, musste ich meine Forschungsarbeit aussetzen. Mein Beratungsausschuss hatte Verständnis dafür und gewährte mir eine Beurlaubung auf unbestimmte Zeit. (Es dauerte sechs Jahre, bis ich die Arbeit an meiner

Dissertation wieder aufnahm.) Dann fand der Manager von Bad Religion endlich seinen Traumjob und kündigte.

Die größte Katastrophe war, dass Greta und ich uns kurz nach der Geburt unseres zweiten Kindes scheiden ließen. Das war eine große Tragödie in meinem Leben. Ich habe nie bereut, mit welcher Energie und welcher Entschlossenheit ich mich der Musik und meinem akademischen Werdegang gewidmet habe, aber es gibt viele andere Dinge aus dieser Zeit, die ich durchaus bereue. Damals war ich noch nicht reif genug zu erkennen, was meine häufige Abwesenheit mit sich brachte oder was meine Leidenschaften für meine Frau bedeuteten. Das Leben bot mir in einem alarmierenden Tempo Gelegenheiten und Verpflichtungen, und ich glaubte, dass ich mich richtig und gut verhielt, wenn ich versuchte, das alles zu schaffen und auszuhalten. Das, was ich für gutes Funktionieren hielt, war de facto nur die Illusion einer Ordnung. In meiner Ehe gingen viele Dinge schief, doch ich glaubte, dass ich gut mit den unausweichlichen Anspannungen umgehen könnte. Seit meiner Scheidung stehe ich der Denkweise, dass alles funktionieren muss, kritisch gegenüber. Ich bin zu dem Schluss gekommen, dass die einzige Möglichkeit, durchs Leben zu gehen, die ist, dass man die Bedürfnisse anderer respektiert und dabei eine Menge Fehler und Unzulänglichkeiten akzeptiert.

In einem sehr kurzen Zeitraum von weniger als zwei Jahren erlebte ich einen Umbruch, der die Gestalt und Richtung meines Lebens für immer veränderte. Ich hörte natürlich nicht auf, Vater zu sein. Ich war überzeugt, dass ich ein guter Vater war, und ich liebe es, einer zu sein, ungeachtet der Scheidung und meines hektischen Zeitplans. Ich glaubte auch, dass ich als Songschreiber noch mehr schaffen konnte, trotz Bretts Abwesenheit. Ob ich meine Ziele erreicht habe oder nicht, ist dabei irgendwie nebensächlich. Das Wichtige ist, dass ich weiterhin das machte, was ich gern tat. An erster Stelle kamen die Kinder, an zweiter die Band und meine Ausbildung an dritter. Indem ich für mich die Prioritäten so setzte und mich auch entsprechend verhielt, gab ich der Möglichkeit Raum, dass sich aus einer Tragödie etwas Gutes entwickeln konnte.

Wie bei den Turbulenzen um den Punkeraufruhr führte auch dieser tragische Umbruch in meinem Leben beruflich (und auch in meinem Familienleben) zu einigen guten Dingen. Da ich der einzige Songschreiber in der Band war, war mir bewusst, dass ich im Studio eine weitere kreative Stimme brauchte. Die Label waren sehr hilfreich und unterstützten die Band darin, berühmte Produzenten – wie Ric Ocasek und Todd Rundgren – anzuheuern, die mir eine Menge beibrachten. Außerdem stieg unser hervorragender Gitarrist Brian Baker während dieser unruhigen Zeit bei uns ein. Und die Band erfuhr in dieser Zeit auch ihre größte weltweite Aufmerksamkeit und hatte die erfolgreichsten Touren.

Hätten wir all das auch erreicht, wenn es die chaotischen Schwierigkeiten mit Bandmitgliedern, Managern und Familien nicht gegeben hätte? Vielleicht, aber das ist meines Erachtens eine müßige Frage. Auch in der Evolution ist die Frage »Was wäre, wenn?« irrelevant. Das, was jetzt ist, ist das, womit wir uns beschäftigen, worüber wir nachdenken und was wir genießen sollen. Viele meiner Freunde sagen oft: »Es ist, wie es ist«, und für mich bedeutet das: »Wir können die Zeit nicht zurückdrehen und den Lauf der Geschichte nicht verändern, also lernen wir besser, das zu akzeptieren, was wir haben.«

Viele gläubige Menschen betrachten Naturalisten fälschlicherweise als Leute, die keinen Glauben haben, aber das ist absurd. Jeder glaubt an etwas – das ist Teil der menschlichen Natur. Ich habe auch kein Problem damit zuzugeben, dass ich an etwas glaube, auch wenn sich dieses Etwas von herkömmlichen Glaubensvorstellungen unterscheidet. Erst einmal müssen Naturalisten glauben, dass die Welt verstehbar ist und dass man über Beobachtung, Experimente und Überprüfung zu Wissen über die Welt gelangen kann. Die meisten Wissenschaftler denken nicht viel über diesen Punkt nach. Sie gehen einfach davon aus, dass das stimmt, und wenden sich der Arbeit zu. Aber diese Annahme hat für die meisten Leute eine andere Bedeutung als für Philosophen.

Wenn die Anhänger des Intelligent-Design-Kreationismus beispielsweise im naturwissenschaftlichen Unterricht methodologischen Naturalismus durch theistischen Naturalismus ersetzen wollen, drohen sie damit, diese Annahme aus der allgemeinen Voraussetzung für eine öffentliche Diskussion auszuklammern.

Die meisten Leute, die davon ausgehen, dass die Welt verstehbar und erfassbar ist, glauben auch, dass die Evolution stattgefunden hat, mit allem, was zur Evolution gehört – dem unglaublichen Alter der Erde, all dem unermesslichen Leiden, das ohne Sinn und Zweck stattfindet, der Ziellosigkeit evolutionärer Veränderungen und der Abstammung des Menschen von nichtmenschlichen Vorfahren. Wenn man von der Existenz der Evolution ausgeht, ist das eine intellektuelle, emotionale und moralische Herausforderung. Wie wir gesehen haben, wohnt der Evolution ein anarchisches Element inne. Sie kann nicht kontrolliert oder geleitet werden, außer unter sehr eingegrenzten und künstlichen Bedingungen. Die natürliche Selektion ist ein Teil der Evolution, aber sie ist nicht notwendigerweise der zentrale Teil. Auch Glück und Unglück, zufällige Veränderungen der Umwelt, für die Anpassung ungeeignete Merkmale, die Wechselwirkungen unter Organismen und die natürliche Kreativität der Materie sind alles wichtige Elemente der Evolution.

Aus diesem Grund ist es falsch, Fitness und Anpassungsfähigkeit als Maßstab für den evolutionären Wert anzusehen. Wenn die natürliche Selektion die vorherrschende Kraft des Lebens wäre, wäre die Aussage sinnvoll: »Ich komme mit den Anforderungen des Lebens besser zurecht als du, also sollte nur ich mich fortpflanzen« oder »Meine biologische Überlegenheit rechtfertigt es, dass ich mehr Zugang zu Ressourcen habe als du.« Eine korrekte Einschätzung der Evolution, die ihre Vielseitigkeit und anarchische Pracht würdigt, führt zu einer völlig anderen Reihe von Schlüssen. Wir sind alle entwickelte Wesen, die die Welt auf sehr ähnliche Weise wahrnehmen und auf sie reagieren können. Und trotzdem ist jeder von uns einzigartig, das Produkt einer Reihe nicht wiederholbarer ursächlicher Ereignisse. Angenommen, dass Menschen nicht aufgrund ihrer Biologie oder Fitness nach willkürlichen Bewertungskriterien beurteilt werden können, dann ist davon auszugehen, dass alle Varianten von Menschen gleich viel wert sind. (Zu diesem Schluss gelangt man genauso auf rein ethischer Grundlage.) Keiner von uns hat durch die Evolution gegenüber irgendjemand anderem einen Vorteil, egal, ob er stark oder schwach ist, mit gesundem Körper oder behindert, Mann oder Frau, schwarz, weiß ist oder irgendeine andere Hautfarbe hat. Allein durch die Existenz als Teil der menschlichen Spezies besitzt jede Person automatisch einen angeborenen Wert und Würde.

Oft wird versucht, die Bedeutung der Evolution durch die Behauptung infrage zu stellen, dass sie die Welt sinnlos machen würde. Dabei wird häufig Steven Weinberg zitiert, der in seinem Buch *Der Traum von der Einheit des Universums* schrieb:»Je mehr wir über den Kosmos wissen, desto sinnloser erscheint er uns.«[140] Oder die Vertreter dieser Befürchtung zitieren Richard Dawkins aus *Und es entsprang ein Fluss in Eden: das Uhrwerk der Evolution*:»Das Universum, das wir beobachten, hat genau die Eigenschaften, die wir erwarten sollten, wenn es im Grunde keinen Plan, keinen Sinn und nichts Gutes gibt, sondern nichts als blinde, unbarmherzige Gleichgültigkeit.«[141] Oder sie reißen die Worte des Betreuers meiner Abschlussarbeit, Will Provine, aus dem Kontext, der schrieb:»[Die Evolution lehrt uns] keinen endgültigen Sinn, keinen freien Willen.« Es spielt dabei dann keine Rolle, dass alle drei Autoren an anderer Stelle ausführlich den Wert beschrieben haben, der dem Leben innewohnt.[142] Die Leute, die das naturalistische Weltbild fürchten, greifen gerne zu Beispielen, die die Naturalisten als gefühllose Verdammte dastehen lassen.

Es gibt allerdings einen typischen Fehler in ihrer Argumentation. Sie beziehen Schlüsse, die in einem Bereich gezogen werden, auf einen anderen Bereich, wo ihre Anwendung keine Gültigkeit besitzt. Ich glaube beispielsweise, dass weder die Evolutionsbiologie noch irgendein anderes wissenschaftliches Feld viel über das Phänomen Liebe aussagen kann. Natürlich können wir einiges über die Bedeutung von Hormonen und deren Auswirkungen auf unsere Gefühle lernen. Aber wirken sich die nackten Schlussfolgerungen aus der Evolution irgendwie auf die Liebe aus, die ich für meine Familie empfinde? Führen sie dazu, dass ich eher das Gesetz breche oder den Erwartungen der Gesellschaft trotze? Nein. Es ist einfach ein unzulässiger Schluss, dass die menschlichen Beziehungen sinnlos wären, nur weil wir in einem gottlosen Universum leben, das von den Gesetzen der Biologie bestimmt ist. Die Menschen geben fast jedem Aspekt des Lebens einen Sinn. Dieses Gespür für Sinn und Zweck gibt uns eine Gebrauchsanweisung dafür, wie man ein gutes Leben führt. Diese Anleitung entsteht von sich aus aus den Wechselbeziehungen zwischen Menschen, die in Gesellschaften zusammenleben und die gemeinsam überlegen, wie man am besten zurechtkommt. Das erfordert keinen Gott oder einen heiligen Text. Naturalistisch betrachtet, verlangt das Wissen, das in dem Streben nach einem guten Leben erworben wurde, nach weiterer Beobachtung und Überprüfung. Das Leben befindet sich ständig im Wandel, und wenn man Fehler erkennt, kann das zu ihrer Korrektur führen. Wir sollten das Leben genießen und das Beste daraus machen, nicht, weil wir ständig in Angst davor leben, was in einem mythischen Jenseits passieren könnte, sondern weil wir nur diese eine Gelegenheit zu leben haben.

Es gibt noch einen anderen Aspekt des Lebens, in dem die Menschen glauben müssen. Von einigen wenigen sehr bedauernswerten Menschen ausgenommen haben die meisten an irgendeinem Punkt im Leben eine Liebesbeziehung. Diese Beziehungen überschreiten unsere gewöhnlichen Beziehungen zu anderen Menschen. Empathie ist beispielsweise eine Komponente der Liebe, aber Liebe ist mehr als Empathie. Liebe verändert eine Person. Sie beinhaltet die Bereitschaft, für jemanden besondere Dinge zu tun, die man für andere nicht tun würde. Sie bringt das Beste in den Menschen zum Vorschein, aber ich habe auch gesehen, wie sie das Schlechteste in ihnen hervorbringen kann. Es ist kein Wunder, dass so viele Lieder sich um das Hochgefühl, aber auch um den Herzschmerz der Liebe drehen.

Liebe verlangt Glauben. Im Zusammensein mit denen, die wir lieben, sind Beweise sinnlos. Mein Gefühl der Liebe ist subjektiv und kann von niemand anderem überprüft werden. Als ich Allison traf, die Frau, die ich 2008 heiratete, spürte ich sofort, dass ich mich unbeschreiblich gut fühlte, wenn ich mit ihr zusammen war. Aber es gab keine Möglichkeit, um das Verlangen, das wir füreinander empfanden, zu messen, damit zu experimentieren oder es überhaupt genauer zu verstehen. Liebe ist ein einzigartiges Gefühl und kann nur von der Person erfahren werden, die Liebe empfindet. Die einzige Person auf der Welt, die fähig ist, diese besondere subjektive Erfahrung mit mir zu teilen, ist Allison, diejenige, mit der ich in einer Beziehung lebe.

Liebe enthüllt eine andere Form von Glauben als den Glauben an Gott, den die meisten Religionen verlangen. Sie basiert auf einer Subjektivität, die nur für die beiden Menschen Geltung hat, die behaupten, sich zu lieben. Ich glaube, dass Allison mich liebt, doch ich muss zugeben, dass meine Liebe zu ihr und ihre Liebe zu mir nicht als empirische Fakten überprüft werden können. Liebe ist kein Fakt – sie ist ein permanentes Glücksspiel. Aber ich habe gelernt, dass es Möglichkeiten gibt, seine Chancen zu verbessern. Genau wie bei dem Sprung in den Pit, wenn ich zu Recht darauf spekuliere, dass mein Publikum mich auffangen wird, baut mein Glauben teilweise auf Selbstsicherheit auf und teilweise auf der Art und Weise, wie Allison mir signalisiert, dass unsere Liebe ihr zutiefst wichtig ist. In diesem Sinne bin ich eine gläubige Person.

8. KAPITEL

GLAUBE WEISE

»Ich liebe die Vielfalt der Welt. Ich meine, dass eine Art, die Menschheit, nicht das Recht hat, Teile dieser Schöpfung, dieser wundervollen evolutionären Entwicklung, auszurotten, und dass wir unseren Teil dazu beitragen müssen, das zu erhalten, was die Natur, was die Evolution hervorgebracht hat.«
Ernst Mayr[143]

»Die Naturgeschichte ist immer ein wichtiger Teil meiner Freude an der Welt gewesen. (...) Wenn ich etwas Rätselhaftes sehe oder darüber lese, ist das der Startschuss für ein Stück Wissenschaft.«
John Maynard Smith[144]

Ich erhielt einen Anruf in meinem Hotelzimmer:»Auf dich wartet in der Lobby ein Talent.«»Talent« ist ein Codewort aus dem Rockerjargon. Es heißt übersetzt»gut aussehende junge Frau, die mit einem Bandmitglied schlafen möchte oder, wenn das nicht klappt, wenigstens mit einem Roadie«. Ich war gerade erst von unserem Konzert in Rio de Janeiro ins Hotel zurückgekehrt und hatte einen Weckruf für sieben Uhr morgens bestellt. Es war fast Mitternacht, als mein Tourmanager mich auf meine»Gäste« unten aufmerksam machte. Ich war einsam, weit weg von zu Hause, und die Frauen aus Rio sind sagenumwoben. Aber ich hatte dieses Groupie-Spielchen schon in einer früheren Phase meines Lebens mitgemacht und träumte stattdessen von meinem für den nächsten Morgen geplanten Abenteuer – ich wollte die letzten Reste des atlantischen Regenwaldes sehen.

Seit Brett, Jay und ich mit 15 Jahren Bad Religion gegründet hatten, gaben wir bis zum Alter von 19 Jahren fast ausschließlich in drei Bundesstaaten Konzerte: Kalifornien, Arizona und Nevada. Sexuelle Abenteuer nach Konzerten waren leicht zu haben. Manche wurden Freundinnen, viele waren nur One-Night-Stands. Meistens hatten wir einfach nur viel Spaß in einer Zeit, bevor man sich über HIV Sorgen machen musste.

»Sag ihnen, dass ich nicht da bin«, antwortete ich meinem Manager. »Sie werden die ganze Nacht warten«, erwiderte er, und ich wusste, dass er recht hatte. Die Fans in Südamerika waren wirklich hartnäckig. Sie übernachteten oft in der Zufahrt zum Hotel, das wir gebucht hatten, und empfingen uns schon bei der Ankunft am Flughafen. Auch wenn man vorgab, etwas Wichtigeres zu tun zu haben, warteten sie so lange, bis man ein Foto von ihnen oder eine CD signiert hatte oder, im Falle vieler Frauen, sie mit auf das Zimmer genommen hatte. Anfangs war es mir ein Rätsel, wie sie herausfanden, welches Hotel wir gebucht hatten. Doch irgendwann kam ich dann dahinter, dass in dem Büro, das für die Hotelbuchungen zuständig war, Fans von uns arbeiteten, die nicht lange zögerten, ihre Freunde zu benachrichtigen.

In dieser Nacht ging ich allein ins Bett und wurde wie geplant um sieben Uhr morgens geweckt, um einen Professor und seine Frau zu treffen, beides Biologen an der Universität von Rio de Janeiro. Der Professor an meiner Hochschule hatte für mich einen Tag voller Entdeckungen in den küstennahen Bergen außerhalb der Stadt arrangiert. Kollegen von ihm waren Wissenschaftler an der Universität, und sie genossen die Begleitung von interessierten Besuchern. Außerdem fanden sie es aufregend, mit mir den Tag zu verbringen, nachdem ich ihnen und ihren Promotionsstudenten in der Nacht zuvor Backstagepässe für unser Konzert gegeben hatte. Sie wollten mir ihre Lieblingsstellen an der Küste zeigen und den Tag dann hoch oben in dem küstennahen Regenwald namens Tijuca beenden.

Als ich meine Führer in ihrem Toyota heranfahren sah, huschte ich zum Hoteleingang. »Gregorio!«, rief ein Mädchen hinter einer Säule

in der Lobby hervor, wo sie die ganze Nacht in einem Sessel verbracht hatte.»Warum bist du letzte Nacht nicht heruntergekommen?«
»Ich musste schlafen, weil ich den Tag heute mit Feldforschungen in der *Floresta* verbringen werde.« Zwei weitere Mädchen gesellten sich zu ihr und starrten irritiert auf den Toyota, der draußen im Leerlauf wartete.

Eines der Mädchen bot mir schließlich in gebrochenem Englisch an, mit ihr zu kommen und die Farm ihrer Eltern im Pantanal zu besuchen, einer sumpfigen Gegend in Zentralbrasilien. Kurz schoss mir durch den Kopf, dass in diesem Teil Brasiliens mehr Pflanzen- und Tierarten existierten als irgendwo sonst auf diesem Planeten. Das Pantanal ist schwer zu erreichen, aber bekannt für seine vielfältige Tierwelt, und ich hätte sicher eine gute Zeit mit dem Mädchen in dem abgelegenen Farmhaus verbringen können. Doch ich musste das Angebot ablehnen, da ich ja bereits einen Tag mit interessanten Besichtigungen um Rio herum geplant hatte.

Bis heute frage ich mich, was ich wohl verpasst habe. Welcher andere Mann in der Blüte seiner Jahre würde die Annäherungsversuche einer wunderschönen Brasilianerin abweisen und stattdessen mit Forschern losziehen, um sich Vögel, Bäume, Reptilien und Amphibien anzuschauen? Aber dieser spezielle Ausflug war die Krönung eines Traumes, den ich schon in der Highschool geträumt hatte, als ich Darwins *Die Fahrt der Beagle* las. Damals malte ich mir aus, wie es in den Wäldern wohl sein würde, die er auf seiner abenteuerlichen Reise entlang der Küste Brasiliens gesehen hatte. Heute verschwinden immer mehr tropische Waldbereiche, und das rasend schnell. Die einzige Hoffnung auf Erholung und Erhalt entsteht aus dem Dialog der Öffentlichkeit mit den Leuten, die das Privileg hatten, die letzten Zeugnisse dieser sterbenden Wildnis zu besuchen. Und ich wollte unbedingt an diesen Gesprächen teilnehmen können, und dieser Wunsch hatte absoluten Vorrang vor meinen fleischlichen Gelüsten.

+

Warum müssen wir uns um unsere Umwelt Gedanken machen? Hat das wirklich einen Sinn? Für viele Leute ist die Natur nur ein angenehmer Ort, den man ab und an besuchen kann. Vielen Südkaliforniern dient ein Ausflug an den Strand oder der Blick in den Redwood-Nationalpark als Möglichkeit, mit der Natur in Kontakt zu treten. Die Leute aus dem Hinterland New Yorks fahren zu den Wasserfällen in der Gegend und schätzen sich glücklich, dass sie Zeuge dieser Naturschönheit in all ihrer Pracht werden können. Für sie ist die Natur nur eine Sache, kein Prozess oder eine Quelle der Kreativität. Sie wollen sich um die Natur kümmern, weil sie möchten, dass sie noch genauso da ist, wenn sie zu ihr zurückkehren.

Aber wenn die Natur nur eine Sache ist, kann sie jederzeit wiederhergestellt werden, wenn sie verloren gegangen ist. Dieser Gedanke führt zu einem falschen Gefühl der Beruhigung, als ob es keine Rolle spielen würde, wenn unser unersättlicher Konsum zum Aussterben irgendeiner exotischen Art führt. Indem er die Natur als eine Sache betrachtet, ruht sich der Durchschnittsbürger sorglos darauf aus, dass eine gefährdete Art sicher irgendwo einen ähnlichen Verwandten hat, der als geeigneter Ersatz taugt, wenn sie ausstirbt, oder dass es, wenn ein Lebensraum zerstört wird, genügend Orte gibt, die genauso schön und weniger in Gefahr sind. Diese Sorglosigkeit ist allerdings vollkommen verfehlt. Denn jede Art ist genau wie jedes Individuum das vollkommen einzigartige Ergebnis unwiederholbarer ursächlicher Ereignisse. Jede Art und jedes Individuum entstehen aus einem fortlaufenden natürlichen Prozess. Wie beim Tod oder beim Aussterben ist es nahezu unmöglich, einen Prozess wieder in Gang zu bringen, wenn er einmal zerstört wurde.

Das Wort »Natur« hat heutzutage keine große Bedeutung, alle möglichen Dinge werden als natürlich bezeichnet. Daher können beispielsweise Getränkehersteller behaupten, dass alle ihre Produkte aus »natürlichen« Zutaten bestehen, auch wenn sie zum Beispiel als Süßungsmittel Maissirup verwenden, der aus industriell verarbeiteten Pflanzen hergestellt wird. Was ist noch natürlich an etwas, das zahlreiche industrielle, chemische Prozesse durchlaufen muss, um in ein Getränk zu kommen? Ganz ruhig, versichern sie, es ist alles natürlich.

Ich habe ein ähnliches Problem mit dem Wort »Gott«. Wenn Gott in allem und überall ist, welchen Sinn hat das Wort dann noch? Wenn es alles erklärt, erklärt es nichts. Aber wenn es etwas Wichtiges beschreibt, dann sollte dies für jeden erkennbar und nachprüfbar sein und mit anderen Leuten geteilt werden können.

Aus einer monistischen Perspektive ist die Natur mehr als nur ein Ort. Sie ist alles, was beobachtet werden kann, mit dem man experimentieren kann, das erhalten und gepflegt werden kann. Einige Aspekte der Natur mögen uns immer noch rätselhaft erscheinen, aber das naturalistische Weltbild geht davon aus, dass alle Phänomene beobachtet werden können, dass Experimente dazu gemacht werden können und sie schließlich verstanden werden können. Natürliche Dinge durchlaufen mit oder ohne uns ihre eigene Entwicklung. Natürliches Essen wird vielleicht von Menschen kultiviert, aber es ist aus biologischen Prozessen entstanden, die auch ohne den Eingriff von Menschen stattfinden. Die Pflanzen in einem Wald wachsen mit und ohne den Menschen. Die Natur ist ein biologischer, geologischer, chemischer und physikalischer Prozess. Wir können ihn erschweren, beschädigen, umleiten oder eindämmen, aber wir können ihn nicht stoppen, und wir haben weniger Kontrolle darüber, als wir oft denken.

Ich sorge mich um die Natur, aber ich tue das anders als die meisten Leute. Die Natur ist für mich die Quelle für die sich entfaltende Entwicklung des Lebens. Diese Entwicklung wiederum stellt einen Text dar, der entschlüsselt werden muss. Mit jedem Besuch eines Ortes in der Natur, mit jeder Lektüre eines Ereignisses der Naturgeschichte, mit jedem Studium eines natürlichen Phänomens gelange ich zu neuer Erkenntnis. Die Geschichte wird verständlicher, auch wenn sie keine der Elemente einer klassischen Erzählung aufweist. Es gibt keine Auflösung, keine Hauptfigur, keinen Höhepunkt und kein Ende. Die Geschichte ist veränderbar, und sie ändert ihre Richtung, je mehr wir den Text der Natur lesen lernen und je mehr Text entziffert wird. Etwas über die Natur zu lernen ist eine lebenslange Aufgabe mit einem beinahe unbegrenzten Thema.

Die Menschen sind Teil der Natur, und natürlich liebe ich die Menschen.[145] Die guten geben mir das Gefühl, als wären wir füreinander gemacht. Und selbst die schlechten faszinieren mich – wie bringen sie ihre Handlungen mit dem Geflecht von Beziehungen in Einklang, in das wir alle verwickelt sind? Ich rede hier nicht von der Art Liebe, wie ich sie für meine Familie und meine Freunde empfinde und an die ich so fest glaube, dass ich sie nicht infrage stelle. Ich spreche hier von einer Art Liebe, die für eine Untersuchung offensteht. Wir stehen erst am Anfang, menschliche Verbindungen, gute wie schlechte, und die Beweggründe hinter menschlichen Handlungen zu verstehen. Meine Liebe zu den Menschen hilft mir, meine Neugierde als Naturalist zu befriedigen.

Wenn es kein Schicksal gibt, dann gibt es keine Schöpfung. Es gibt nur Leben und Tod. Mein Ziel ist es, etwas über das Leben zu lernen, indem ich es lebe, und nicht, indem ich einen kryptischen Plan zu entschlüsseln versuche, den der Schöpfer für mich auf Lager hat.

In der Nähe meines Hauses im Hinterland von New York fahre ich oft mit meinem BMW-Motorrad auf den schmalen, unmarkierten Wegen durch eine idyllische Landschaft, die sich in den letzten 200 Jahren kaum verändert hat. Bauernhöfe wechseln sich mit verlassenen Feldern oder Wäldern ab, die früher einmal gerodet wurden, aber jetzt wieder als komplette Wälder nachgewachsen sind. Die Höhepunkte meiner Ausflüge sind tiefe Schluchten, die riesige Bäume beheimaten, die sich an die hohen Schieferwände schmiegen. Diese Schluchten sind zu steil, als dass man die Bäume roden könnte, und die Wälder sind daher seit Tausenden von Jahren nahezu unverändert. Die Verteilung der Bäume an den Hängen hängt in erster Linie vom Sonneneinfall ab. Die dem Norden und Osten zugewandten Hänge weisen einen großen Bestand meines Lieblingsbaums auf, der Kanadischen Hemlocktanne. Die Hemlocktanne gehört zu den Kiefern und ist meist in einer feuchten, kühlen Umgebung anzutreffen, die nur relativ wenig Sonnenlicht abbekommt. Ihre riesigen rötlichen Stämme sind auf den unteren neun Metern fast kahl, dann erst beginnen die ersten Äste. Diese Äste enthalten an ihren Spitzen Millionen winziger, flacher immergrüner Nadeln mit zarten, runden Spitzen. Unter ihnen liegt ein organischer Teppich aus alten Tannennadeln, winzigen Zapfen und Rinde, der jeden Schritt dämpft, wenn man dort entlanggeht.

Ich liebe diese Wälder, so wie ich viele der Wälder geliebt hatte, die ich bisher in meinem Leben glücklicherweise sehen durfte. Ich habe in diesen Wäldern des Bundesstaates New York eine Farm, auf der meine Familie und ich uns an der »Bewegung« zur Wiederherstellung der Umwelt beteiligen. Ich habe das Wort in Anführungszeichen gesetzt, weil dieses Anliegen in unserem Land kein besonders populärer Trend ist. Wiederherstellung der Umwelt ist ein eher selten betriebenes Unterfangen, das für gewöhnlich nur an Universitäten vorangetrieben wird, die gute Umweltprogramme haben, wie etwa die Cornell-Universität.[146] Das Prinzip ist einfach: Wir haben Hunderte Jahre damit zugebracht, die Ökosysteme, die wir als gegeben hingenommen haben, zu zerstören. Jetzt müssen wir Pläne entwickeln, um diese Ökosysteme so gut wie möglich wiederaufzubauen, damit letztendlich die Unversehrtheit der Biosphäre wiederhergestellt wird. Das mag unklar und abstrakt klingen, aber einfache Maßnahmen können in hohem Maße zur Gesundheit des Landes beitragen. Beispielsweise hatten viele der alten Bäume auf unserer Farm mit dem Angriff von »Würgefeigen« zu kämpfen, die sich vor Jahrzehnten ausgebreitet haben, als Holzfäller einige alte Bäume gefällt haben und so die Luftwurzeln der Würgefeige mehr Sonnenlicht abbekamen. Seit ich die Luftwurzeln mit Scheren und Kettensägen entfernt habe – eine anstrengende Handarbeit und auch ein gutes Training –, haben sich die ausgewachsenen Bäume innerhalb eines Jahres prächtig erholt.

Auch auf dem kleinsten Grundstück können gute Taten einiges bewirken. Zum Beispiel lassen sich viele Leute von der Werbung einreden, dass ihr Rasen Chemikalien benötigt, um gesund zu sein, also führen sie dem Boden jede Menge Giftstoffe zu, die das Unkraut zerstören und Tiere töten. Ausgehend von der Überzeugung, dass nur ein ordentlich aussehender Golfrasen, wie er von Profis angelegt wird, ein schöner Rasen ist, sind diese Hobbygärtner der Ansicht, dass es am besten sei, nur eine Grasart zu haben. Aber je mehr Chemikalien dem Rasen zugefügt werden, desto mehr wird die Selbstregulierung von Schädlingen zerstört und desto mehr wird seine Fähigkeit beeinträchtigt, eine Vielfalt an ansprechenden Grünpflanzen auszubilden. Ich habe in 18 Jahren keine einzige Chemikalie auf den Boden gekippt und hatte nie weniger als acht Sorten Gras und »Unkraut«, was auch in Dürrezeiten und bei Kälte grün war. Ich mähe regelmäßig, sodass Pflanzen, die für gewöhnlich als problematisch angesehen werden (wie Löwenzahn) nicht die Oberhand gewinnen. Die hübschen grünen Blätter lassen den Rasen sogar noch fetter wirken. Gleichzeitig ist der Boden ohne Chemikalien voller Insekten und anderer Tiere, die sich durch den Boden graben und wühlen (dieser Prozess wird Bioturbation genannt), wodurch der Boden gut durchlüftet und gesund bleibt. Der Rasen meiner Nachbarn hat in trockenen Zeiten und im Winter dagegen häufig kahle Flecken, wo die Erde hart und verdichtet ist.

In der Natur sind komplexe und ausgeglichene Ökosysteme die Regel. Um ein anderes Beispiel zu bringen: Auch unser Körper kann als ein kompliziertes Ökosystem angesehen werden, das eine Fülle von Geweben und Organen erhält. Diese Gebilde sind zu einem gewissen Grad autonom – beispielsweise können sie einzeln verenden oder hypertrophieren –, aber sie funktionieren auch, indem sie sich gegenseitig beeinflussen, als eine Art Team. Auch wenn alle unsere Organe und Gewebe in ihren Zellkernen dieselbe DNA mit derselben genetischen Information haben, verwenden sie nur einen Teil dieses Codes. Das ist zum Beispiel der Grund, warum die Dermis Kollagen bildet, während die Nase Schleim produziert. Wenn alle unsere Gewebe und Organe zusammenarbeiten, ergibt sich das Ich, ein individueller Organismus.

In und auf jedem von uns leben auch andere Organismen. Bakterien bevölkern zum Beispiel unsere Innereien, unsere Haut und unsere Körperöffnungen. Deren DNA unterscheidet sich von unserer, und sie pflanzen sich nach ihren eigenen Regeln fort. Trotzdem spielen sie eine Rolle dabei, wer wir als Individuen sind. So betrachtet, ist das Ich wie ein Wald oder ein Rasen. Es verfügt über individuelle Bestandteile, die scheinbar autonom funktionieren, aber jeder Bestandteil ist in ein kompliziertes Geflecht von Abhängigkeiten verstrickt. Manche Daseinsformen können zerstört werden, ohne dass das ganze Netz kaputtgeht. Wenn man zum Beispiel einem Menschen eine Niere entfernt oder ein Ohr, ist das so ähnlich wie die Beseitigung von Ulmen aus einem Mischwald oder von Unkraut aus einem Garten. Allerdings sind manche Elemente so lebenswichtig, dass die Existenz des ganzen Geflechts in Gefahr gerät, wenn sie entfernt werden. Das wäre der Fall, wenn der Mensch sein Herz oder seine Leber verlieren würde, in einem pazifischen Regenwald jegliches Nutzholz gefällt oder auf einen total verdichteten Boden frische Rasensaat ausgebracht würde. Wenn scheinbar unwichtige Arten durch übermäßiges Jagen, Überfischung oder »Unkrautbeseitigung« aus einem Ökosystem entfernt werden, kann das Ergebnis ähnlich sein wie beim mutwilligen Entfernen eines Organs aus unserem Körper. Natürlich kann der Mensch auch mit nur einem Lungenflügel leben, aber normalerweise würde jeder doch alles in seiner Macht Stehende tun, um den Verlust seiner Organe zu verhindern. Ich kann den Schaden erkennen, den ich mir selbst durch Sportverletzungen, Passivrauchen oder zu viel Zucker und Koffein zugefügt habe. Aber solange der Schaden nicht zu groß ist, kann ich versuchen, das Ökosystem wiederherzustellen und diese Erkrankungen zu heilen. Ich kann Entscheidungen, die meine Gesundheit betreffen, ebenso vehement vertreten, wie ich auch an unsere Verantwortung für die Umwelt appelliere. Und in beiden Fällen muss ich dabei das Geflecht gegenseitiger Abhängigkeiten beachten.

Es ist natürlich wesentlich schwieriger, einen Wald instand zu halten als einen Rasen, und jeder von uns hat weniger Einfluss auf einen ganzen Wald als auf seine Gesundheit. Aber das Ziel ist dasselbe: die natürlichen Prozesse so gut wie möglich wiederherzustellen, sodass irgendwann der ursprüngliche Zustand wieder erreicht ist, bevor ihnen Schaden zugefügt wurde. Im Falle von Wäldern würde das bedeuten: vor dem Eingriff der Menschen. Wenn wir mit den natürlichen Ressourcen sorgsam umgehen, müssten wir nicht so viel Zeit, Energie und Geld darauf verwenden, um einen Idealzustand anzustreben, der höchstwahrscheinlich nicht nachhaltig und letztendlich gesundheitsschädlich wäre. Um auf diesem Planeten überleben zu können, müssen wir die wichtigen natürlichen Prozesse und ihre Funktion in der Biosphäre entdecken und herausfinden, welche von ihnen aus dem Gleichgewicht geraten und womöglich für die Menschen gesundheitsschädlich sind. Diese Prozesse gilt es dann so wiederherzustellen, dass sich selbst regulieren und auf lange Sicht zum Wohl unserer Spezies beitragen.

Die praktische Umsetzung dieser Verantwortung beginnt zu Hause und in der freien Natur, und es ist wichtig, darüber Bescheid zu wissen. Kinder müssen ähnlich über Ökosysteme denken wie über ihre Gesundheit. Vorbeugende Maßnahmen sind viel sinnvoller als späte Einsicht. Und wenn eine Wiederherstellung notwendig wird, können auch kleine Eingriffe manchmal große Ergebnisse erzielen. Ich beteilige mich beispielsweise an einem Programm, das im ganzen Bundesstaat durchgeführt wird, dem New York State Forest Stewardship Plan. Sein Ziel ist es, zur Erhaltung der Wälder beizutragen, indem Landbesitzer über den ökonomischen und ökologischen Wert des Nutzwaldes und der Wassereinzugsgebiete aufgeklärt werden. Im Rahmen dieses Aufklärungs- und Informationsangebotes habe ich von der Ausrottung der Würgefeige in den New Yorker Wäldern erfahren. Also trage ich jetzt immer, wenn ich durch die Wälder spaziere, meine kräftige Gartenschere bei mir.

Unsere Einstellung gegenüber der Natur ist nicht instinktiv, sondern wird erlernt, und gesundes Verhalten entsteht selten durch einen glücklichen Zufall. Der Wille, etwas über die natürlichen Dinge, die wir als gegeben hinnehmen, zu erfahren, ist der erste Schritt in einer Entwicklung, die dahin führt, die Verfahren anzunehmen, die die Wiederherstellung der Umwelt fördern. Aus diesem Grund halte ich die Umweltschutzbestrebungen für so wichtig, die dahin gehen, dass eine Fläche Land abgesondert wird, damit sie für immer »wild« bleibt, und dies nur, damit diese Wildnis für zukünftige Besucher erhalten bleibt. Anders ausgedrückt: Selbst wenn kein Mensch jemals vorhätte, eine Art aus einer Region zu vertreiben oder die Produkte der Natur in irgendeiner Weise zu verwerten, sollte die Wildnis trotzdem so abgesondert bleiben, damit man sie betrachten und sich daran erfreuen kann, den natürlichen Prozessen ohne Störung durch menschliche Eingriffe näher zu kommen. In dieser Hinsicht finde ich im Umweltschutz ein spirituelles Element. Es verleiht mir das Gefühl, mit anderen Arten und Zeitspannen jenseits der menschlichen Erfahrung verbunden zu sein. Ich weiß gar nicht genau, warum ich Hemlocktannen so gerne mag. Vielleicht liegt es an dem wundervollen Schatten und dem Schutz, den sie in der heißen Sommersonne gewähren, und der schützenden Behaglichkeit, die sie im Winter bieten. Vielleicht liegt es aber auch an der majestätischen Gestalt ihrer Silhouetten.[147] Was auch immer der Grund dafür ist, wenn ich es schaffe, dem hektischen Terminplan der Touren und des akademischen Betriebs zu entkommen, wandere ich gerne zu den mir vertrauten Hemlocktannen an den Finger-Seen im Bundesstaat New York, und sobald ich dort bin, habe ich das Gefühl, als fielen alle Sorgen der Welt von mir ab. Ich bin umgeben von turmhohen ausgewachsenen Bäumen, und unter diesen Giganten der östlichen Wälder bin ich geschützt vor Wind, Schnee oder Regen. Wenn ich in einem Waldgebiet mit Hemlocktannen stehe, gibt mir das das Gefühl einer Zeitreise, als würde ich mich in einer urzeitlichen Landschaft bewegen. Jeder einzelne Baum hat Hunderte von Jahreszeiten überstanden, und die Art der Hemlocktannen existiert viel länger als unsere. So gesehen, komme ich mir auf meiner eigenen Farm wie ein Besucher vor.

Der Hemlocktannenwald ist ein Relikt aus dem Pleistozän. Die meisten der Großsäuger in Nordamerika sind am Ende des Pleistozän ausgestorben. Wir sind auch ein Großsäuger, und es bleibt jedem selbst überlassen, darüber zu spekulieren, wie es mit unserer Art weitergehen wird. Es gibt genauso viele Anzeichen für ein baldiges Aussterben wie für eine hoffnungsvolle Zukunft. Wissenschaftliche Forschungen lehren uns, was mit den Großsäugern in Nordamerika geschehen ist, aber für uns läuft die Zeit vermutlich ab. Aufgrund unserer immensen zahlenmäßigen Ausbreitung und den Auswirkungen auf das Ökosystem dämmert eine neue Epoche der Erdgeschichte.

Vor etwa 18 000 Jahren waren riesige Flächen Nordamerikas kalt und feucht, ideal für Hemlocktannenwälder. Während dieser Zeit waren große Teile des Hinterlandes von New York, darunter auch meine Farm, von kontinentalen Gletschern überzogen. Hunderte von Metern dicke Eisscheiben breiteten sich über die nördliche Hälfte des Kontinents aus. Im Osten erhoben sich nur die höchsten Gipfel der Appalachen über das Eis und den Schnee.[148] In der Gegend der Großen Seen lag eine riesige Eisplatte auf der Erde, und auch in den Rocky Mountains und der Sierra Nevada im heutigen Kalifornien gab es Hunderte Meter dicke Gletscher.

In den letzten zwei Millionen Jahren wurde unser Planet fortlaufend von Kältezeiten heimgesucht. Am südlichsten Punkt der Gletscher, dem glazialen Maximum, hinterließen sie jede Menge Geröll, Steine und feinen Sand und Schmutz – die Endmoränen. Durch die Aufzeichnung dieser Moränen konnten Geologen das Ausmaß des Vormarsches der Gletscher während des Pleistozän eingrenzen – des Zeitraums von vor etwa zwei Millionen Jahren bis zur Erwärmung der letzten 1000 Jahre.[149] Indem sie das Alter von organischem Material in den Moränen bestimmten, haben sie zuverlässige Zeitabschnitte für jedes Vordringen und jeden Rückzug erhalten.

Vor etwa 23 000 Jahren begann der Schnee in Nordamerika verstärkt zu schmelzen, sodass sich die Eisplatten innerhalb weniger tausend Jahre rasch nach Norden zurückzogen. Aus dem auftauenden Schnee bildeten sich riesige Seen und Flüsse, und auf ihren Hochlandufern und in deren Umgebung entstand bewohnbares Land. Als die Eisplatten schmolzen und sich nach Norden zurückzogen, hinterließen sie ausgedehnte, flache, ausgewaschene Ebenen voll mit dickem und losem Gestein, die später fruchtbares Ackerland werden sollten. Die Berge kamen unter den schmelzenden Eisplatten wieder zum Vorschein, und die Täler füllten sich mit Seen und reißenden Strömen. Heute ist die globale Durchschnittstemperatur so hoch, dass dicke Eisschichten nur in sehr hohen Breitengraden oder in großer Höhe vorkommen. An allen anderen Orten ist es zu mild, als dass Schnee und Eis Frühling, Sommer und Herbst überdauern würden. Wo früher die riesigen Gletscher waren, finden sich heute kontinentale Gebiete mit bewohnbaren Ökosystemen voller Pflanzen und Tiere oder gewaltige Feuchtgebiete und Seen. Heutzutage entladen die Wolken ihre Last häufiger als Regen über dem Land denn als Schnee über wachsenden Gletschern. Spuren des Pleistozän sind aber immer noch sichtbar, wenn man weiß, wo man suchen muss. Als die Eisplatten sich in Richtung der Pole zurückbildeten, breiteten sich wärmeliebende Arten nach Norden aus. Die restlichen kälteliebenden Arten fanden selbst in gemäßigteren Breiten wie dem Hinterland von New York oder Nordkalifornien sichere Zufluchtsorte an Nordhängen. Diese Relikte kamen mit den Arten in Kontakt, die sich in gemäßigteren Bereichen ausbreiteten, was ein neues Nebeneinander und Verbindungen schuf, die schließlich zu den Ökosystemen unserer modernen Welt führten.

Das gegenwärtige Leben besteht aus Relikten aus der Vergangenheit. Da Hemlocktannen kühle Nordhänge bevorzugen, können wir davon ausgehen, dass sie zu einer Zeit mit großflächigerer Vergletscherung weit verbreitet waren. Fossilienfunde in Gegenden, die heute zu warm für Hemlocktannen und Gletscher sind, stützen diese These. Hemlocktannen wissen nichts über ihre ererbte Disposition, aber sie werden in ihrer unbeständigen Herrlichkeit fortbestehen, bis eines Tages die Kälte vielleicht zurückkehrt und sie ihre unerbittliche Verbreitung wieder fortsetzen.

Bei Tieren ist es ebenso. Auch deren Verbreitung vergrößerte und verringerte sich im Zusammenspiel mit den Schwankungen des klimatischen Wandels. Insekten beispielsweise haben große Schwierigkeiten, mit Eis und Schnee zurechtzukommen. Sie können ihre Körpertemperatur nicht regulieren oder der Zerstörung des Gewebes durch Frost Einhalt gebieten, daher müssen sie sich von Lebensräumen fernhalten, in denen der Winter zu rau ist. Viele Larven überstehen kurze

Kältephasen aufgrund ihrer Fähigkeit, zu metabolisieren und Alkohol auszuscheiden, der als Kälteschutz fungiert. Aber die größte Vielfalt an Insekten findet sich in wärmeren Teilen des Globus, insbesondere in tropischen Breitengraden.

Seit in den letzten Jahrzehnten die globale Erwärmung eingesetzt hat, sind manche Arten neu miteinander konfrontiert worden, was manchmal zu Katastrophen geführt hat. Zahlreiche Plagen und Schädlingsbefall beeinträchtigen Wälder in ganz Nordamerika, oft sind das Insekten oder Pilze, die auf Baumarten treffen, die an kältere Winter gewöhnt sind. In der Vergangenheit hinderten extreme Winter die Schädlinge an einer problematischen Ausbreitung. Aber durch die milderen Temperaturen verursachen die Insekten und Pilze erhebliche Schäden, sie rotten ganze Arten aus und beschränken die geografische Verbreitung von anderen in erheblichem Maße. Der Bergkiefernkäfer zerstört die Küstenkiefer im Westen der Vereinigten Staaten, der Eschenprachtkäfer vernichtet die Eschen in den Vereinigten Staaten, die Schildlaus und der damit einhergehende Pilz haben die früher so prächtigen Buchen befallen und nahezu alle ausgewachsenen Exemplare ausgelöscht. Wenn verschiedene Arten miteinander in Berührung kommen, können sich ihr Bestand und ihre geografische Verbreitung erheblich verändern.

Verringert sich die Populationsdichte einer Art dermaßen, dass die erfolgreiche Reproduktion infrage gestellt ist, dann ist das Aussterben nicht mehr fern. Gerade einmal 50 Jahre ist es her, dass die majestätische amerikanische Ulme überall in den Laubwäldern Nordamerikas wuchs. Beinahe jede Gemeinde, die im 19. Jahrhundert gegründet wurde, hatte eine Hauptstraße, die nach den riesigen Bäumen, die den Gehweg säumten, Ulmenstraße hieß. Aufgrund der Verbreitung eines Pilzes, den ein eingewanderter asiatischer Borkenkäfer übertragen hat, steht auf diesen Straßen keine einzige Ulme mehr, und um 1970 waren nahezu alle ausgewachsenen amerikanischen Ulmen in den Wäldern ebenfalls verschwunden.[150]

Immer wenn ich zu den schützenden Hemlocktannen unserer Farm fliehe, um über die Wechselwirkungen von vergangenen und gegenwärtigen Arten nachzudenken, muss ich an die Mastodonten denken, diese ausgestorbenen Elefanten des Pleistozän, die (geologisch gesehen) erst vor Kurzem ausgestorben sind. Sie durchstreiften diese Gegend vor gar nicht allzu langer Zeit, und viele von ihnen starben in der sumpfigen Umgebung in der Nähe von Seen oder Flüssen. Heute findet man ihre Fossilien oft in Sümpfen – in matschigem Schwemmland, das von flachen Hügeln umgeben ist und in dem organische Überreste wie abgefallene Blätter, winterharte Pflanzen und gelegentlich auch Tiere enthalten sind. Da Sümpfe nur in geringem Maße abgetragen werden, sind sie ausgezeichnete Orte zur Ausbildung von Fossilien. Sie sind wie Friedhöfe, die verstorbene Organismen für Tausende von Jahren aufbewahren.

Es ist noch nicht lange her, dass Mastodonten in der Nähe unserer Farm für Aufregung sorgten. 1999 bauten zwei ländliche Familien jeweils die Teiche auf ihren Grundstücken aus und benutzten dafür Bagger. In dieser Gegend ist der naheliegendste Ort, um einen Teich anzulegen, das Sumpfgebiet. Bei diesem Teichausbauprojekt wurde der vollständigste Mastodont freigelegt, der bis dahin je gefunden worden war.[151]

Auf unserer Farm gibt es einen unberührten Sumpf. Was auch immer in den letzten 15 000 Jahren dort hineinfiel, ist wahrscheinlich immer noch dort, da von dem Sumpf nur ein winziges Rinnsal abfließt. Wenn ich jemals mit einem riesigen Bagger ankommen und dieses fragile Biotop zerstören sollte, dann würde ich höchstwahrscheinlich die Überreste so einiger Großsäuger finden. Aber meine Liebe zu den Fossilien geht dann doch nicht so weit.

Sowohl Mastodonten als auch die Angehörigen der Elefantenfamilie stammen von einem gemeinsamen Vorfahren ab, der vor mehr als 40 Millionen Jahren vermutlich in Afrika lebte. Heute gibt es nur noch zwei Gattungen der Elefanten: die afrikanischen und die asiatischen Elefanten. Keine der Gruppen der lebenden Elefanten hat eine ähnliche geografische Verbreitung wie die nordamerikanischen Fossilien der gewaltigen Tiere, die unser Farmgebiet durchstreiften.

Mastodonten lebten in einer Vielzahl von Lebensräumen, aber während des Pleistozän waren sie in Nordamerika weit verbreitet. Sie bewohnten die Nadelwälder des Hinterlandes von New York, das Weideland und die Prärien von Wisconsin, die Flusstäler von Texas und die Küstenebenen von Florida. Während des Pleistozän fand sich in Nordamerika eine Ansammlung von Großsäugern, die beeindruckender war als die des gegenwärtigen Afrikas. Andere Arten, die vertreten waren, waren der *Canis Dirus* (ein riesiges Exemplar der Gattung, die wir heute als Wolf kennen), die Säbelzahnkatze, das Riesenfaultier, das Bison, das Rentier, das Pferd und das Kamel. Einer der besten Orte, um Fossilien der gewaltigen Fauna des Pleistozän zu bewundern, ist La Bea Tar Pits in Los Angeles. Die Schauflächen dieses spektakulären Museums mit all den Skeletten und die aktuellen Ausgrabungen demonstrieren die Wechselbeziehungen dieser ausgestorbenen Tiere. Die Tiere in La Brea starben nicht in Sümpfen, sondern in Ölgruben. Die Gegend um Los Angeles ist durchzogen von riesigen Rissen in der Erdkruste, die es dort seit mehreren Millionen Jahren gibt. Diese Gebiete mit Schwachstellen in der Kruste dienten als Kanäle für verborgenes Öl, das durch das Gestein nach oben sickerte und über die ganze Landschaft verstreut in Teichen hervorquoll. Das Öl war so dickflüssig wie Teer, und wenn eines der gewaltigen Säugetiere in einen dieser Teiche fiel, kam es nicht mehr heraus. Häufig zog ein sterbendes Säugetier noch Raubtiere oder Aasfresser an, die dann auch in diesem Teich gefangen waren. Glücklicherweise eignet sich diese ölige Substanz wunderbar dazu, Knochen zu konservieren.

Diese Fossilien erzählen eine betrübliche Geschichte. Beinahe alle diese Großsäuger starben am Ende des Pleistozän plötzlich aus. Die Mastodonten verschwanden beispielsweise vor 13 000 bis 15 000 Jahren in den meisten Teilen ihres Verbreitungsgebietes. Zu dieser Zeit gab es einen drastischen klimatischen Umbruch, der alle Tiere und Pflanzen auf dem Globus betraf. Die Gletscher befanden sich seit ihrem letzten glazialen Maximum auf dem Rückzug. Aber selbst als das Klima insgesamt allmählich immer wärmer wurde, führten heftige Kälteperioden, die bis zu 1000 Jahre dauerten, dazu, dass die Gletscher zeitweise wiederkehrten. In dieser Zeit des Wechsels zwischen Gefrieren und Tauen schien es den riesigen Säugetieren gut zu gehen, und sie kamen mit der

Tatsache, dass die Pflanzenarten, die sie aßen, eine veränderte geografische Verbreitung erfuhren, gut zurecht. Obwohl sie auch an das Leben in anderen Lebensräumen angepasst waren, steht außer Frage, dass der Großteil der Mastodonten sich in der Umgebung von Hemlocktannen- und Fichtenwäldern aufhielt. Der Beweis dafür ist das Vorkommen von solchen Baumresten im Magen entsprechender Fossilien, außerdem wurden Weißfichten und Balsamtannen neben ihren Knochen gefunden. Die Art der Fichten stellt heutzutage den typischen Weihnachtsbaum. Sie gehören auch zu den Arten, die in den üppigen Wäldern der kalten nördlichen Breiten, die Taiga genannt werden, vorkommen. In der Kälte, die der gegenwärtigen Epoche vorausging – die auch Holozän genannt wird und vor ungefähr 11 600 Jahren einsetzte und bis zur Gegenwart andauert –, kamen Fichtenwälder viel weiter südlich vor als heute. Der Hauptteil der Great Plains östlich der Rocky Mountains war von dieser widerstandsfähigen, immergrünen Art bedeckt. Die Taiga scheint der bevorzugte Lebensraum der Mastodonten gewesen zu sein. Heute findet sich die Taiga nur noch in den subarktischen Gebieten Kanadas und Russlands oder in den hohen Bergen des amerikanischen Westens. Während des Pleistozän, als die Gletscher sich in Richtung der Pole zurückbildeten, taten die Fichtenwälder es ihnen gleich, und auch die Mastodonten-Population bewegte sich entsprechend der veränderten geografischen Verbreitung der Baumarten nordwärts.

Die letzte Kälteperiode des Pleistozän ereignete sich gleichzeitig mit dem Aussterben der Mastodonten und zahlreicher anderer Großsäuger vor 12 900 bis vor 11 600 Jahren. Diese kältere, trockenere Periode in einem grundsätzlich eher wärmeren Klima führte zu großen stehenden Süßwassergewässern und Feuchtgebieten ähnlich den Seegebieten, die wir heute in Kanada, Skandinavien und Russland vorfinden. Pflanzenfossilien belegen, dass der Übergang von der Tundra zu den Fichtenwäldern rasch erfolgte, und zwar kurz vor dem Einsetzen einer Kälteperiode, was zu der Annahme führt, dass ein unbeständiges Klima das Ende des Pleistozän darstellte.

Die schrittweise Erwärmung, die vor ungefähr 11 600 Jahren wieder einsetzte, markiert eine elementare Neugestaltung des Lebens auf diesem Planeten. Die Mastodonten gehörten zu den etwa 30 Säugetier-gattungen, die am Anfang des Holozän ausstarben. Tatsächlich fand im Holozän eines der größten Massenaussterben in der Erdgeschichte statt, weil auch die Menschen davon betroffen waren. »Paläoindianer« und andere Jäger auf dem ganzen Globus ernährten sich von vielen der großen Arten, die ausstarben.[152]

Während der Phasen des glazialen Maximums im Pleistozän waren fast 30 Prozent der Erdoberfläche mit dicken Eisplatten bedeckt. Wenn so viel Wasser in riesigen Eisplatten gefroren ist, sinkt der Meeresspiegel, da der Wasservorrat unseres Planeten begrenzt ist. Gegenden, in denen das Meer heute seicht ist, lagen in diesen glazialen Perioden als trockenes Land da.

Die Beringstraße zwischen Alaska und Russland ist relativ seicht. Während des Höhepunkts der Vergletscherung im Pleistozän lag der Meeresgrund der heutigen Beringstraße über dem Meeresspiegel. Als Konsequenz daraus gab es eine »Landbrücke« zwischen den Kontinenten (auch wenn diese »Brücke« nur eine flache Ebene war). Ganze Populationen von weit umherstreifenden Landsäugetieren überquerten diese Landbrücke. So konnten die Mastodonten Nordamerika besiedeln, nachdem sie aus Afrika ausgewandert waren und sich in Asien ausgebreitet hatten.

Noch ein anderes Tier überquerte am Ende des Pleistozän die Bering-Landbrücke: der intelligente Zweibeiner, den wir als *Homo sapiens* kennen. Die Rolle des Menschen im Niedergang der überwältigenden Fauna Nordamerikas stellt eines der großen Rätsel in unserer Hemisphäre dar. Könnte es sein, dass wir die Großsäuger des Pleistozän überjagt haben? Wenn das der Fall ist, haben wir dann gelernt, unser destruktives Verhalten zu zügeln, wenn es um andere Arten geht?

✦

Der Zeitraum, in dem die Mastodonten ausstarben, deckt sich mit dem kulturellen Aussterben einer Zivilisation von Menschen in Nordamerika. Diese sogenannte Clovis-Kultur war nomadisch und folgte den

Großsäugern, wobei sie eine Art oft exzessiv für Nahrung und Kleidung ausbeutete. Über ganz Nordamerika verstreut finden sich archäologische Ausgrabungsorte, die aus Stein gefertigte Pfeilspitzen, Feuersteine oder vulkanisches Glas der Clovis enthalten. Diese primitiven Artefakte tauchen später nicht mehr auf, nur bis zur Zeit des Kälteeinbruchs vor dem Holozän. Die Clovis-Menschen schienen während der relativ warmen Periode, die dem Kälteeinbruch vorausging, sehr gut zurechtzukommen. Danach funktionierte ihre Lebensweise nicht mehr, ihre Existenz endete wie die der riesigen Säuger.

Es gibt zahlreiche Thesen, die sich mit der Gleichzeitigkeit des Endes der Clovis-Kultur, des Aussterbens der Riesensäuger und des Kälteeinbruchs, der das Pleistozän beendete, beschäftigen. Hinweise auf eine schwere Dürre, die durch die Erwärmungstendenz unmittelbar vor dem starken Frost verursacht wurde, legen nahe, dass die Clovis-Menschen und die Säugetiere, die sie jagten, bereits in Schwierigkeiten steckten. Vielleicht konnten sie sich nicht an den schnellen Temperaturabfall anpassen. Eine andere These besagt, dass die Menschen die Säugetiere überjagten, was zum Aussterben der Mastodonten und schließlich zu ihrem eigenen Niedergang führte.[153]

Auch wenn viele große Säugetiere ausstarben, die Menschen überdauerten und passten sich an andere Lebensweisen an. Nach den Clovis-Menschen gab es mindestens noch sechs kulturelle Gruppen. Die jüngeren Kulturen des Holozän mussten sich an ein reduziertes Spektrum von Großtieren gewöhnen. Der kleinere amerikanische Bison (*Bison bison*), ein direkter Nachkomme einer Unterart des Bisons, der die ökologische Katastrophe des großen Frosts am Ende des Pleistozän überstand, wurde ihr bevorzugtes Säugetier.

Der amerikanische Bison war während des Holozän gut angepasst an die graduelle Erwärmung der Weidegebiete der Great Plains Nordamerikas. Die nordamerikanischen Indianer der Neuzeit, Nachkommen der Clovis-Paläoindianer des Pleistozän, richteten ihre Lebensweise nach dieser Art aus. Als die Europäer mit den Indianern der Great Plains in Berührung kamen, stießen sie auf umherwandernde Bisonherden, deren Zahl in die Millionen ging. Die Population dieser

Art wurde zum Zeitpunkt, als die Europäer nach Nordamerika kamen, auf 60 Millionen Exemplare geschätzt. Um 1880 waren nur noch einige Tausend amerikanische Bisons übrig. Nahezu die gesamte Art war durch übereifriges Gemetzel der nicht eingeborenen Amerikaner ausgerottet worden. Die Anstrengungen, die amerikanische Zivilisation auszuweiten, beinhalteten auch eine im militärischen Stil durchgeführte Kampagne, um den Büffel (ein anderer Name für den *Bison bison*) auszulöschen. Die dahinterstehende Überzeugung war, dass die Indianer dem amerikanischen Fortschritt im Wege stünden und durch die Beseitigung des Büffels auch der Lebensstil der Indianer dem Untergang geweiht wäre. Diese Bestrebungen gingen Hand in Hand mit dem Versuch einer ethnischen Säuberung der östlichen Bundesstaaten von den Indianern, der im 19. Jahrhundert auch vom US-Militär unterstützt wurde.

Dank der Bemühungen zur Erhaltung, die im späten 19. Jahrhundert einsetzten, und der ökologischen Wiederherstellung gegenwärtiger Jahrzehnte ist es gelungen, zahlreiche Bisonherden zu erhalten und zu züchten, und riesige Gebiete wie etwa der Yellowstone-Nationalpark wurden dem Bison als Lebensraum zur Verfügung gestellt. Heute leben wieder mehr als 350 000 Bisons in Nordamerika. Das ist zwar eine beeindruckende Zahl, aber es ist weniger als ein Prozent der ursprünglichen Population. Außerdem ist die genetische Vielfalt der heutigen Herden extrem gering, und viele Bisons sind Hybride mit Hauskühen, die die Gene von entfernt verwandten europäischen Arten tragen.

Die Erde mit den Menschen zu teilen war für viele Großsäuger schwierig. Viele sind mittlerweile gefährdet oder bedroht wie der Eisbär, der Grizzlybär, der Wolf, der Moschusochse und das Rentier. So gesehen, verhalten wir uns jetzt nicht anders als zur Zeit des Aussterbens im Pleistozän.

Wenn ich auf unserer Farm in meinem Lieblings-Hemlocktannen-Wäldchen am Bach sitze, denke ich an zwei Dinge:

1. Arten haben im Lauf der Geschichte, erzwungen durch klimatische Umbrüche und globale Ereignisse, die in keiner Weise durch eine großartige oder intelligente Schöpfung zustande kamen, immer miteinander interagiert. Arten haben kein Ziel im Sinn. In dieser Hinsicht unterschieden sich die menschlichen Populationen der Vergangenheit nicht von den Tieren, die sie jagten. Menschen haben stets nach impulsiven, kurzsichtigen und unmittelbaren Bedürfnissen gehandelt, ohne die Auswirkungen ihres Verhaltens auf andere Arten zu berücksichtigen.

2. Was wir in der Natur beobachten können, sind die Konsequenzen aus diesen Interaktionen. Doch heute, da wir die Möglichkeit haben, die Vergangenheit mit Methoden und Instrumenten der modernen Wissenschaft sorgfältiger zu studieren als jemals zuvor, können wir Strategien und Verfahren umsetzen, um die Fehler unserer Vorfahren zu vermeiden.

Ich tendiere dazu, diese Erkenntnisse auf Dinge außerhalb der Welt der Natur zu übertragen. Wenn Brett und ich uns über die Popularität von Bad Religion unterhalten, benutzen wir manchmal ökologische Vergleiche. Wir betrachten unser Publikum als eine wertvolle und begrenzte Ressource, ähnlich einem Fischbestand. Beispielsweise gab es in den 1970ern in Peru große Vorkommen an Sardellen, die in allen möglichen Sorten von Tierfutter verwendet wurden.[154] Aufgrund übereifriger Fischer aus der ganzen Welt, die herbeiströmten, um unbegrenzte Mengen dieser Fische zu fangen, kollabierte die Sardellenpopulation, und die einheimischen Fischereien mussten geschlossen werden. Es dauerte 20 Jahre, bis die Sardellenpopulation sich wieder erholte, und in dieser Zeit waren Tausende Arbeiter in der Fischindustrie arbeitslos, und die Fischmärkte veränderten sich dramatisch. Nur wenn wir das Gleichgewicht des Ökosystems bewahren, können wir auf eine nachhaltige Erholung und kommerzielle Chance für den Fischfang in Peru hoffen.

Immer wenn wir uns darauf vorbereiten, auf Tour zu gehen oder ein neues Bad-Religion-Album zu produzieren, denken wir auch über die Gefahren nach, unsere Fans übermäßig auszubeuten. Wir vergleichen dieses Ausbeuten mit dem Überjagen im späten Pleistozän oder dem Überfischen an der peruanischen Küste. Wir respektieren die Intelligenz unserer Fans und deren Erwartung, von uns etwas Neues und Besonderes vorgesetzt zu bekommen. Ohne einen festen Kern an Fans könnte die Band nicht bestehen. Wir müssen diese hegen und pflegen, indem wir ihnen neue Songs bieten und für sie Livekonzerte spielen, in der Hoffnung, dass ihre Begeisterung für uns zunimmt. Vielleicht erzählen sie dann auch ihren Freunden von uns, sodass die Zahl unserer Fans wächst. Wenn wir die Fans als gegeben hinnehmen und uns ihnen gegenüber nicht anstrengen, wenn wir Konzerte spielen, ohne vorher zu proben, oder ein Album mit halb fertigen Songs herausbringen, dann kommen unsere Fans vielleicht, aber sie sind am Ende vermutlich ziemlich enttäuscht und kommen nie wieder. Unser Publikum könnte im Zeitraum eines einzigen Albums verschwinden. Das gleicht der habgierigen Gleichgültigkeit des kommerziellen Fischfangs. Anstatt eine gesunde Beziehung zu ihren Fans aufzubauen, nutzen manche Bands ihre frühere Popularität aus und pressen den letzten Tropfen Loyalität aus ihren Fans, die schon lange der »immer gleichen Songs« müde geworden sind. Wir behandeln unsere Fans mit dem gleichen Respekt, den ich auch der Natur entgegenbringe. Ich bin mir ebenso sicher, dass sie wieder zu unserem nächsten Konzert kommen werden, wenn ich mir weiterhin Mühe gebe, meine Fähigkeiten und mein musikalisches Handwerkszeug zu verbessern, wie ich weiß, dass diese Hemlocktannen mir Schatten und Trost spenden werden, solange ich die parasitären Wurzeln von ihren Stämmen abschneide.

Ich habe das große Glück, in verschiedenen Gegenden der Vereinigten Staaten eine bestimmte Zeit verbringen zu können. Los Angeles, wo ich unterrichte und Musik aufnehme, ist nicht so ruhig wie das Hinterland von New York, aber für gewöhnlich unternehme ich mit meiner Familie und Freunden einmal jährlich eine Wandertour in der Sierra Nevada. Wir verbringen dann normalerweise eine Woche in der alpenähnlichen Zone, entdecken die widerstandsfähigen Pflanzen und Tiere und studieren die Geologie oberhalb der Baumgrenze. Wir finden auch immer Zeit, die prachtvollen Riesenmammutbäume (*Sequioa gigantea*) an den Westhängen der Sierra zu besuchen. Gegen diese Bäume sehen die östlichen Hemlocktannen wie Zwerge aus. Sie sind die größten Lebewesen auf der Erde und reichen fast 100 Meter in die Luft. Viele von ihnen haben Stämme, die einen größeren Durchmesser haben als eine Einfahrt, und sie wachsen 25 Meter schnurstracks nach oben, bevor der erste Ast wächst. Der *Sequioa gigantea* starb vor 100 Jahren aufgrund rücksichtsloser Abholzung fast aus. Da die Bäume nahezu 1000 Jahre brauchen, um zu wachsen, ist es nicht möglich, einen nachhaltigen Nutzholzbestand der Riesenmammutbäume zu schaffen, und heute sind die letzten Baumgruppen per Gesetz geschützt. Die Baumgruppen befinden sich auf den Nordhängen entlang den Canyons der westlichen Sierra Nevada auf Höhen zwischen 1000 und 2500 Metern. Jenseits dieser Höhen keimen ihre Samen nicht, daher können sich neue Bestände außerhalb des Mikrolebensraums, in dem sie sich jetzt befinden, nicht verbreiten. Ihr Lebensraum erfordert wie der der östlichen Hemlocktanne im Hinterland von New York kühle Temperaturen, indirektes Sonnenlicht und einen feuchten Waldboden. Sie stellen nun die isolierten Relikte einer einst erheblich größeren Population dar, die während des Pleistozän eine viel größere geografische Verbreitung erlebte.

Steht man unter den Überbleibseln dieser Population, ist es nahezu unmöglich, sich selbst nicht irgendwie als Teil von alledem zu empfinden. Manche würden das wahrscheinlich als »spirituelle Verbindung« bezeichnen – das Gefühl, Teil eines größeren Netzwerks des Lebens zu sein. Aber wie auch immer man es nennen mag, das Gefühl, dass wir hier die Überreste eines Massenaussterbens erleben, ist unausweichlich. Diese Erkenntnis bewegt mich emotional genauso, wie die Erkenntnis des Willen Gottes sicherlich meinen Urgroßvater Zerr ergriffen hat.

Alle Arten arrangieren sich mit ihren gegenwärtigen Umständen. Können wir es jemandem, der in einer trostlosen Umgebung lebt und eine dürftige Ausbildung genossen hat, vorwerfen, wenn er ein Leben wählt, das nicht von Einsatz für den Umweltschutz geprägt ist, sondern er sich stattdessen von Raffgier und Habsucht leiten lässt? Als Humanist tendiere ich dazu, Menschen nicht für solche Entscheidungen zur Verantwortung zu ziehen. Alle Menschen müssen mit den sozialen und ökonomischen Gegebenheiten auskommen, die ihre Kultur und ihre Eltern ihnen bereitstellen. Wenn ihnen nicht beigebracht wird, nachhaltig zu denken, warum sollte ich dann erwarten, dass sie sich um etwas anderes scheren als um billige Preise und einen angemessenen Lohn?

Als Musiker habe ich viele Bands erlebt, die mit einem Hit schnell reich wurden. Wenn es dann an der Zeit war, ein weiteres Album zu machen, haben sie versucht, ihren einen Hit so weit wie möglich auszuschlachten, indem sie ähnliche Songs schrieben, anstatt ihr kreatives Potenzial weiterzuentwickeln. Das Publikum verlor dann schnell das Interesse an der Band und stempelte sie als »One-Hit-Wonder« ab. Wenn man nur an kurzfristigem Erfolg und Geldmacherei interessiert ist, dann wird die Kreativität auf lange Sicht zerstört.

Vielleicht können wir ja einzelne Individuen nicht für die kurzfristige Ausbeutung unseres Planeten verantwortlich machen, aber wir können auf jeden Fall unsere erzieherischen Maßstäbe ändern und junge Leute für die Lehren der Naturwissenschaften interessieren. Die Menschen konnten schon immer die Umwelt empfindlich stören und andere Arten vernichten. Heutzutage hat der Mensch aber noch weitaus mehr Möglichkeiten, andere Arten auszulöschen, als die Mitglieder der Clovis-Kultur, die entsprechend dem erwähnten hypothetischen Szenario bestimmte Arten überjagten. Ob wir es wollen oder nicht, wir verwalten diesen Planeten. Wir können nicht alle Faktoren kontrollieren, die die Gesundheit anderer Arten fördern, aber wir müssen einsehen, dass nichtmenschliche Arten auch ohne unser Eingreifen miteinander interagieren müssen, damit die der Natur innewohnende Kreativität zur Entfaltung kommen kann.

Während ich das hier schrieb, zog der Gouverneur von New York eine Gesetzesregelung in Betracht, die es Gasgesellschaften erlaubt, einen immensen Vorrat an Erdgas, der unter dem größten Teil des Bundesstaates New York liegt, anzubohren und zu fördern. Unsere Farm liegt auf einer erstklassigen Bohrstelle. Die Fördermethode namens Hydraulic Fracturing bedeutet, dass ein Gemisch aus Wasser und giftigen Chemikalien per Hochdruck Hunderte Meter unter die Erdoberfläche gepumpt wird, um in den Steinen Risse zu erzeugen, sodass das Erdgas entweichen kann. Große Bereiche in Colorado und Utah wurden mit dieser Technik zerstört, denn die Folgen sind Trinkwasserverschmutzung, die Bildung von riesigen Becken mit giftigen Flüssigkeiten und andere Formen industrieller Verschmutzung und Waldzerstörung. Ich verstehe die grundsätzlichen Vorteile von Erdgas: eine geringere Emission von Treibhausgasen als bei Benzin, eine sauberere Belieferung und ein inländischer Vorrat im Gegensatz zu der Abhängigkeit von fremden Ländern. Aber die langfristigen Schäden der Förderung dieser nicht erneuerbaren Ressource in den empfindlichen Gegenden der New Yorker Wälder sind viel größer, als die Gasgesellschaften zugeben. Verschmutzte Wasservorräte erholen sich nicht so schnell, und wenn die landwirtschaftlichen Bedürfnisse in dem Maße zunehmen, wie die Bevölkerung wächst, sollte der Ackerboden New Yorks für die Lebensmittelproduktion bewahrt werden und dafür, eine Artenvielfalt zu erhalten, anstatt der Erdgasgewinnung zu dienen.

Die modernen menschlichen Gesellschaften sind in der Lage, ihr eigenes destruktives Verhalten zu reflektieren. Wir müssen nicht das gleiche Schicksal wie die Clovis-Jäger erleiden. Wir können unsere Ressourcen besser einteilen, als sie es taten. Der moderne Mensch versteht mehr von den Vorgängen auf der Erde und dem sorgfältigen Gleichgewicht des Lebens auf diesem Planeten als sonst jemand jemals zuvor in unserer Geschichte. Es wird eine Zeit anbrechen – manche sagen, dass es aufgrund der Überbevölkerung und der Umweltveränderungen bereits zu spät ist –, in der wir Menschen aktiv alle unsere ökologischen Ressourcen verwalten müssen. Landwirtschaftliche, industrielle und staatliche Entscheidungsfindungen werden unausweichlich eine Kenntnis der Naturwissenschaften voraussetzen. Wir müssen das naturalistische Weltbild und seine Implikationen zumindest berücksichtigen, wenn wir darüber diskutieren, ob wir eine auf Tatsachen aufbauende Gesellschaft haben wollen oder nicht. Und es ist notwendig, dass alle von uns über ein besseres Wissen im Bereich der Biologie verfügen, was ja nicht von Schaden sein kann.

Es wäre vermessen zu denken, dass wir wissen, wie man in komplexe Ökosysteme eingreifen muss, sodass sie auf ewig bestehen bleiben. Wir kennen beispielsweise nicht alle kreativen Prozesse, die in der Vergangenheit stattfanden und die zu dem gegenwärtigen Zustand der Welt führten. Aber wir wissen es genau, wenn wir etwas mutwillig zerstört haben, und dafür gibt es keine Rechtfertigung. Wir wissen es, wenn wir radikalen Druck auf ganze Populationen von Pflanzen und Tieren ausgeübt haben, und dies nur, um auf kurze Sicht von ein paar irreführenden Versprechungen von Gesundheit und Bequemlichkeit zu profitieren. Wir können warten, bis umweltfreundlichere Methoden zur Gewinnung von natürlichen Ressourcen entwickelt werden. Wir können in viel größerem Ausmaß Dinge wiederaufbereiten und wiederverwenden. Anstatt zig Millionen Dollar für Anwälte zu verwenden, um Umweltschutzmaßnahmen zu vereiteln, könnten Gesellschaften mehr Geld für die Forschung ausgeben, für Untersuchungen und Tests. Die beste Öffentlichkeitsarbeit sind die Methoden des naturalistischen Weltbildes: Beobachtung, Experimente und Überprüfung. Wenn zum Beispiel nachweisbar wäre, dass das Bohren sicher ist, dann gäbe es aus umweltbewusster Sicht keinen Grund, sich gegen die Gasgesellschaften zu stellen.

Wenn wir in unseren Gesetzen und unserer Politik berücksichtigen, dass die Natur ein Prozess ist und kein Ding, das man ausbeuten kann, dann vermitteln wir zukünftigen Generationen, dass wir aus dem Studium der Naturwissenschaften etwas gelernt haben und dass wir uns um etwas kümmern, das größer ist als unsere eigenen selbstsüchtigen Bedürfnisse. Und dann werden spätere Generationen sich wegen unserer Weisheit und nicht wegen unserer Habgier an uns erinnern.

9. KAPITEL

EIN SINNVOLLES WEITERLEBEN NACH DEM TOD

»Vielleicht (...) erreicht man eine Veränderung der Werte, indem man die unnatürlichen, zahmen und begrenzten Dinge im Hinblick auf die natürlichen, wilden und freien Dinge neu bewertet.«
Aldo Leopold, 1948, einen Monat vor seinem Tod[155]

»[D]er intellektuelle Arbeiter formt sein Ich, indem er auf die Perfektion seines Handwerkes hinarbeitet (...) [D]u musst lernen, deine Lebenserfahrung auf deine intellektuelle Arbeit zu übertragen: Du musst sie ständig überprüfen und interpretieren. In diesem Sinne ist die Handwerkskunst das Zentrum deines Selbst und du persönlich in jedes intellektuelle Produkt involviert, an dem du arbeitest.«
C. Wright Mills[156]

Viele Religionen beschäftigen sich näher mit der Frage, was mit uns geschieht, wenn wir sterben. In diesen Religionen – zum Beispiel im Hinduismus, der die Wiedergeburt propagiert, oder im traditionellen Christentum mit seinem Glauben an Himmel und Hölle – bestimmen unsere Handlungen auf der Erde die Bedingungen für unsere Seele nach dem Tod. Gute Handlungen werden nach dem Tod belohnt, und schlechte werden bestraft. Im Wesentlichen ist Gott in diesen Religionen unser Vater, und wir sind die Kinder. Wenn wir uns unanständig benehmen, bekommen wir eine ewige Auszeit. Diese Übertragung eines typischen Eltern-Kind-Verhältnisses aus unseren irdischen Erfahrungen auf den übernatürlichen Bereich scheint der Grund zu sein, warum so viele religiöse Menschen glauben, dass Atheisten amoralische Hedonisten seien. Sie behaupten, dass die Leute sich, wenn es die Verhaltenskontrolle aufgrund eines Lebens nach dem Tod nicht gäbe, wie unerzogene Kleinkinder verhielten.

Das naturalistische Weltbild kennt kein Leben nach dem Tod, da es keinen Beweis gibt, der die Annahme stützen würde, dass die Menschen immaterielle, transzendentale Seelen hätten oder dass irgendetwas, das als lebendig angesehen wird, nach dem Tod weiterexistiert. Das Einzige, was von einem Organismus zum anderen übertragen wird, ist die Information in Gestalt der DNA und andere biologische Moleküle oder kulturelle Dokumente, Artefakte und Traditionen. Ich hoffe, dass meine Seele oder mein Geist in meiner Musik und in meinen Texten weiterleben, aber das ist nicht die Art Unsterblichkeit, die religiöse Menschen sich wünschen. Der Glaube an Seelen, den religiöse Menschen hegen, scheint mir ein weiteres lebenslang andauerndes Überbleibsel aus irrigen Vorstellungen der Kindheit zu sein – und zwar in dem Punkt, dass alle lebenden Wesen einen Kern haben, der getrennt von dem physischen Körper dieser Organismen existiert.

Aber nur weil Naturalisten nicht an ein Leben nach dem Tod glauben, heißt das natürlich nicht, dass es ihnen egal wäre, was nach ihrem Tod geschieht. Ich mache mir zum Beispiel große Sorgen darüber, ob meine Familienangehörigen glücklich und erfolgreich sein werden, wenn ich nicht mehr da bin, ob meine Freunde die Traditionen pflegen, die wir eingeführt haben, und ob die Welt aufgrund meiner Handlungen ein besserer Ort sein wird. Ich hoffe, dass das, was ich in diesem Leben tue, eine langfristige Wirkung in der Welt zeigen wird, obwohl ich nie erfahren werde, ob ich dieses Ziel erreicht habe. In Wirklichkeit lassen sich sogar gute Argumente dafür finden, dass sich Naturalisten eher mehr Gedanken um diese Dinge machen als religiöse Menschen, da Naturalisten einer Ethik verbunden sind, die darauf beruht, welche

Auswirkungen unsere Handlungen im Hier und Jetzt haben, im Gegensatz zu einer mythischen Hoffnung auf ein besseres Leben in einem übernatürlichen Reich. Eine Kernansicht des Naturalismus ist die, dass dieses Leben das einzige ist, das wir je durchmachen werden, und dass daher jeder Wunsch nach Verbesserung unseres Lebens und der Leben anderer in dieser Lebenszeit erfüllt werden muss. Viele religiöse Menschen behaupten, dass es nicht reicht, sich auf dieses Leben zu konzentrieren. Ohne das Versprechen des Paradieses und die Drohung der Hölle bestünde ihrer Ansicht nach nicht genug Anreiz, ein gutes Leben zu führen. Ich sehe das anders. Die meisten von uns spielen vielleicht keine große Rolle im kausalen Zusammenhang des gesamten Universums (ich werde jedes Mal wieder daran erinnert, wenn ich in der Wildnis wandern gehe), aber wir haben große Bedeutung für die, die uns nahestehen. Außerdem sind wir kulturell besser vernetzt als je zuvor, was dazu führt, dass die Wahrscheinlichkeit, dass ein Individuum einen nachhaltigen Eindruck auf der Welt hinterlässt, noch nie größer war. Wir alle sollten uns so viel Mühe wie möglich geben, um unseren Verpflichtungen als Eltern, Freunde und als Mitglieder der menschlichen Spezies allgemein nachzukommen.

Ich habe einen Freund – auch ein Naturalist –, der die potenzielle Fitness für das Wichtigste im Leben hält. Es handelt sich dabei nicht um die Art Fitness, die etwa mit einem möglichst gesunden Herzen gemeint ist. Im herkömmlichen Verständnis der Evolutionsbiologie ist die Anzahl des lebensfähigen Nachwuchses, den jemand hervorbringt, ein mathematisches Maß für die Fitness. Ein wirklich taugliches Tier oder eine Pflanze hat jede Menge Nachwuchs, der in nachfolgenden Generationen wiederum mehr Nachwuchs hervorbringt.

Mein Freund studiert »Herps«, also Herpetologie, die Lehre von Reptilien und Amphibien. Nach lebenslanger Feldforschung ist er zu dem Schluss gekommen, dass die Männchen mit der höchsten Fitness die meisten Weibchen abbekommen. Für ihn beruhen die menschlichen sozialen Interaktionen auf einem wesentlichen Grundprinzip – nämlich der Frage, welcher Mann die meisten Frauen anlocken kann. Bei Echsen sind die für die Weibchen attraktivsten Männchen jene, die das größte Revier mit der meisten Beute halten und verteidigen können. Wenn ein Männchen ein besonders ertragreiches Gebiet für sich reservieren und es von anderen Männchen freihalten kann, dann werden die Weibchen von den Ressourcen in diesem Gebiet angezogen, und er kann sich mit ihnen paaren.

Einer der Gründe, warum dieser Freund und ich so gut miteinander auskommen, ist der, dass er auch ein verdammt guter Gitarrist ist, der ein Jahrzehnt vor Bad Religion in einer langhaarigen Avocado-Mafia-mäßigen Rockband spielte.[157] Er hat seine Erfahrungen als Musiker mit seiner Karriere als Naturalist verschmolzen und kam zu einem befriedigend stimmigen Bild von Mann-Frau-Beziehungen:»Die Männer mit dem besten Revier kriegen die besten Bräute, und es gibt kein besseres Revier für Menschen als die Bühne.« Ich habe ihm da zwar zugestimmt, aber noch eine Warnung hinzugefügt:»Das beste Revier hat der Frontmann, nicht der Gitarrist.«

Da ich nur zwei Kinder habe, ist meine Fitness eigentlich nur durchschnittlich. Aber was bedeutet es, Kinder zu haben, auch wenn nicht jeder welche hat? Wenn die menschliche Bevölkerung so groß bleiben oder wachsen soll, muss jeder mindestens zwei Kinder haben. Natürlich haben manche Menschen gar keine Kinder, und andere haben mehr als zwei. Aber gehen wir jetzt einmal davon aus, dass jeder zwei Kinder hat und dass die zahlenmäßigen Unterschiede sich mit der Zeit auf diesen Durchschnittswert einpendeln. Das ist eine ziemlich zutreffende Schätzung – die durchschnittliche Geburtenrate liegt in den Vereinigten Staaten gegenwärtig bei 2,05 Kindern pro Frau.[158]

Wenn jemand also zwei Kinder hat und jedes dieser Kinder wieder zwei, dann hat er vier Enkelkinder. Wenn jedes dieser Enkelkinder wiederum zwei Kinder bekommt, dann werden es acht Urenkel. Diese Verdoppelung findet bei jeder Generation statt – es werden 16 Ururenkel, 32 Urururenkel und so weiter. Dieses Phänomen lässt sich an Todesanzeigen beobachten – viele Leute, die lange genug leben, hinterlassen zahlreiche Enkelkinder und Urenkel, und die Zahl ihrer Nachkommen wird nach ihrem Tod weiter zunehmen.

Und diese Zahlen werden sehr bald sehr groß. Niemand wird alle seine Nachkommen erleben können, aber die Zahl der Nachkommen kann sehr schnell anwachsen. Zehn Generationen nach dem Tod einer Person – zwischen zwei und drei Jahrhunderte später – wird diese Person mehr als 1000 Nachkommen haben, obwohl jeder der Nachkommen nur zwei Kinder hat. Das mag falsch erscheinen, aber es gibt genügend Belege dafür. Ausgehend von einer durchschnittlichen Dauer einer Generation von 25 Jahren, landete die *Mayflower* vor 16 Generationen.[159] Ahnenforscher können nicht alle Nachkommen derjenigen aufspüren, die mit der *Mayflower* ankamen – über die große Mehrheit der Menschen, die bisher gelebt haben, gibt es keine Aufzeichnungen. Aber die Ahnenforscher wissen, dass jede Person, die auf der *Mayflower* war und die Nachkommen hat, die heute noch leben, viele Tausend Nachkommen hat, wie in der einfachen Rechnung, die ich oben ausgeführt habe, angedeutet ist. Genauso verhält es sich, wenn heute jemand Kinder hat und seine Nachkommen eine durchschnittliche Zahl an Kindern bekommen. Dann wird er in ein paar Hundert Jahren auch viele Tausend Nachkommen haben.

Wo werden all diese Nachkommen leben? Wahrscheinlich werden viele von ihnen in der Nähe des Ortes wohnen, wo die Person heute lebt. Tritt dieser Fall ein, dann werden die Nachkommen sich schließlich gegenseitig heiraten, da sie einen beträchtlichen Anteil der Bevölkerung in dieser Gegend darstellen. Sie werden wahrscheinlich gar nicht wissen, dass sie entfernte Cousins und Cousinen sind (die verwandtschaftliche Definition von »Cousin« lautet, dass zwei Leute einen gemeinsamen Vorfahren haben, der in diesem Fall die aktuell lebende Person ist), weil sie unterschiedliche Nachnamen tragen und die Aufzeichnungen über ihre Herkunft verloren gegangen sind. Doch es scheint unbestreitbar, dass somit jeder der Cousin oder die Cousine seines oder ihres Ehepartners ist, weil wir alle gemeinsame Vorfahren haben, sei es in der näheren oder in der weiter zurückliegenden Vergangenheit.

Einige der Nachkommen werden nicht dort leben, wo die heute lebende Person wohnt, sondern in einer anderen Stadt, einem anderen Bundesstaat, einem anderen Land oder auf einem anderen Kontinent.

Sie werden jemanden von dort, wo sie leben, heiraten und Kinder kriegen. In diesem Fall entstehen Nachkommen in dieser Stadt, diesem Bundesstaat, diesem Land oder auf diesem Kontinent. Und von diesem Zeitpunkt ausgehend zehn Generationen später wird es mehr als 1000 Nachkommen geben, die nicht am ursprünglichen Wohnort leben, sondern in einem anderen Teil der Erde. Und wohin führt das Ganze? Sehr bald wird die ganze Welt von Nachkommen dieser einen Person bevölkert sein. Die Bevölkerung in dem Teil der Welt, in dem sie jetzt wohnt, stammt zu immer größeren Teilen von ihr ab. Und die Nachkommen schwärmen in den Rest der Welt aus, um den gleichen Prozess woanders zu beginnen.

Bis vor ein paar Jahren wusste niemand, wie schnell dieser Prozess vor sich geht. Aber 2004 benutzte ein Statistiker, Computerwissenschaftler und der Koautor dieses Buches einige neu entwickelte mathematische und Computertechniken, um die menschliche Abstammung abzubilden. Seine Ergebnisse waren verblüffend. Es stellte sich heraus, dass, sofern jemand Kinder hat und diese wiederum Kinder kriegen, in ein paar Tausend Jahren jeder auf der ganzen Welt mit dieser Person verwandt ist.[160] Dieser Schluss basiert noch nicht einmal auf der Annahme, dass jeder zwei Kinder hat – das wird auch unabhängig davon, wie viele Kinder die Leute haben, eintreten. Es setzt lediglich voraus, dass die Menschen zeit ihres Lebens umherwandern.[161] Angesichts dieser Annahme ist es mathematisch sicher, dass in ein paar Jahrtausenden jeder in der Welt Nachkomme einer Person ist.

Diese Beobachtung trifft auch auf Menschen zu, die vor 2000 oder 3000 Jahren lebten. Anders ausgedrückt, heißt das: Wenn jemand zur Zeit von Sokrates (469–399 v. Chr.) in Athen lebte oder zur Zeit von Konfuzius (551–471 v. Chr.) in China oder sogar vor 2500 Jahren in Afrika oder Südamerika, und diese Person hatte vier oder fünf Enkelkinder, dann ist diese Person der Vorfahr von jedem, der heute auf diesem Planeten lebt. Wenn also Jesus und Maria Magdalena Kinder gehabt hätten, dann wären er oder sie die Vorfahren von den meisten, wenn nicht sogar allen Menschen, die heute leben – ungeachtet dessen, was Dan Brown in seinem Buch *Sakrileg* behauptet.[162] Ebenso stammen die meisten, wenn nicht alle Menschen, die heute auf der Welt leben, von Julius Cäsar, Nofretete, Kaiser Han Gaozu und jedem anderen, der vor 2000 oder 3000 Jahren lebte und Kinder hatte, ab. Das scheint unbegreiflich, da uns beigebracht wird, dass wir das einzigartige Ergebnis einer direkten Linie von Vorfahren sind. Wir betonen die Bedeutung berühmter Verwandten gern und vergessen die anderen. Aber natürlich gibt es so etwas wie eine direkte Abstammungslinie nicht. Wie viele unzählige Kombinationen von Fortpflanzungsprozessen haben letztlich zur Geburt einer bestimmten Person geführt? Es war nicht nur wichtig, dass Mutter und Vater sich trafen, sondern auch die Großeltern, die Urgroßeltern und so weiter, bis tief in die Vergangenheit. Normalerweise gehen wir davon aus, dass wir von einer Handvoll Leute abstammen, die vor 2000 oder 3000 Jahren auf der Erde lebten, und nicht, dass wir mit jeder Person verwandt sind, die damals lebte und die ihrerseits Vorfahren hatte. Wir ruhen uns auf der Vorstellung aus, dass unsere Vorfahren eine kleine Teilmenge der menschlichen Bevölkerung sind. Es kommt viel häufiger vor, dass jemand sagt:»Ich bin Ire« oder:»Ich habe deutsche und französische Wurzeln.« Selten gibt jemand an:»Ich bin eine Mischung aus allem, ein Bastard, ein Mischling.« Das liegt daran, dass die meisten von uns sich mit einer relativ modernen kulturellen Tradition einer bestimmten Gruppe identifizieren. Wir haben aber eine unglaublich komplizierte Abstammung. Wir sind Teil eines riesigen Ahnengeflechts, das weitaus mehr vernetzt ist, als wir uns je vorgestellt haben.

Unsere sozialen Netzwerke sind auch weitaus dichter und enger miteinander verknüpft, als wir meinen, ungeachtet dessen, ob wir Kinder haben oder nicht. Diese Netzwerke bilden ein Gewebe, das mit dem Ahnengeflecht, in das wir eingebettet sind, vergleichbar ist. Aber dieses Gewebe bildet sich gleichzeitig, nicht über zahlreiche Generationen. Daher verändern unsere sozialen Verbindungen und der Einfluss unseres Verhaltens auf andere sich in einem völlig anderen Zeitrahmen als genealogische Beziehungen. In den meisten Fällen sind sie für die komplexen Ursachen, die bestimmen, wer wir sind, viel wichtiger als unsere Familiengeschichte.

Mit wie vielen Leuten kommuniziert eine Person normalerweise regelmäßig auf sozial bedeutende Weise? Ich meine damit die Leute, mit denen jemand Meinungen und Informationen austauscht oder auch bloß Nettigkeiten. Sie alle sind auf die eine oder andere Weise von dem Austausch mit dieser Person beeinflusst, sei es mit großer oder kleiner Auswirkung. Die Liste würde sicherlich die Familienangehörigen, Freunde, Arbeitskollegen und auch zufällige Bekanntschaften umfassen. Zurückhaltend geschätzt, sei angenommen, dass nur zehn Leute auf dieser Liste stünden, obwohl die tatsächliche Anzahl mit Sicherheit viel größer wäre.

Jede der Personen auf dieser Liste hat mindestens zehn (und wahrscheinlich viel mehr) Leute, mit denen sie sich austauscht. Einige davon werden die gleichen wie auf der ursprünglichen Liste sein, aber einige sind neu. Also wird der »indirekte« Einflussbereich – die Leute, die jemand beeinflusst, plus die Leute, die diese beeinflussen – bereits zwischen zehn und 90 Personen umfassen, und die Zahl ist wahrscheinlich viel höher.

Viele dieser Leute leben in der Gemeinde der Person, aber einige sicher auch weit weg. Diese entfernten Verbindungen sind vielleicht Familienangehörige, die in einer anderen Stadt wohnen, »Facebook-Freunde« aus einem anderen Land, ein Geschäftspartner in einem anderen Bundesstaat oder ein Kollege oder Mitbewohner, der weggezogen ist. Diese Individuen sind soziale Samen, die den ursprünglichen Einfluss in andere Teile der Welt tragen können.

Wie bei den Ahnennetzwerken verbreiten sich diese sozialen Verbindungen in der Welt mit erstaunlicher Schnelligkeit. Anders als bei den verwandtschaftlichen Beziehungen, die sich über Generationen entwickeln, kann der soziale Einfluss bereits innerhalb von Tagen oder sogar Stunden weitreichend wirken. Das Internet hat dies besonders befördert. Als die Menschen noch auf Telegrafie, Briefe, mündliche Überlieferungen oder andere Kommunikationsmittel mit geringer

Reichweite angewiesen waren, konnte ein Krieg in einem kleinen afrikanischen Land, der Ausbruch einer Krankheit in einem abgelegenen Teil Chinas oder ein vergleichbares Ereignis außerhalb der Grenzen des betreffenden Landes vollkommen unbeachtet bleiben. Im Gegensatz dazu steht die große Bandbreite der heutigen Informationsübertragung: Wir werden heutzutage überall mit Nachrichten, Bruchstücken von Nachrichten oder den belanglosesten Details bombardiert. Egal, ob es sich um unwichtige Ereignisse in abgelegenen Orten handelt, wie etwa einen streunenden Hund, der in Paraguay ein Fußballspiel unterbricht und auf einem YouTube-Video festgehalten ist, oder um ein Grubenunglück in einem österreichischen Dorf – alles wird in die ganze Welt hinausgetragen. Unbedeutende Geschichten können sich per Internet oder durch die Weitergabe via Mobiltelefon virusartig verbreiten und ein weltweites Publikum erreichen.

Studien haben ergeben, dass jeder Einzelne nur eine Handvoll Verknüpfungen von jeder anderen Person in der Welt entfernt ist, selbst wenn man die modernen Kommunikationsmethoden dabei außer Acht lässt. Diese Beobachtung ist die Grundlage für das sogenannte Kleine-Welt-Phänomen, wonach zwei beliebige Personen durch eine Kette von nicht mehr als sechs Bekanntschaften miteinander verbunden sind.[163] Anders ausgedrückt, heißt das, dass man sagen kann:»X kennt jemanden, der jemanden kennt, der jemanden kennt, der jemanden kennt, der jemanden kennt, der Y kennt.« Die Platzhalter»X« und»Y« können durch die Namen von beliebigen zwei Personen auf dieser Welt ausgetauscht werden, und die Aussage bleibt wahr. Tatsächlich haben Nachforschungen dieser Aussage aber einige wichtige Einschränkungen hinzugefügt.[164] Wenn zwei Menschen unterschiedlichen sozialen Klassen angehören oder verschiedene Sprachen sprechen, kann die Zahl der Verbindungen größer sein. Die kürzeste Verbindung zwischen zwei Menschen zu finden ist ein nichttriviales Problem, wie Mathematiker es nennen, und kann nur mithilfe immenser Computerleistungen berechnet werden.[165]

Aber wie mehrere neue Datenquellen belegen, ist die Dichte unserer sozialen Netzwerke unzweifelhaft eine Tatsache. Zum Beispiel macht die Aufzeichnung von Gesprächen, die mit Mobiltelefonen geführt werden, soziale Netzwerke sichtbar und demonstriert deutlich die engen Verbindungen einer großen Anzahl von Leuten.[166] Viele Nutzer von Facebook oder anderen sozialen Netzwerken wissen, ohne groß darüber nachzudenken, dass sie jede Person in diesem Netzwerk relativ schnell erreichen können.

Diese Netzwerke für zwischenmenschliche Verbindungen sind nicht nur ein interessantes Merkmal unserer Leben, sie *sind* unser Leben. Die Leute, die dieses Buch lesen oder die auf Twitter kommunizieren, werden vermutlich niemals Kontakt mit einem Jungen in einer *Barracca* im Amazonasbecken haben. Aber ungeachtet der Lebenssituation, ob jemand reich oder arm ist, in der Stadt oder auf dem Land, in einem Entwicklungsland oder in einem der G7-Staaten lebt, spielt das soziale Netzwerk eine Schlüsselrolle dabei, das eigene Weltbild zu formen und ein Gespür für Richtig oder Falsch zu entwickeln. Die Wahrscheinlichkeit, dass Leute aus völlig unterschiedlichen Bevölkerungsgruppen sich zumindest auf elektronischem Weg begegnen, ist heute aufgrund der Möglichkeiten, die die Massenmedien bieten, viel höher als zu jeder anderen Zeit in der Vergangenheit.

Keiner von uns kann sich außerhalb dieses Netzes von sozialen Verbindungen bewegen, wie sehr jemand auch seine Individualität betonen mag. Wir fangen im Augenblick unserer Geburt an, mit anderen zu interagieren – meist unmittelbar mit unseren Müttern und Vätern, dann mit unseren Großeltern, Geschwistern, Freunden und Lehrern. Der Austausch mit anderen nimmt weiter zu, sobald wir fernsehen, Bücher lesen und Musik hören. Als Erwachsene ergreifen wir Berufe, knüpfen Liebesbeziehungen und bauen unser Weltbild aus. Wir sind in einen sozialen Kontext eingebunden, der unserem Leben Sinn und eine Richtung gibt. Und aufgrund unserer intensiven sozialen Verbindungen beeinflussen wir zwangsläufig auch zukünftige Generationen, egal, was wir mit unserem Leben anfangen.

Ich bin fest davon überzeugt, dass der Sinn für das menschliche Leben von den Menschen selbst bestimmt ist und nicht von einer übernatürlichen Kraft. Wenn wir sterben, besteht die einzige Hoffnung auf ein Leben nach dem Tod in den Spuren, die wir in sozialen Netzwerken hinterlassen haben, als wir noch am Leben waren. Wenn wir Menschen positiv beeinflusst haben – auch wenn unser soziales Netz nur so groß wie eine Kleinfamilie ist –, werden andere uns nacheifern wollen und unsere Ideen, unsere Verhaltensweisen und unseren Lebensstil an zukünftige Generationen weitergeben. Das ist für mich eine mehr als ausreichende Motivation, um in meinem Leben Gutes zu tun und meinen Kindern beizubringen, das ebenso zu machen.

Eine Möglichkeit, unsere Leben zu beschreiben, wäre die Aussage, dass Sinn aus dem komplizierten sozialen Geflecht entsteht, in dem wir alle miteinander verbunden sind. Aber diese Beschreibung scheint mir völlig unzureichend zu sein. Wissenschaften, Religionen, Moralvorstellungen sind alles Produkte dessen, wie Menschen miteinander interagieren. Außerdem verändern sich diese sozialen Gegebenheiten mit jeder weiteren Runde kreativer Kombinationen, und es besteht heute aufgrund der riesigen und wachsenden Zahl an sozialen Verbindungen, die die modernen Technologien ermöglichen, ein viel größeres Potenzial für soziale Veränderungen als zu irgendeiner anderen Zeit in der Vergangenheit. Was für viele unumstößliche soziale Gegebenheiten sind, muss als formbar und der Veränderung ausgesetzt angesehen werden und, wie im Falle der Wissenschaften, Umstrukturierungen verpflichtet. Wie Aldo Leopold in dem Motto dieses Kapitels betont, kann man mit gutem Grund davon ausgehen, dass eine Veränderung der Werte in dem Maße erfolgt, wie nachprüfbares Wissen weiter angesammelt wird. Alle Institutionen müssen diese grundlegende Tatsache des modernen Lebens anerkennen.

Für religiöse Menschen kann das entmutigend sein. Wenn mein Urgroßvater Zerr heute noch am Leben wäre, würde ich ihn fragen: »Wie kannst du einen Glauben aufbauen, der auf der Annahme einer Unveränderbarkeit eines heiligen Textes basiert, wenn wir doch in einer Gesellschaft leben, in der die Wissenschaft diesen Text widerlegt hat und das soziale Gefüge sich vor unseren Augen verändert?« Laut meiner Mutter führte das Beharren von Großvater Zerr auf einer wortwörtlichen Auslegung der Bibel zu einer Spaltung zwischen ihm und vielen aus seiner Gemeinde, die sich nach einer fortschrittlicheren und toleranteren Bibelinterpretation sehnten. Wie bei vielen strikten Theisten endete sein Versuch damit, dass er zahlreiche Leute aus dem sozialen Netz, das er aufbauen wollte, ausschloss. In der heutigen Welt ist es für viele Institutionen – Religionen, Universitäten, Zeitungen, die Industrie, aber auch Musikgenres wie Punkrock – zunehmend schwerer, an starrsinnigen und absoluten Vorstellungen über das, »was sein sollte«, festzuhalten. Die Veränderungen, die ausmachen, »was der Fall ist« – eingeschlossen der kreativen Kombinationen, die sich aus den sich rasend schnell erweiternden sozialen Netzwerken ergeben –, treten mit unglaublicher Geschwindigkeit auf. Es erscheint vielleicht unmöglich, mit all diesen Veränderungen Schritt zu halten, aber ich finde es nur schwer, wenn man an einem unbeweglichen Weltbild festhält. Wer einmal die Dynamik, die in einer zunehmend vernetzten Welt herrscht, akzeptiert hat, für den sind Veränderungen nicht besorgniserregend. Und diese dynamische soziale Sichtweise passt perfekt zu den naturalistischen Prinzipien Beobachten, Experimentieren und Überprüfen.

Die Kombination von unserem Mitwirken in den dichten sozialen Netzwerken einerseits und unserer Unabhängigkeit als Individuen andererseits birgt Spannungen. Soziale Erwartungen können erdrückend sein. Im Laufe dieses Buches habe ich darauf aufmerksam gemacht, auf welche Weise Individualität durch die Anforderungen anderer unterdrückt werden kann. Doch wie können wir uns dagegen wehren, bloße Zahnräder im großen Getriebe der sozialen Mechanismen zu sein, die der Gesellschaft zugrunde liegen?

Meine Antwort ist einfach. Wir müssen unsere Kreativität entfalten und aufhören, sie zu bekämpfen. Wenn sich unerwartete Dinge ereignen, seien es Tragödien oder Möglichkeiten, dann müssen wir kluge Entscheidungen treffen, die zu kreativen Ergebnissen führen. Jeder von uns verfügt durch seine Handlungen und seine Worte über das Potenzial, um in der Welt einen Eindruck zu hinterlassen. Egal, ob jemand ein Elternteil ist, der ein Kind großzieht, ein Priester, der eine Predigt hält, ein Maurer, der eine Wand hochzieht, ein Biologe, der die

Natur erforscht, ein Autor, der ein Buch schreibt, oder ein Professor, der einen Kurs gibt, es bestanden noch nie mehr Möglichkeiten für Menschen, um ihre Ideen mit anderen zu teilen.

Ich fühle mich in dieser Hinsicht in einer besonders glücklichen Lage, da ich Musiker und Songschreiber geworden bin und viele meiner Vorstellungen in Liedern ausdrücken konnte. Was ist ein Song eigentlich genau? Er ist ein Destillat aus Erfahrung, Gefühl und einem Weltbild, das man mit einem Publikum teilt. Ein Song ist erfolgreich, wenn er die Leute so anspricht, dass sie ihn verinnerlichen und als einen sinnvollen Teil ihrer selbst annehmen. Ein Song hat vielleicht nur eine kurze Wirkung, oder er wird zu einem lebenslangen Begleiter. »Das ist mein Song« – das ist das größte Kompliment für jeden Songschreiber, der etwas komponiert hat, das anderen so sehr gefällt, dass sie es sich zu eigen machen.

Songschreiben ist ein Handwerk, daher dürfte es nicht sonderlich erstaunlich sein, dass diejenigen, die sich ihm ganz widmen, mit der Zeit immer besser werden. Wenn jemand ein Haus baut und eine schöne handgearbeitete Treppe haben möchte, würde er wahrscheinlich auch niemanden beauftragen, der noch unter 30 ist. Ein bekannter Ausspruch von Schreinern lautet: »Das Leben ist so kurz, und es dauert so lang, das Handwerk gut zu erlernen.«[167] Ältere Schreiner und Steinmetze machen ihre Sache meist besser als jüngere Handwerker, weil sie jeden Auftrag als eine Erfahrung ansehen, aus der sie lernen können. Der nächste Auftrag ist die Gelegenheit, das zu verbessern, was sie beim letzten Auftrag gemacht haben. Das Gleiche lässt sich über ernsthaftes Songschreiben sagen. Ich bin immer davon ausgegangen, dass meine besten Arbeiten noch vor mir liegen. Selbst wenn es mir gelingt, eine ansprechende Melodie zu schreiben und gute Texte, dann versuche ich trotzdem, gelungene Elemente aus alten Songs neu und anders zu gebrauchen.

Ich hatte in den 30 Jahren, in denen die Band existiert, großes Glück mit Bad Religion. 2001 stieg Brett wieder in die Band ein und trug zu einem neuen Kreativitätsschub bei, der meiner Meinung nach zu einigen unserer besten Alben geführt hat. Die Nachfrage nach Auftritten war nie größer, und wir reisen regelmäßig durch die Vereinigten Staaten und um die ganze Welt, um Konzerte zu geben. Ich bin nun seit Jahrzehnten mit Brett, Jay, Greg Hetson, Brian und unserem jüngsten Bandmitglied, dem unglaublich talentierten Schlagzeuger Brooks Wackerman, befreundet. Wir sind wie eine Familie. Zusammen haben wir einige bemerkenswerte Dinge erlebt.

Bei manchen schönen Gelegenheiten habe ich Leute in ihren Autos bei geöffneten Fenstern einen meiner Songs singen hören, ohne dass sie bemerkt hätten, dass ich im Auto neben ihnen saß. In solchen Momenten erfüllte mich ein großartiges Gefühl der Genugtuung. Ich wusste, dass ich etwas erschaffen hatte, das für das Leben einer anderen Person von Bedeutung war – wenn auch nur für einen Augenblick. Irgendwie hatte mein Weltbild oder zumindest eine Melodie, die ich geschrieben hatte, für sie einen Sinn. Natürlich war es nicht nachvollziehbar, ob sie verstanden hatten, was ich mit den Texten sagen wollte, oder ob sie irgendetwas von dem Gehalt des Songs aufgenommen hatten, aber irgendwie hatte der Song einen Nerv getroffen. Vielleicht hat meine Musik ihr Leben bereichert. Vielleicht knüpften sie an meine Kreativität an und gliederten sie in ein größeres soziales Netz ein, das noch lange nach meinem Tod fortbestehen wird. Meiner Meinung nach gibt es keine andere Hoffnung auf ein Leben nach dem Tod, als dass sich die Leute, die man bewegt hat, an einen erinnern, daran, was jemand gemacht hat, und an die Ideen, die jemand hatte. Doch man muss kein Sänger oder auch keine Person des öffentlichen Lebens sein, um diese Art des Fortlebens nach dem Tod zu gewährleisten. Dazu reicht es, die Beziehungen zu verbessern, die jemand bereits hat. Wer dies tut, kann zuversichtlich sein, dass er Teil von etwas wird, das größer ist als er. Und nach seinem Tod werden die Leute sich an ihn erinnern, über ihn reden und so die Wirkung auf zukünftige Generationen verstärken.

Kreativität ist eine Herausforderung. Sie verlangt von uns, dass wir vollkommen Mensch sind – selbstständig, aber doch eingebunden, unabhängig, aber doch voneinander abhängig. Kreativität schlägt die Brücke über den Konflikt zwischen unserer Individualität und unserer Geselligkeit. Sie ist das verbindende Element unserer Spezies, während sie uns gleichzeitig als einzigartige Individuen kennzeichnet. Wir üben unsere Fähigkeit, soziale Netzwerke zu verändern, während wir die Netzwerke verstärken und aufwerten. Das Leben ist ein Akt endloser Kreativität. Mit all seinen schwelenden Tragödien und gelegentlichen Katastrophen ist das menschliche Leben, wenn man darüber nachdenkt und es erlebt, eine erstaunliche Sache. Für keinen von uns lag ein besonderer Plan vor, als wir geboren wurden. Wenn wir die Vorstellung von einem intelligenten Schöpfer, der uns erschaffen hat, aufgeben, dann können wir jeden Morgen aufwachen und sagen:»Was vorbei ist, ist vorbei. Wie kann ich heute das Beste aus dem Hier und Jetzt machen?« Das Leben steht niemals still. Trotz aller katastrophalen Tragödien hat das Leben unermüdlich neue, unvorhersehbare Varianten hervorgebracht. Ich empfinde die Erzählmuster der Geschichte der Evolution als beruhigend. Wenn ich etwas erschaffe, dann fühle ich, dass ich Teilnehmer in dem großartigen Schauspiel des Lebens bin, ein Teil des fortlaufenden kreativen Prozesses des Universums. Ich weiß nicht, ob dieses Gefühl für die meisten Leute ausreicht, um den Trost, den ihnen die Religion in ihrem Leben spendet, zu ersetzen, aber für mich reicht es.

DANKSAGUNG

Ich dachte bisher immer, dass Aussagen im Vorwort wie »Alle Ideen, Fehler und Meinungen habe ich zu verantworten« eigentlich naheliegend seien und daher dem Leser gegenüber nicht mehr eigens erwähnt werden müssten. Jetzt, nachdem ich dieses Buch fertiggestellt habe, kann ich alle Autoren verstehen, die so etwas geschrieben haben. Ich habe begriffen, dass sie damit bloß den Ruf der Lehrer wahren wollen, von denen sie gelernt haben. Dieses Buch ist das Destillat all der Begegnungen, die ich im Lauf der Jahre mit vielen Leuten hatte, und ich kann meine Wertschätzung für ihre Erkenntnisse und ihre Klugheit nicht genug betonen – auch wenn ich manches auf eine Art und Weise interpretiert haben mag, wie sie es nicht erwartet hätten. Ich möchte denen meine Anerkennung und Dankbarkeit ausdrücken, die mein Denken beeinflusst haben und mir geholfen haben, dieses Projekt fertigzustellen.

Dieses Projekt wäre ohne die Beharrlichkeit meines Agenten, Marc Gerald von der Agency Group, nicht zustande gekommen, der mich 18 Monate lange angerufen und per E-Mail angeschrieben hat, um ein Treffen zu vereinbaren, sobald ich dafür bereit sei, über meine Buchidee zu reden. Nach diesem Treffen machte sich Caroline Greeven, auch von der Agency Group, daran, aus den Hunderten von Seiten, die ich in der Vergangenheit geschrieben hatte, einen ersten Entwurf zu erstellen. Ich möchte Marc und Caroline herzlich dafür danken, dass sie an mich und das Projekt geglaubt haben, das wir bei einem Essen bei Barney Greengrass diskutiert haben.

Als wir die Idee Bob Miller, Julia Cheiffetz und Debbie Stier von HarperStudio vorgestellt haben, war mir nicht klar, dass mein Projekt in den Händen eines Unternehmens mit derartig unübertrefflichen Profis und einer fantastischen Führung liegen würde. Nachdem ich alle besser kennengelernt habe, muss ich ehrlich sagen, dass ich mir keinen anderen Verlag vorstellen kann, mit dem ich lieber zusammenarbeiten würde. Ich danke Bob, Julia, Debbie und Jessica, die das Projekt in seiner Anfangsphase betreut haben.

Als ich mit dafür entschied, Steve Olson als Koautor an Bord zu holen, war mir klar, dass ich das Buch damit auf eine nächste Stufe heben würde. Ich bewunderte Steves preisgekrönten Schreibstil und sein Geschick für wissenschaftliche Darstellungen. Wir lernten uns vor vielen Jahren bei einem Bad-Religion-Konzert kennen. Wir unterhielten uns über die Abstammung des Menschen – das Thema seines bekanntesten Buches –, und später brachte er sein Wissen über Evolution und Punkrock zusammen, indem er zwei Artikel über mich für die Magazine *Wired* und *Paste* schrieb. Als wir uns daranmachten, meine Ideen für *Anarchie und Evolution* zusammenzustellen, hatte Steve einige Bedenken, die aber erst herauskamen, als das Projekt beendet war. Steve war noch nie Koautor eines Buches gewesen, hatte aber von anderen gehört, die mit ähnlichen Projekten grauenhafte Erfahrungen gemacht hatten. Die Leichtigkeit, mit der *Anarchie und Evolution* zustande kam, verblüffte uns beide. Es gab keine Hindernisse, keine Verzögerungen, keine Streitereien. Jedes Kapitel absolvierte ohne größere Schwierigkeiten mehrere Durchläufe. Vielen Dank, Steve, dass du so ein großartiger Koautor und Freund bist.

Es war mir ein Vergnügen, mit Carrie Kania von It Books zusammenzuarbeiten. Ihre Vision hat diesem Projekt unermesslich geholfen. Die Öffentlichkeitsarbeit wurde von Greg Kubie von HarperCollins und Austin Griswold von Epitaph Records meisterhaft übernommen. Kevin Callahan betreute die Vermarktung wunderbar, und Katie Salisbury erledigte mit Souveränität die Logistik.

Das Manuskript wurde durch die Anmerkungen der folgenden Personen, die den ersten Entwurf lasen, erheblich verbessert. Ich möchte Megan Shull, Will Provine, Paul Abramson, Jay Phelan, Preston Jones und Lynn Olson danken. Ich bin auch dem außergewöhnlichen Geschick und der Aufmerksamkeit meiner Lektorin Julia Cheiffetz dankbar, die zahlreiche überarbeitete Versionen des Buches las und es meisterhaft lenkte. Olga Gardner Galvin redigierte das Manuskript großartig.

Mein sporadisches akademisches Leben wurde durch zahlreiche Menschen bereichert, aber ich möchte insbesondere Jay Phelan, Mark Gold, Will Provine, Warren Allmon, Fritz Hertel, Peter Vaughn, Laurie Vitt und Paul Abramson dafür danken, dass sie, was sehr selten ist, sowohl akademische Kollegen als auch gute Freunde sind. Bei den Verwaltungsangestellten im »Front Office« der UCLA – Tracy Newmann, Lily Yanez und Lauri Holbrook – möchte ich mich dafür bedanken, dass sie das Unterrichten so angenehm gemacht haben. Den Studenten, die ich an der UCLA in Biologie, Geowissenschaften und Astrophysik unterrichten durfte, gilt mein Dank dafür, dass sie studieren, und besonders dafür, dass sie in meine Sprechstunden kommen, um mit mir philosophische Themen zu diskutieren, die nicht Teil ihrer Prüfungen sind.

Das Songschreiben ist ein besonderes Handwerk, und ich habe das außerordentliche Glück, einen Partner zu haben, der auch ein Jugendfreund und für mich eher ein Bruder als ein Geschäftspartner ist: Danke, Brett Gurewitz, für all deine Unterstützung und Ratschläge. Ich habe in hohem Maße von unseren permanenten lebhaften Debatten und Diskussionen über philosophische und musikalische Themen profitiert.

Dafür, dass sie solche Prachtkerle sind, wahre Freunde, die auch an dem großartigen und kreativen Unternehmen von Konzerttouren teilnehmen, möchte ich meinen Bandkollegen und meiner Crew danken: Jay Bentley, Greg Hetson, Brian Baker, Brooks Wackerman, Jens Geiger, Cathy Mason und Ron Kimball. In den unzähligen Stunden, die wir zusammen auf fünf Kontinenten verbracht haben, habe ich unsere fröhliche Wanderschaft und unsere Einigkeit, die stets bestand, wenn es darauf ankam, immer genossen. In anderen Bereichen meiner beruflichen Karriere möchte ich Steven Barlevi, Eric Greenspan, Frank Nuti und Darryl Eaton dafür danken, dass sie so gute Freunde und wichtige Ratgeber waren.

Kein Projekt kann ohne die liebende Unterstützung einer Familie erfolgreich sein. Die Ermutigung durch meine Familie ist unendlich, und ich danke allen dafür, dass sie mir erlaubt haben, dass meine Arbeit in so viele Bereiche unserer Beziehungen eingedrungen ist. Graham und Ella, vieles in diesem Buch habe ich geschrieben, während ich euch im Kopf hatte. Selbst wenn ihr das niemals lesen werdet, sollt ihr wissen, dass der Inhalt in großem Maße von meiner Liebe zu euch inspiriert ist. Alli, ich liebe und schätze dich mehr, als die Worte in diesem Buch es ausdrücken können. Dank dir für all deine Geduld und deine Unterstützung. Mutter, Vater und Grant, ihr habt mich dazu ermutigt, mehr wissen zu wollen, mehr zu tun und mehr zu erschaffen, und in diesem Prozess habe ich die Größe eurer Klugheit entdeckt. Ich danke auch meiner erweiterten»Familie«, den Freunden des»inneren Kreises«, die mich permanent unterstützen, die meine vertrautesten Begleiter sind, die mich im höchsten Maße glücklich machen: Wrye Martin, David Bragger und Megan Shull. Ich möchte auch meiner anderen Familie meinen Dank und größte Wertschätzung ausdrücken, Frank und Sheila Kleinheinz, für ihre Liebe und ihre Unterstützung.

ANMERKUNGEN

Kapitel 1: Das Autoritätsproblem

1   Dies antwortete Laplace auf die Frage des Kaisers Napoleon, warum Gott
    in seinem fünfbändigen Werk *Traité de mécanique céleste* (1798–1825)
    (deutsche Übersetzung der ersten beiden Bände: *Mechanik des Himmels*
    von Johann Carl Burckhardt, Berlin 1800–1802), einer astronomischen
    Analyse der Kreisbewegung der Erde, nicht vorkomme. Die Aussage wur-
    de häufig zitiert, insbesondere in der zeitgenössischen Literatur. Das Zitat
    scheint umso wichtiger geworden zu sein, je mehr man die Bedeutung
    der Aufklärung erfasste. Vgl. Brian L. Silver: *The Ascent of Science*, New
    York: Oxford University Press, 1998. S. 61.

2   Einstein äußerte diesen Satz 1930 gegenüber einem Freund. Vgl. A. Ca-
    laprice (Hrsg): *The Expanded Quotable Einstein*, Princeton, New Jersey:
    Princeton University Press, 2000, S. 14 (deutsche Ausgabe: A. Calaprice
    (Hrsg): *Einstein sagt: Zitate, Einfälle, Gedanken*, München/Zürich: Piper,
    2007).

3   In den Wissenschaften rühren die autoritären Positionen von Paradigmen
    her – Ansichten, die zu einem bestimmten Zeitpunkt das Forschungsfeld
    bestimmen. Im Endeffekt sind Paradigmen nichts anderes als Dogmen. Wis-
    senschaftler, die Paradigmen zu energisch verteidigen, erzeugen oft den Ein-
    druck, dass dogmatische Autorität respektiert werden sollte. Das allerdings
    steht im Widerspruch zum Selbstverständnis der Wissenschaft. Tatsächlich
    beruht die Wissenschaft nämlich auf Paradigmenwechseln, die dazu führen,
    dass ein Dogma widerlegt und die damit verbundene Autorität untergraben
    wird. Hierbei werden standardisierte wissenschaftliche Praktiken durch
    neue Entdeckungen, deren Verifikation und anschließende Theoriebildung
    überholt. Während solch außergewöhnlicher Abschnitte, sogenannter wis-
    senschaftlicher Revolutionen, entstehen neue Paradigmen. Vgl. Thomas
    S. Kuhn, The Structure of Scientific Revolutions, Chicago: University of
    Chicago Press 1962 (deutsche Ausgabe: Thomas S. Kuhn, Die Struktur wis-
    senschaftlicher Revolutionen, Frankfurt am Main: Suhrkamp 2001).

4   Phil Zuckerman:»Atheism: Contemporary Numbers and Patterns«, in:
    Michael Martin (Hrsg.): *The Cambridge Companion to Atheism*, New
    York: Cambridge University Press 2007, S. 47–65.

5   Dieses Argument findet sich in Platons Dialog *Euthyphron*, in dem So-
     krates verschiedene Definitionen von Religiosität bemängelt. »Euthyph-
     ron ... ist eine Karikatur eines volkstümlichen Pietisten, der genau weiß,
     was die Götter wollen. Auf die Frage des Sokrates ›Was ist Frömmigkeit
     und was Unfrömmigkeit?‹ gibt er zur Antwort: ›Frömmigkeit ist, so zu
     handeln wie ich!‹« In: Karl Popper: *The Open Society and its Enemies,
     Volume I. The Spell of Plato*, London: Routledge 1945, S. 265 (deutsche
     Ausgabe: Karl Popper: *Die offene Gesellschaft und ihre Feinde. Band I.
     Der Zauber Platons.* Tübingen: Mohr Siebeck 2003, S. 437, Fußnote 60).
     Das Dilemma Euthyphrons kann mit der Frage »Verdient etwas eine be-
     sondere Behandlung, weil es von Gott bevorzugt wird, oder wird etwas
     von Gott bevorzugt, weil es einen besonderen Status hat?« zusammenge-
     fasst werden. In der Darstellung Platons war dies das Dilemma Sokrates'
     in Bezug auf die Gottesfurcht.

6   Physiker fassen Raum und Zeit gemeinhin als eine Einheit zusammen,
     als sogenanntes Raum-Zeit-Kontinuum. So betrachtet, gibt es bloß drei
     Dinge im Universum: Raum-Zeit, Materie und Kraft.

7   Mehr zu der Unvorhersehbarkeit komplexer Systeme vgl. Stephen Wolf-
     ram, *A New Kind of Science*, Champaign, Illinois: Wolfram Media 2002.

8   Carl Sagan war sowohl ein bekannter Astrophysiker, der u. a. die Daten-
     platte Voyager Golden Record mit initiierte, auf der außerirdischer In-
     telligenz unsere Zivilisation vermittelt werden sollte, als auch Autor von
     populärwissenschaftlichen Büchern. Die Comedy-Show *Saturday Night
     Live* wird seit 1975 wöchentlich ausgestrahlt und präsentiert tagesaktuelle
     parodistische Sketche.

9   Seit den 1960er-Jahren wurde der Arzneistoff Methaqualon als Schlafmit-
     tel eingesetzt und 1965 unter den Handelsnamen Quaalude® und Parest®
     in den USA eingeführt. Der Wirkstoff wurde und wird auch als Droge
     missbraucht.

10   Herbert Vetter, *Speak Out Against the New Right*, Cambridge, Massachu-
     setts: Harvard Square Library 2004.

11   Die Moral Majority war eine lobbyistische Gruppe der christlichen neuen
     Rechten.

12   Jacquetta Hawkes, *The Atlas of Early Man*, New York: St. Martin's Press
     1976.

13   Richard Leakey und Roger Lewin: *Origins*, New York: Dutton 1977
     (deutsche Ausgabe: *Wie der Mensch zum Menschen wurde*, Hoffmann und
     Campe: Hamburg 1978).

14   »Wir sind eine Menschheit, und wir können alle gemeinsam nach einem
     Ziel streben: das friedliche und gleichberechtigte Überleben der Mensch-
     heit. Dass wir auf dieser Erde angekommen sind, ist bloß das Produkt

eines biologischen Zufalls, es wäre blanke Ironie, wenn wir sie aufgrund unserer Arroganz verlassen würden.«

15 »Der erste Mensch verschwand, als der moderne Mensch die Herrschaft an sich riss. / Die Gemüter waren verschieden, er hatte nur Eroberung im Sinn. / Er baute sein Reich auf und schlachtete seinesgleichen. / Er starb geistig umnachtet, brachte sich mit seinem Verstand um. / Wir werden nur an unserer Arroganz zugrunde gehen.«

16 Donald Johanson und James Shreeve, *Lucy's Child: The Discovery of a Human Ancestor*, New York: Viking 1989 (deutsche Ausgabe: *Lucys Kind. Auf der Suche nach den ersten Menschen*, München: Piper 1990).

17 1902 veröffentlichte Rudyard Kippling die Geschichtensammlung *Just So Stories*, in der er skurril und märchenhaft beschrieb, wie Tiere bestimmte Eigenschaften erworben hatten. Zum Beispiel hat demnach das Nashorn eine raue Haut und ein mürrisches Gemüt, weil ein Parse seine Haut mit Kuchenkrümeln gefüllt hat, als das Nashorn sie zum Schwimmen abgelegt hatte. Evolutionsbiologen verwenden den Begriff »just so story« für kausale Erklärungen von evolutionären Ergebnissen, die unmöglich belegt oder widerlegt werden können.

18 Soweit wir Menschen das wissen können, sind wir die einzige Spezies, die über ihre eigene Existenz nachdenken und die viele Elemente der physikalischen und biologischen Welt erfassen, sie isolieren und mit ihnen experimentieren kann. In diesem Sinne und in dem Sinne, dass wir eine außerordentlich aktive Spezies sind, die die Erde bevölkert hat und den Weltraum erforscht, ist die selbstgefällige Überzeugung der Menschheit, das großartigste Produkt der Evolution zu sein, vielleicht gerechtfertigt. Aber es gibt auf jeden Fall auch noch andere Kriterien, um zu bestimmen, was evolutionärer »Erfolg« ist (eine Diskussion, die meiner Meinung nach am besten mit ein paar Cocktails oder auf einer After-Show-Party geführt werden sollte). Zum Beispiel ist unsere Spezies unter dem Aspekt der Widerstandsfähigkeit noch nicht hinreichend getestet worden. Unsere Gattung, den *Homo*, gibt es erst seit ca. zwei Millionen Jahren, keine besonders lange Zeitspanne, gemessen an den Standards anderer Arten. Wenn man bedenkt, dass die *Lingula* – ein wühlendes, wirbelloses, im Meere lebendes Schalentier – den Boden in Küstennähe seit 600 Millionen Jahren aufwühlt, erscheinen wir eher wie Kleinkinder, die noch nicht einmal annähernd die ökologischen Umbrüche erforscht haben, die die Erde zu bieten hat. Außerdem ist unser Stoffwechsel in gewisser Weise erbärmlich einfach. Wir brauchen Sauerstoff, und wir müssen bestimmte Dinge essen, um genug Nährstoffe aufzunehmen. Wenn man Menschen den Sauerstoff entzieht, beeinträchtigen biochemische Veränderungen im Blut, Kohlenstoffdioxid und Säure innerhalb von Minuten die Gehirn-

funktion. Das Absterben aller Körperzellen steht bevor, wenn nicht die Sauerstoffzufuhr zu den Lungen sofort wiederhergestellt wird. Betrachten wir dagegen die ersten Organismen, die vor 3,4 Milliarden Jahren auf der Erde entstanden sind. Sie existieren immer noch. Diese mikroskopisch kleinen Organismen, die sogenannten Blaualgen, erhalten alle ihre notwendigen biochemischen »Bausteine« durch Fotosynthese. Um ihren Bedarf an Kohlenstoff zu befriedigen, müssen sie nicht essen. Vielmehr nehmen sie Kohlenstoffdioxid aus der Atmosphäre auf und bedienen sich der Sonnenstrahlung, um Wassermoleküle zu spalten. Anders als der Mensch sieht die Blaualge Sauerstoff lediglich als Abfallprodukt! Allerdings braucht sie Wasser genauso wie der Mensch Sauerstoff (als Quelle für Elektronen, die dem Energiestoffwechsel zugeführt werden). Wenn der Blaualge aber ihre bevorzugte Elektronenquelle – Wasser – entzogen wird, kann sie auf eine andere Chemikalie, Schwefelwasserstoff, zurückgreifen, oder sie benutzt molekularen Wasserstoff als Elektronenspender. Anders gesagt: Sie hat Stoffwechselfähigkeiten, die es ihr ermöglichen, drastischen Veränderungen im chemischen Aufbau ihrer Umgebung standzuhalten. Die Blaualge fühlt sich in sauerstoffreicher Umgebung genauso wohl wie in sauerstofffreier, im hellen Licht wie im Dunklen (sie können im Dunklen elementaren Schwefel abbauen). Diese bemerkenswerte Flexibilität des Stoffwechsels ist ein großes Plus im Vergleich zu unserer Spezies und erklärt vermutlich, warum die Blaualge über so eine immense Spanne der Erdgeschichte existieren konnte. Betrachtet man die Stoffwechselbedürfnisse des Menschen und unsere eingeschränkte Verträglichkeit von Veränderungen unserer Umwelt, zeigt sich, dass wir wohl wenig flexibel auf dramatische Veränderungen in der Zusammensetzung der Atmosphäre reagieren könnten.

19   Theodosius Dobzhansky, »Nothing in biology makes sense except in the light of evolution«, *The American Biology Teacher* 35, März 1973, S. 125–129.

Kapitel 2: Das Leben verstehen

20   Aus einem Interview in Cambridge, Massachusetts am 25. Juni 2003, in: Gregory W. Graffin, *Evolution, Monism, Atheism, and the Naturalist World-View*, Ithaca, New York: Polypterus Press 2004. Auch in: Greg Graffin, *Evolution and Religion: Questioning the Beliefs of the World's Eminent Evolutionists*, Ithaca, New York: Polypterus Press 2010. Vgl. www.polypterus.org.

21   Aus einem Interview in Bedford, Massachusetts am 25. Juni 2003, ebd. S. 167.

22   Lynn Margulis und Dorion Sagan, *Acquiring Genomes: A Theory of the Origins of Species*, New York: Basic Books 2002.

23 Ein guter Überblick über den Aufstieg des Punk findet sich in Brian Cogan, *The Encyclopedia of Punk*, New York: Sterling Publishing 2008, und im *Mojo Magazine, Punk: The Whole Story*, London: Dorling Kindersley 2006. A. d. Ü: Das deutschsprachige »Standardwerk« über die soziale und kulturelle Geschichte des Punk ist Martin Büssers *If the Kids are united: Von Punk zu Hardcore und zurück*, Mainz: Ventil Verlag, 8. Auflage 2010. Umfassende Darstellungen der Geschichte des Punk finden sich für die USA in Legs McNeil, Gillian McCain: *Please Kill Me: Die unzensierte Geschichte des Punk*, Hannibal: Höfen 2004 und für England in Jon Savage: *England's Dreaming: Anarchie, Sex Pistols, Punkrock*, Edition Tiamat: Berlin 2003 bzw. John Robb: *Punk Rock: Die Geschichte einer Revolution*, Heyne: München 2009.

24 Die Sex Pistols lösten sich im Zuge ihrer ersten und einzigen USA-Tour auf.

25 A. d. Ü.: Einen sehr guten Überblick über die frühe kalifornische Punkszene liefert der von Jon Savage kompilierte Sampler Various Artists: *Black Hole*, Domino Records 2010.

26 Ein aktueller Überblick über die Evolution von Eukaryoten, also einzelligen Lebewesen, findet sich in T. Martin Embley und William Martin, »Eukaryotic Evolution, Changes and Challenges«, *Nature* 440 (2006), Seite 623–630.

27 Diese Äußerung wird berechtigterweise bei vielen Evolutionsbiologen einen Anfall hervorrufen. Sie kommt gefährlich nah an das ultimative Sakrileg in der Evolutionsforschung heran – zumindest aus Sicht der führenden Vertreter in diesem Bereich. Dieser Verstoß nennt sich »Teleologie«, ein Überbleibsel aus der Zeit von Aristoteles. Teleologie lässt sich auf eine Art Mystizismus herunterbrechen, für den es keine tatsächliche Basis gibt und der eine Erklärung für alles mit Blick auf ihren Zweck sucht. Beispielsweise wäre der Zweck von Gras, als Weidefläche und Futter für Kühe zu dienen. Der Zweck von Kühen wiederum ist es, den Menschen Milch und Fleisch zu liefern. Aus einer teleologischen Perspektive ist der Sinn der Evolution, komplexere Lebensformen zu erschaffen, um schließlich zu den Menschen zu gelangen. Dieser zweckgebundene Antrieb der Evolution ließ sich jedoch nie beweisen. Interessierten Lesern empfehle ich zur weiteren Lektüre: Henri Bergson, *Creative Evolution*, übersetzt von Arthur Mitchell, New York: Henry Holt & Co., 1913 (das französische Original *L'Evolution créatrice* ist von 1907, die deutsche Ausgabe *Schöpferische Entwicklung*, übers. v. Gertrud Kantorowicz, Jena: Diederichs 1921, Nachdruck: Hanau: Cocon 1969), und Pierre Teilhard de Chardin, *The Phenomenon of Man*, übersetzt von Bernard Wall, New York: Harper & Row 1959 (das französische Original *Le Phénomène Humain* erschien 1955, die deutsche Ausgabe *Der Mensch im Kosmos*. Mün-

chen: Beck 1959). Für eine Diskussion über das Problem der Teleologie siehe: Ernst Mayr, *The Growth of Biological Thought*, Cambridge, Massachusetts; London, England: Belknap 1982, Seite 528 (deutsche Ausgabe: *Die Entwicklung der biologischen Gedankenwelt: Vielfalt, Evolution und Vererbung*, Springer: Berlin 2002). Meiner Meinung nach bewegt sich jede Diskussion über »anpassungsfähige Gestaltung« oder »Optimalität« gefährlich nah an der Grenze zur Teleologie.

28 Edward B. Daeschler, Neal H. Shubin und Farish A. Jenkins, »A Devonian Tetrapod-like Fish and the Origin of the Tetrapod Body Plan«, *Nature* 440 (2006), Seite 757–763.

29 Steve Olson, *Mapping Human History: Discovering the Past Through Our Genes*, Boston: Houghton Mifflin 2002 (deutsche Ausgabe: *Herkunft und Geschichte des Menschen. Was die Gene über unsere Vergangenheit verraten*, Berlin: Berlin Verlag 2003).

30 Gregory W. Graffin, *Evolution, Monism, Atheism, and the Naturalist World-View*, Ithaca, New York: Polypterus Press 2004.

31 Will schrieb mir diese Kommentare nach der Durchsicht einer frühen Fassung dieses Buches.

32 Mehr zu dem naturalistischen Trugschluss siehe in Kapitel 8, Fußnote 145.

33 Ich habe das Wort »Gene« ins Anführungszeichen gesetzt, weil es schwierig geworden ist, exakt zu bestimmen, was ein Gen ist. Es kann als ein doppelsträngiges, schraubenartiges Nukleinsäuremolekül, das den genetischen Code enthält, beschrieben werden, aber das wäre zu sehr vereinfacht. Vgl. Mark B. Gerstein, Can Bruce, Joel S. Rozowsky, Deyou Zheng, Jiang Du, Jan O. Korbel, Olof Emanuelsson, Zhengdong D. Zhang, Sherman Weissman und Michael Snyder, »What Is a Gene Post-ENCODE? History and updated definition«, *Genome Research* 17, 2007, Seiten 669–681. Wichtig ist auch zu bedenken, dass eine andere Nukleinsäure, RNA, den Gencode enthält und Gene transportiert. Bei Menschen erfüllt RNA, genau wie bei allen anderen eukaryotischen Organismen (das sind die, deren Zellen eukaryotisch sind – das Ergebnis der wechselseitigen Symbiose, auf die ich mich in diesem Kapitel bezogen habe, im Gegensatz zu prokaryotischen Organismen, deren Zellen keine Endosymbiose vollziehen), eine wesentliche regulierende Funktion, die hilft, den DNA-Ausdruck in der Synthese mit Proteinen zu bestimmen. Grundsätzlich sollten wir uns Gene als eine verschlüsselte biochemische Information vorstellen, die auf gewisse Weise ein funktionierendes biologisches Produkt hervorbringt. Aber es gibt auch eine Vielzahl anderer Quellen für Merkmale. Vgl. Mary Jane West-Eberhard, *Developmental Plasticity and Evolution*, Oxford: Oxford University Press 2003, Seite 20.

34 Zur tieferen Einsicht in die Komplexität interaktionistischer Erklärungen vgl. Richard Lewontin, *The Triple Helix, Gene, Organism, and Environment*, Cambridge, Massachusetts: Harvard University Press 2000, Seite 116 (deutsche Ausgabe: *Die Dreifachhelix: Gen, Organismus und Umwelt*, Springer: Berlin 2009), und David S. Moore, The Dependent Gene: *The Falacy of »Nature vs. Nurture«*, New York: W. H. Freeman 2001.

35 Peter P. Vaughn ist eine Koryphäe im Bereich der Wirbeltierpaläontologie. Meine Abschlussarbeit wurde auch von dem legendären Everett C. Olson und den Geowissenschaftlern Walter (Ted) Redd und Gerhard Oertel von der UCLA beaufsichtigt und abgesegnet. Der Titel meiner Arbeit war »A New Locality of Fossiliferous Harding Sandstone: Insights into the Earliest Vertebrate Environment and Some Aspects of Dermal Skeletal Tissue«, University of California, Los Angeles, 1990.

36 Greg Graffin, »A New Locality of Fossiliferous Harding Sandstone: Evidence for Freshwater Ordovician Vertebrates«, *Journal of Vertebrate Paleontology 12* (1992), Seite 1–10.

37 Neil Shubin, *Your Inner Fish: A Journey into the 3.5-Billion-Year History of the Human Body*, New York: Random House 2008 (deutsche Ausgabe: *Der Fisch in uns: Eine Reise durch die 3,5 Milliarden Jahre alte Geschichte unseres Körpers*, Frankfurt a. Main: Fischer 2008).

38 Adaptive Radiation ist »der Erfolg einer [evolutionären] phyletischen Abstammungslinie, sich in zahlreichen verschiedenen Nischen und anpassungsfähigen Zonen zu behaupten«. Ernst Mayr, *What Evolution Is*, New York: Basic Books 2001, Seite 208 (deutsche Ausgabe: *Das ist Evolution*, München: Bertelsmann 2003).

39 Aktuelle Forschungen mit Mikroorganismen haben ergeben, dass sich das Bild vom Baum des Lebens nicht problemlos auf alle Organismen übertragen lässt. Der Baum des Lebens unterstellt, dass sich die Beziehungen aller Arten stufenweise in einem Vorfahren-Nachkommen-Modell darstellen lassen und dass es einen genetischen Fingerabdruck gibt, der das erlaubt (der Genotyp). Der Vergleich mit einem Familienstammbaum liegt nahe, aber in der Realität ist dies ein Irrweg. Wenn ein Familienoberhaupt zehn Kinder hätte, die ihrerseits wieder zehn Kinder hätten, hätten alle 100 Cousins sowohl etwas von der DNA des Familienoberhauptes als auch voneinander. Aber für alle heute lebenden Arten, insbesondere wenn man Bakterien dazunimmt, lässt sich so eine eindeutige Vorfahren-Nachfahren-Beziehung nicht endgültig beweisen. Weil Bakterien ihr genetisches Material austauschen können, können zwei verschiedene Bakterienarten innerhalb einer Generation eine dritte Art hervorbringen. Daher schlagen manche Forscher vor, dass man statt von einem Baum des Lebens eher von einem Netz des Lebens sprechen sollte. Doch auch dieses Bild könnte unzureichend sein, wenn noch mehr Daten aus der Biosphäre

gesammelt werden. Im Internet findet sich eine Darstellung des Lebens-
baums unter http://tolweb.org/tree.

40 Darwin und Wallace stellten ihre Theorien 1859 bei einem Treffen der
Linné-Gesellschaft vor.

41 Die Cambridge University Press hat einige der Bridgewater-Abhandlungen neu veröffentlicht. Vgl. z. B. Bell, *The Hand: Its Mechanism and Vital
Endowments as Evincing Design.*

42 Charles Bell: *Die Hand und ihre Eigenschaften*, Stuttgart: Rieger 1851.

43 Neal H. Shubin, Edward B. Daeschler und Farish A. Jenkins,»The Pecto-
ral Fin of Tiktaalik roseae and the Origin of the Tetrapod Limb«, *Nature*
440 (2006), Seite 747–749.

44 Moncure Daniel Conway, *Autobiography, Memories and Experiences of
Moncure Daniel Conway*, Band. 1, New York: Houghton Mifflin 1904,
Seite 359.

45 Für weitere Informationen über James Leuba, vgl. Gregory W. Graffin
und William B. Provine,»Evolution, Religion, and Free Will«, *American
Scientist* 95 (July–August 2007), Seite 294–297. Vgl. auch James H. Leuba, *The Belief in God and Immortality: A Psychological, Anthropological
and Statistical Study*, Boston: Sherman, French and Co. 1916.

46 James H. Leuba,»Religious Beliefs of American Scientists«, *Harper's
Magazine* 169 (1934), Seite 291–300.

47 Da ich mich für den Glauben der angesehensten Autoritäten auf dem Gebiet der Evolutionsbiologie interessierte und nicht für alle Biologen oder
Wissenschaftler, beschränkte ich meine Umfrage auf Mitglieder von Nationalakademien auf der ganzen Welt.

48 Edward J. Larson und Larry Witham,»Leading Scientists Still Reject
God«, *Nature* 394 (1998), Seite 313.

49 »Sag mir, wo ist die Liebe? / In einer achtlosen Schöpfung, in der es nichts
›Höheres‹ gibt. / Es gibt keine Gerechtigkeit, bloß eine Ursache und ein
Heilmittel. / Und als Belohnung das Leiden, das wir alle ertragen müssen. /
Wovor ich Angst habe, ist, dass sie das Gottes Liebe nennen.«

Kapitel 3: Das falsche Götzenbild natürliche Selektion

50 William B. Provine, *The Origins of Theoretical Population Genetics*, Chicago: University of Chicago Press 2001, Seite 199 (Nachwort).

51 Eine aktuelle, weithin bekannte Einführung in die Taxonomie stammt
von Carol Kaesuk Yoon, *Naming Nature: The Clash Between Instinct and
Science*, New York: W. W. Norton 2009.

52 Ich unterscheide zwischen Weisheit und Wissen, auch wenn ich das als Oberstufenschüler noch nicht konnte. Die Differenzierung gründet sich auf meine Lektüre von Bertrand Russell, *The Scientific Outlook*, New York: W. W. Norton, 1931. Weisheit hilft mir, meine physische und soziale Umgebung vorteilhaft zu verändern, während ich alle Formen von Wissen, die mir nicht dabei helfen, bloß als Belanglosigkeiten empfinde.

53 Martin J. S. Rudwick, *The Meaning of Fossils*, 2. Auflage, Chicago: University of Chicago Press 1985.

54 Der volle Titel der deutschen Erstausgabe lautete *Über die Entstehung der Arten im Thier- und Pflanzen-Reich durch natürliche Züchtung, oder Erhaltung der vervollkommneten Rassen im Kampfe um's Daseyn.*

55 In seiner Autobiografie schrieb Darwin:»Ich kann mir nur schwer vorstellen, wie jemand sich wünschen kann, die christliche Lehre möge wahr sein; wenn dem so wäre, sagt die schlichte Sprache der Bibel, dass Ungläubigen, und darunter fielen mein Vater, mein Bruder und die meisten meiner besten Freunde, immerwährend bestraft werden würden. (…) Ich werde hier die allgemeinen Schlüsse, zu denen ich gekommen bin, erläutern. Das alte Argument von der Gestaltung der Natur, wie es Paley ausführt, das mir ehemals so überzeugend erschien, ist falsch, jetzt, wo die Gesetzmäßigkeit der natürlichen Selektion entdeckt wurde. (…) Es scheint nicht mehr Gestaltung in der Variabilität organischer Lebewesen und im Prozess der natürlichen Selektion zu liegen als in den Richtungen, aus denen der Wind weht. Alles in der Natur ist das Resultat aus feststehenden Gesetzen.« Nora Barlow (Hrsg.), *Charles Darwin's Autobiography*, New York: W. W. Norton 1958, Seite 87 (deutsche Ausgabe: *Mein Leben: Die vollständige Autobiographie*, Frankfurt am Main: Insel 2008), Die Person auf die er sich hier bezieht, ist William Paley, einer der führenden Naturtheologen des späten 18. und frühen 19. Jahrhunderts, der behauptete, dass eine Uhr nicht ohne die intelligente Handarbeit eines Uhrmachers funktionieren könne. Er gebrauchte diese Metapher, in der Gott als Handwerker dargestellt wird, um die komplizierten Erscheinungen der Natur – moderne Naturalisten würden von Anpassungen sprechen – zu erklären. Eine aktuelle Kritik dazu findet sich bei John O. Reiss, *Not by Design: Retiring Darwin's Watchmaker*, Los Angeles: University of California Press 2009.

56 Ein kurzer Überblick über die Lebensläufe von Darwins Kindern findet sich unter http:// www.aboutdarwin.com/darwin/Children.html.

57 Darwin vermutete, dass alle»Tiere von höchstens vier oder fünf Vorläufern abstammten und Pflanzen von der gleichen oder einer geringeren Zahl. (…) Geht man von dem Prinzip der natürlichen Selektion aus mit Abweichungen im Charakter, erscheint es nicht unglaubwürdig, dass sowohl Tiere wie auch Pflanzen aus so einer niedrigen und unterentwi-

ckelten Form [einer Alge] entstanden sind; und wenn wir das zugestehen, müssen wir ebenso zugestehen, dass alle organischen Lebensformen, die je auf diesem Planeten gelebt haben, von einer ursprünglichen Form abstammen müssen.« Charles Darwin, *On the Origin of Species by Means of Natural Selection, or the Preservation of Favoured Races in the Struggle for Life*, Sechste Auflage. London: John Murray, 1884, Seite 425 (deutsche Ausgabe: Charles Darwin: *Über die Entstehung der Arten im Thier- und Pflanzen-Reich durch natürliche Züchtung*, Darmstadt: Wissenschaftliche Buchgesellschaft 2008).

58 Zusätzlich zu unzähligen Gesprächen mit Universitätsmitarbeitern, Kollegen und Studenten, die bis in meine Hochschulzeit zurückreichen, wurden und werden meine Ansichten von unzähligen Wälzern geprägt, die sich mit dem Problem der natürlichen Selektion beschäftigen. Das ist keine leichte Lektüre, manchmal dauert es Monate, bis ich mich durch einen solchen Band gekämpft habe, da ich so etwas nur in kleinen Häppchen jeden Abend vor dem Essen lesen kann (wenn ich auf Tour bin, lese ich immer zwei Stunden lang während der Flüge). Wer tiefer in die Materie einsteigen möchte, dem empfehle ich Eva Jablonka und Marion Lamb, *Evolution in Four Dimensions, Genetic, Epigenetic, Behavioral, and Symbolic Variation in the History of Life*, Cambridge, Massachusetts: MIT Press 2005; Mary Jane West-Eberhard, *Developmental Plasticity and Evolution*, Oxford: Oxford University Press 2003; John A. Endler, *Natural Selection in the Wild*, Princeton, New Jersey: Princeton University Press 1986; and Reiss, *Not by Design: Retiring Darwin's Watchmaker*.

59 Laut Auffassung der Vertreter der Intelligent-Design-Theorie lassen sich bestimmte Erscheinungen des Lebens und der Welt am besten durch einen intelligenten Urheber – also Gott – erklären.

60 Auch wenn Evolutionsbiologen das selten explizit erwähnen, werden neue Beweise meistens in einen Zusammenhang eingebettet, der die Evolutionstheorie erhellt. Diese Interpretation fußt auf einem »aktualistischen Modell«. Dieser Begriff ist eine der Komponenten des der Evolution zugrunde liegenden Gleichförmigkeitsprinzips (Uniformitätsprinzip). Es besteht aus zwei Faktoren: (1) Prozesse auf der Erde wurden in der Vergangenheit von denselben Naturgesetzen bestimmt wie heute (Aktualismus), und (2) diese Prozesse treten mit derselben Geschwindigkeit und Intensität auf wie heute (Gradualismus). Die meisten Wissenschaftler lehnen das zweite Element des Uniformitätsprinzips ab, weil es keine ausreichenden Beweise dafür gibt. Aber nahezu alle Entdeckungen bestätigen das Modell des Aktualismus als grundlegendes Prinzip. Es lässt sich gut bei Untersuchungen im Bereich der Evolution anwenden – indem wir zum Beispiel die Wachstumsphase von heranwachsenden Tieren untersuchen, um ein Millionen Jahre altes Fossil zu interpretieren, und dann daraus schließen, dass unser Fossil der Kiefer eines heranwachsenden Säugetiers

ist, auch wenn wir keine anderen Belege für diese Lebewesen haben als seinen Kiefer und einen einzigen nicht abgebrochenen Backenzahn. Vgl. Donald R. Prothero und Fred Schwab, *Sedimentary Geology, An Introduction to Sedimentary Rocks and Stratigraphy*, 2. Auflage, New York: W. H. Freeman und Co. 2004, Seite 454.

61 Barbara Forrest und Paul R. Gross, *Creationism's Trojan Horse: The Wedge of Intelligent Design*, New York: Oxford University Press 2004.

62 John Angus Campbell und Stephen C. Meyer, *Darwinism, Design, and Public Education*, East Lansing: Michigan State University Press 2003.

63 Ernst Mayr und William B. Provine (Hrsg.), *The Evolutionary Synthesis: Perspectives on the Unification of Biology*, Cambridge, Massachusetts: Harvard University Press 1980.

64 Über die Idee der »Fitnesslandschaft« und deren Erfinder Sewall Wright vgl. *William B. Provine, Sewall Wright und Evolutionary Biology*, Chicago: University of Chicago Press 1986.

65 Vgl. R. C. Lewontin, *The Genetic Basis of Evolutionary Change*, New York: Columbia University Press 1974.

66 Nina G. Jablonski und George Chaplin, »The Evolution of Human Skin Coloration«, *Journal of Human Evolution* 39 (2000), Seite 57–106.

67 Kenichi Aoki, »Sexual Selection as a Cause of Human Skin Colour Variation: Darwin's Hypothesis Revisited«, *Annals of Human Biology* 29 (2002), Seite 589–608.

68 Timothy D. Weaver, Charles C. Roseman und Chris B. Stringer, »Were Neanderthal and Modern Human Cranial Differences Produced by Natural Selection or Genetic Drift?«, *Journal of Human Evolution* 53 (2007), Seite 135–145.

69 Informationen über Methylierung und nichtgenetische Vererbung finden sich bei Jablonka und Lamb, *Evolution in Four Dimensions*.

70 M. J. West-Eberhard, *Developmental Plasticity and Evolution*, New York: Oxford University Press 2003.

71 F. J. Odling-Smee, K. N. Lalaud und M. W. Feldman, *Niche Construction: The Neglected Process in Evolution*, Princeton, New Jersey: Princeton University Press 2003.

72 »Als ich noch als kleiner Junge in Vietnam lebte, wurden wir von Napalm getroffen, Napalm, Napalm, wir wurden von Napalm getroffen.«

73 Zu der Zeit war Epitaph nur dem Namen nach ein Label, das wir lediglich benutzten, um auf unseren ersten beiden Veröffentlichungen überhaupt ein Labellogo zu haben. Mittlerweile ist Epitaph dank des Einsatzes des Betreibers, meines Freundes und Kosongschreibers Brett, zu einem der

einflussreichsten Independent-Labels weltweit geworden. Brett brach die Highschool ab, machte dann auf dem zweiten Bildungsweg den Abschluss und wurde schließlich Künstler, Tontechniker und Plattenmogul.

74 A. d. Ü.: Seit 1984 spielt Greg Hetson fest bei Bad Religion.

75 Ein Artikel aus dem Magazin *Spin* gibt einen guten Einblick in die Dogtown-Skateboard-Szene und wie sie sich in den frühen 1980ern den Punk aneigneten:»Mitte der Siebziger waren [Jay] Adams und [Tony] Alva allen einen Schritt voraus, sie waren die Pioniere, die Skaten zu einer Lebenseinstellung machten. Aber in den späten Siebzigern holten die Punks auf. ›Black Flag, Circle Jerks, Descendents, Bad Religion, Suicidal Tendencies. Wir sogen alle Musik auf, die zu der Zeit in L. A. aufkam‹, erzählt Alva. ›Diese Konzerte waren so voller Energie. Punk und Skaten befruchtete sich gegenseitig, weil beides Ventile für Aggressionen waren.‹ Punk löste Ted Nugent und Jimi Hendrix als Soundtrack zum Skatboarden ab; die Musik spiegelte die Szene selbst wider, die immer gewalttätiger wurde, weil den Hardcore-Skatern aus Dogtown ein bestimmter Ruf vorauseilte. ›Eine Menge Leute hatten es auf uns abgesehen, weil sie in Magazinen über uns gelesen hatten‹, sagt Alva. ›Wir waren wie ein rollender Feuerball, eine fahrende Gang auf Aufklärungsmission. Wenn wir in irgendeinem Skate-Park auftauchten, kamen ein paar Typen zu uns und schimpften, dass wir gar nicht so knallhart seien.‹ Meistens folgte dann eine Schlägerei. Nachts, nach Konzerten von lokalen Bands wie den Suicidal Tendencies (deren Sänger Jim Muirs jüngerer Bruder Mike war), wurde es meist noch gewalttätiger. ›Wir gingen auf Partys, schmissen Quaaludes ein und starteten Schlägereien mit Baseballschlägern und so‹, gesteht Adams … Bei dem schlimmsten Vorfall dieser Ära fand Adams Glück aufgrund seines schlechten Verhaltens schließlich ein jähes Ende. Seit 1982 hatte er Gefallen an Tequila gefunden und daran, anderen Leuten den Abend zu versauen. Eines Nachts schrien der betrunkene Adams und einige seiner Punkerfreunde ein schwules Paar an. Als die Männer darauf reagierten, schlug Adams auf einen der Männer ein, während ein Freund den anderen verprügelte. Nach wenigen Augenblicken lagen die beiden Fußgänger mit dem Gesicht nach unten auf dem Asphalt. Einige der Umstehenden machten mit und traten die auf dem Boden liegenden Männer mit ihren Stahlkappenschuhen. Als sie damit aufhörten, war einer der Männer tot. Zwei Tage nach dem Vorfall wurde Adams in seiner Wohnung festgenommen, obwohl er behauptete, dass er den Schauplatz verlassen hätte, als die anderen angefangen hatten, auf die Männer einzutreten. Er wurde letztendlich wegen Körperverletzung angeklagt, wofür er vier Monate im Gefängnis saß.« (G. Beato,»The Lords of Dogtown«, *Spin* 15, Nummer 3 [März 1999], Seite 114–121.)

Kapitel 4: Das falsche Götzenbild Atheismus

76 »Habt ihr nicht genug von der Gewalt? / Töten hat doch keinen Sinn. / Wir liefern nicht den Hintergrund für eure dummen Schlägereien. / Kommt aus der Finsternis, es ist Zeit, sich zu verbünden. / Fühlt ihr euch stark, wenn ihr etwas zerfetzt?«

77 Im französischen Original lautet die Stelle: »L'Homme n'est malheureux que parce qu' il meconnoit la Nature. Son Esprit est tellement infecte de prejuges qu'on le croiroit pour toujours condamne a l'erreur: le bandeau de l'opinion, dont on le couvre des l'enfance lui est si fortement attache, que c'est avec la plus grande difficulte qu'on peut le lui oter.« Aus: Paul Henri Thiery, Baron d'Holbach, Système de la Nature, ou Des Loix du Monde Physique & du Monde Moral; par M. Mirabaud, nouvelle edition (Londres, preface, 1771) (deutsche Ausgabe: System der Natur, oder von den Gesetzen der Physischen und Moralischen Welt, eine digitalisierte deutsche Fassung ist unter http://gdz.sub.uni-goettingen.de/dms/load/img/?PPN=PPN514897155 aufrufbar).

78 Sam Harris, The End of Faith: Religion, Terror, and the Future of Reason, New York: W. W. Norton 2004 (deutsche Ausgabe: Das Ende des Glaubens: Religion, Terror und das Licht der Vernunft, Winterthur: Edition Spuren 2007). Richard Dawkins, The God Delusion, Boston: Houghton Mifflin 2006 (deutsche Ausgabe: Der Gotteswahn, Berlin: Ullstein, 2007). Daniel C. Dennett, Breaking the Spell: Religion as a Natural Phenomenon, New York: Viking 2006 (deutsche Ausgabe: Den Bann brechen: Religion als natürliches Phänomen, Frankfurt am Main: Insel Verlag 2008). Christopher Hitchens, God Is Not Great: How Religion Poisons Everything, New York: Twelve 2007 (deutsche Ausgabe: Der Herr ist kein Hirte: Wie Religion die Welt vergiftet, München: Karl Blessing Verlag 2007). Ein gutes Beispiel für die Art von Gesprächen, die diese Atheisten führen, liefert das Video mit dem Titel The Four Horseman, das unter http://www. RichardDawkins.net aufrufbar ist und in dem Harris, Dawkins, Dennett und Hitchens zu sehen sind.

79 Penny Edgell, Joseph Gerteis und Douglas Hartmann, »Atheists as ›Others‹: Moral Boundaries and Cultural Membership in American Society«, American Sociological Review 71 (2006), Seite 211–234.

80 Barry A. Kosmin und Ariela Keysar, American Religious Identification Survey 2008, Hartford, Connecticut: Trinity College 2009.

81 Graffin, Evolution, Monism, Atheism, and the Naturalist World-View, Seite 120–121.

82 Dawkins hat den Begriff »Mem« in seinem Buch The Selfish Gene geprägt. Ein Mem wird genauso wie ein Gen von einer Person an eine andere weitergegeben, aber nicht über Samen und Eier, sondern über kul-

turelle Symbole, Begriffe oder Verhalten. Man muss sich das als eine Überzeugung, die in der einen oder anderen Form erhalten bleibt, vorstellen. Meme haben nichts mit der Weitergabe von Genen zu tun. Dawkins geht in dieser Passage jedoch stillschweigend davon aus, dass es ein Gen oder eine Gruppe von Genen gibt, die das Gehirn so beeinflussen, dass es empfänglicher ist für soziale Richtlinien und Respekt vor Autoritäten. »Mimetische Erschließung« bezieht sich auf eine hypothetische Situation, in der eine Vorstellung oder eine Vorgabe bereitwillig von einer Person übernommen wird. Dann verfügt diese Person über das »Empfänglich-für-Beeinflussung«-Gen. Das ist, wie gesagt, alles rein hypothetisch. Kurioserweise findet sich der Ausdruck »Mem« im *Oxford English Dictionary* und wird als ein Begriff aus der Biologie definiert. Er findet sich allerdings nicht in den aktuellsten Lehrbüchern, die wir an der UCLA verwenden: David Sadava u. a., *Life the Science of Biology*, achte Auflage, Sunderland, Massachusetts: Sinauer and Associates 2008 (deutsche Ausgabe: *Biologie*, Heidelberg, Neckar: Spektrum Akademischer Verlag 2011), und Jay Phelan, *What Is Life, A Guide to Biology*, New York: W. H. Freeman 2009. Die Originalstelle findet sich bei Richard Dawkins, *The Selfish Gene*, Oxford: Oxford University Press 1976, Seite 192 (deutsche Ausgabe: *Das egoistische Gen,* Berlin, Heidelberg, New York: Springer 1978).

83   »Bongo Bongo Bongo, ich will den Kongo nicht verlassen« und »Sie sind jetzt bei der Armee, Mr Jones, keine privaten Telefonate mehr, Sie bekamen bisher Ihr Frühstück ans Bett, aber das wird jetzt nicht mehr so sein«. *Bongo Bongo Bongo* ist aus dem Musical *Angel in the Wings, This Is the Army, Mr Jones* ist ein Lied von Irving Berlin.

84   A. d. Ü.: eine komische Oper von Arthur Sullivan und W. S. Gilbert.

85   »Ich bin ein mustergültiger moderner Generalmajor, ich weiß Bescheid über Pflanzen, Tiere und Mineralien, ich kenne die Könige von England und kann die historischen Schlachten von Marathon bis Waterloo in genauer Reihenfolge wiedergeben.«

86   »Wir heirateten wie im Fieber, schärfer als eine Pfefferschote. Wir haben über Jackson gesprochen, seitdem das Feuer erloschen war, ich werde nach Jackson gehen.«

87   »Tschüs, tschüs, tschüs, ich habe ihre blauen Augen gesehen, ihre blauen Augen, und ich konnte es nicht begreifen, ich zeigte ihr, wie man tanzt, aber sie hat die Gelegenheit nicht wahrgenommen, ich zeigte ihr, wie man tanzt.«

88   Es ist möglich, dass das Gehirn bestimmte »kognitive Strukturen« enthält, die angeboren oder seit der Geburt vorhanden sind. Wenn das stimmt – und das ist das wesentliche Argument der kognitiven Psychologen –, dann hätte die soziale »Prägung«, die in den ersten Lebensjahren eintritt, einen

relativ geringen Einfluss auf das Weltbild, das jemand später in seinem Leben vertritt, da die angeborene Struktur eines Weltbildes vermutlich schon mit der Geburt feststand. Wenn allerdings tiefe Überzeugungen das Resultat persönlicher Lebenserfahrungen sind – und von den angeborenen Gehirnstrukturen nur relativ wenig beeinflusst werden –, dann spielten das frühe soziale Umfeld und die Erziehung eine Schlüsselrolle dabei, was jemand für ein Weltbild ausprägt. Zur weiteren Lektüre und zum Thema Gehirn siehe: Jean-Pierre Changeux, *Neuronal Man*, New York: Pantheon, 1985 (deutsche Ausgabe: *Der neuronale Mensch*, Reinbek bei Hamburg: Rowohlt 1984); Francis Crick, *The Astonishing Hypothesis*, New York: Scribner, 1994 (deutsche Ausgabe: *Was die Seele wirklich ist*, München, Zürich: Artemis und Winkler 1994); Antonio R. Damasio, *Descartes' Error: Emotion, Reason, and the Human Brain*, New York: Avon 1994 (deutsche Ausgabe: *Descartes' Irrtum: Fühlen, Denken und das menschliche Gehirn*, München, Leipzig: List 1995); Gerald M. Edelman und Giulio Tononi, *A Universe of Consciousness, How Matter Becomes Imagination*, New York: Basic Books 2000 (deutsche Ausgabe: *Gehirn und Geist: Wie aus Materie Bewusstsein entsteht*, München: Beck 2002); Joseph LeDoux, *Synaptic Self, How Our Brains Become Who We Are*, New York: Viking 2002 (deutsche Ausgabe: *Das Netz der Persönlichkeit: Wie unser Selbst entsteht*, Düsseldorf, Zürich: Walter 2003), und Steven Pinker, *The Blank Slate*, New York: Penguin 2003 (deutsche Ausgabe: *Das unbeschriebene Blatt: Die moderne Leugnung der menschlichen Natur*, Berlin: Berlin Verlag 2003).

89 Vassilis Saroglou und Antonio Muñoz-García,»Individual Differences in Religion and Spirituality: An Issue of Personality Traits and/or Values«, *Journal for the Scientific Study of Religion* 47 (2008), Seiten 83–101. Siehe auch Bruce Hunsberger, Michael Pratt und S. Mark Pancer,»A Longitudinal Study of Religious Doubts in High School and Beyond: Relationships, Stability, and Searching for Answers«, *Journal for the Scientific Study of Religion* 41 (2002), Seiten 255–266.

90 Bob Altemeyer und Bruce E. Hunsberger, *Amazing Conversions: Why Some Turn to Faith and Others Abandon Religion*, Amherst, New York: Prometheus Books 1997. Siehe auch Altemeyer und Hunsberger, *Atheists: A Groundbreaking Study of America's Nonbelievers*, Amherst, New York: Prometheus Books 1997.

91 Frank Newport,»This Christmas, 78 % of Americans Identify as Christian«, *Gallup* 2009.

92 Brian J. Grim und David Masci,»The Demographics of Faith«, Pew Research Center, Washington, D.C., 2008.

93 Die Zahlen aus diesem und dem folgenden Abschnitt stammen aus Phil Zuckerman,»Atheism: Contemporary Numbers and Patterns«, in *The*

Cambridge Companion to Atheism, hrsg. v. Michael Martin, New York: Cambridge University Press 2007, Seiten 47–65.

94 Es gibt viele gute wissenschaftliche Gründe, die meine Vermutung stützen, dass Musik eine tiefere Wirkung darauf hat, wie Menschen denken. Vgl. Anthony Storr, *Music and the Mind*, New York: Free Press, 1992, und Oliver Sacks, *Musicophilia: Tales of Music and the Brain*, New York: Alfred A. Knopf, 2007 (deutsche Ausgabe: *Der einarmige Pianist: Über Musik und das Gehirn*, Reinbek bei Hamburg: Rowohlt 2008).

95 »Und schritten diese Füße in alten Zeiten über Amerikas blühende Landschaften? / Und verblasste dieser anthropozentrische Gott mit seinen Gedanken und Ideen so unbemerkt? / Das denke ich nicht. Er ist da oben mit den anderen, um abzurechnen, und wetteifert mit denen, denen du dein Leben geopfert hast, um deine Seele zu retten. / Und haben sie dir gesagt, wie du zu denken hast, haben sie deinen Geist von Fäulnis und Unabhängigkeit befreit? / Oder hast du dich der Prüfung entzogen und frönst der Sittenlosigkeit? / Jetzt wissen wir alle, dass Religion nur künstlicher Firlefanz ist, unbrauchbar für unsere wachsende globale Effizienz. / Fürchtest du jetzt nicht die Sackgasse, auf die deine Zukunft zuführt? Die so nah und doch so dürftig ist.«

96 »Vielleicht ist es zu spät für eine intellektuelle Debatte, aber ein Rest an Verwirrung bleibt bestehen. / Mit der Zeit zu gehen und ein zur Entwicklung gezwungener Verstand sind für den Durchschnittsbürger eine Qual. / Sagt mir, wofür wir kämpfen, ich kann mich nicht mehr daran erinnern. / Nur eine Gnadenfrist / Und die Welt könnte enden, wenn wir darin versagen, den Antichrist zu bezwingen. Aus dem Glauben, den ihr aufgebt, entfaltet sich ein atheistischer Frieden. / Die politischen Mächte beschworen einen bitterkalten Wind der Unzufriedenheit herauf, und die moderne Zeit brach triumphierend an. / Aber jetzt sieht es aus, als steckten wir fest, und es ist an der Zeit, sich zurückzuentwickeln und die dunklen Kapitel der Geschichte wiederaufleben zu lassen. / Dafür kämpfen wir? Krieg brachte nie Fortschritt, sondern nur ein falsches Gefühl des Wachstums. / Die Welt wird nicht warten, bis sie die Wahrheit auf einem silbernen Tablett serviert bekommt, aber wir sind bereit für ein Festmahl des atheistischen Friedens.«

97 Das Lied »Come Join Us« von dem Bad-Religion-Album *The Gray Race* ist eine sarkastische Tirade auf die, die mit der Masse mitlaufen: »So you say you gotta know why the world goes 'round / and you can't find the truth in the things you've found / and you're scared shitless 'cause evil abounds / come join us / well I heard you were looking for a place to fit in / full of adherent people with the same objective / a family to cling to and call brethren / come and join us / all we want to do is change your mind / all you need to do is close your eyes / come

join us, come join us, come join us / don't you see all the trouble that most people are in / and that they just want you for their own advantage / but I swear to you we're different from all of them / come join us / I can tell you are lookin' for a way to live / where truth is determined by consensus / full of codified arbitrary directives / come join us / all we want to have is your small mind / turn it into one of our kind / you can go through life adrift and alone, / desperate, desolate, on your own / but we're lookin' for a few more stalwart clones / come join us, come join us, come join us / we've got spite and dedication as a vehement brew, / the world hates us, well we hate them too / but you're exempted of course if you come join us / independent, self-contented, revolutionary, intellectual, brave, strong and scholarly / if you're not one of them, you're us already so / come join us, come join us, come join us, come join us.«

»Du willst also wissen, warum die Welt sich dreht / und du findest die Wahrheit nicht in den Dingen, die du gefunden hast / und du hast die Hosen voll, weil das Böse so zahlreich ist / Komm, schließ dich uns an / Ich habe gehört, dass du nach einem Ort suchst, wo du dazugehören kannst / voller Leute, die das gleiche Ziel verfolgen / eine Familie, an die du dich klammern und die du Brüder nennen kannst / Komm, schließ dich uns an / Alles, was wir wollen, ist, dich umzustimmen / Alles, was du tun musst, ist, deine Augen zu schließen / Komm, schließ dich uns an (3 x) / Siehst du nicht die Probleme, mit denen die meisten Leute sich rumschlagen / Und dass sie dich nur zu ihrem Vorteil ausnutzen wollen / Aber ich verspreche dir, wir sind nicht wie die / Komm, schließ dich uns an / Ich sehe, dass du nach dem richtigen Weg suchst / wo die Wahrheit von einem Konsens bestimmt wird / voll von verschlüsselten willkürlichen Richtlinien / Komm, schließ dich uns an / Wir wollen nur deinen kleinen Verstand / und dich zu einem von uns machen / du kannst hilflos und verlassen durchs Leben gehen / verzweifelt, hoffnungslos und auf dich selbst gestellt / aber wir suchen nach ein paar weiteren treuen Klonen / Komm, schließ dich uns an (3 x) / Wir haben Boshaftigkeit und Hingabe als starkes Gebräu / die Welt hasst uns, na ja, wir hassen sie auch / dich ausgenommen, wenn du dich uns anschließt / unabhängig, selbstzufrieden, revolutionär, intellektuell, mutig, stark und gebildet / wenn du keiner von denen bist, gehörst du schon zu uns / Komm, schließ dich uns an! (4 x)«

98   Der Ausdruck »moralischer Terrorismus« stammt aus Hitchens' Buch aus dem Kapitel »Is Religion Child Abuse?« (»Ist Religion Kindesmisshandlung?«). Vgl. Hitchens, *God Is Not Great: How Religion Poisons Everything*, S. 218 (deutsche Ausgabe: *Der Herr ist kein Hirte: Wie Religion die Welt vergiftet*, S. 264).

99   Robert J. Richards, *The Tragic Sense of Life, Ernst Haeckel and the Struggle over Evolutionary Thought*, Chicago: University of Chicago Press, 2008, Seite 107.

Kapitel 5: Die Tragödie: die Errichtung eines Weltbildes

100 Dieses Zitat stammt aus einer Denkschrift, die Darwin nur eine Woche nach dem Tod seiner Tochter schrieb. Es findet sich online im Darwin Correspondence Project (http://www.darwinproject. ac.uk/death-of-anne-darwin#memorial) oder bei Sydney Smith und Frederick Burkhardt (Hrsg.), *The Correspondence of Charles Darwin*, Band 4, Cambridge, England: Cambridge University Press 1989, Appendix II.

101 Der zentrale Punkt in der These des Historikers Robert Richards ist, dass Ernst Haeckels Einfluss auf die Evolutionstheorie – seit dem späten 19. Jahrhundert bis zu der gegenwärtigen atheistischen Einstellung der modernen Evolutionsbiologen – ein Resultat der zentralen Tragödie seines Lebens war, des Todes seiner geliebten Frau Anna durch eine Pleuritis (die wahrscheinlich durch einen Blinddarmdurchbruch entstand). Richards geht davon aus, genau wie ich in diesem Buch, dass der Atheismus keine logische Folge des Studiums der Evolution ist. Aber er glaubt, dass Ernst Haeckel als einer der am meisten respektierten Vertreter von Darwins Theorie (er lebte bis 1913, fast 25 Jahre länger als Thomas Henry Huxley, »Darwins Bulldog«) verantwortlich war für die atheistische Richtung der modernen Evolutionstheorie – trotz seines romantischen Idealismus und seines monistischen Glaubens, dass »Gott und die Natur eins sind«. Richards schreibt: »[Meine] These berücksichtigt einige nicht wesentliche Aspekte der modernen Evolutionstheorie, konkret sind das ihre materialistische und antireligiöse Ausrichtung. Diese sind meiner Meinung nach bedingt durch die kulturellen Eigenschaften der modernen Theorie (der Evolution). (…) [V]iele der frühen Anhänger Darwins waren sowohl Spiritualisten – das heißt, sie akzeptierten auch eine nicht materialistische Metaphysik – als auch Gläubige – das heißt, sie bauten ihre wissenschaftlichen Ansichten in eine bestimmte, und manchmal auch unbestimmte, Theologie ein. Asa Gray, William James und Conwy Lloyd Morgan sind nur ein paar der prominenten Vertreter der Evolutionstheorie, die einen harten und trockenen Materialismus ablehnten.« Aufgrund seiner persönlichen Tragödie lehnte Ernst Haeckel orthodoxe Religion als Aberglaube ab und ersetzte sie durch eine militante monistische Philosophie – die wiederum voll von romantischem Idealismus war wie Archetypen und einer schöpferischen Natur. »Meine Theorie ist sogar noch konkreter: Wären Haeckel nicht diese tragischen Ereignisse widerfahren (…), würde seine Version des Darwinismus nicht diese ausgesprochen feindlichen Besonderheiten aufweisen, und diese Besonderheiten hätten nicht das Gesicht geprägt, das er der Öffentlichkeit zuwandte.« Vgl. Richards, *The Tragic Sense of Life, Ernst Haeckel and the Struggle over Evolutionary Thought*, Seite 15–16.

102 Die Kommentare sind bei der Guardian of Truth Foundation, Bowling Green, Kentucky, immer noch erhältlich (http://www.truthbooks.net).

103 Irgendwann im 19. Jahrhundert spalteten sich die Churches of Christ in den Vereinigten Staaten in zahlreiche verschiedene Gruppen auf. E. M. Zerrs Kirche gehörte beispielsweise zur Gruppe der »Nichtinstrumentalisten«. Bei den »Instrumentalisten« war es durchaus erlaubt, Gesang mit Instrumenten zu begleiten. In dem kleinen Ort Anderson in Indiana, aus dem meine Mutter stammt, gab es nur wenige Kilometer voneinander entfernt andere Kirchen Christi, deren Vertreter nicht miteinander kommunizierten. Ein Grund dafür waren ihre unterschiedlichen Ansichten über Musik und Gesang. Andere Differenzen gab es hinsichtlich der Funktion der Pastoren. In der Kirche von E. M. Zerr gab es keine Pastoren. Es gab zwar Vorsitzende, sogenannte Kirchenälteste, die die angesehensten Mitglieder waren, aber jeder konnte einen Gottesdienst leiten. Dieser Vorgang wurde »gemeinsame Erbauung« genannt. Jeden Sonntagmorgen, Sonntagnachmittag und Mittwochabend wurde ein Gottesdienst abgehalten. Frauen konnten nicht zu den Ältesten gehören, durften aber einen Gottesdienst leiten. Eine weitere Meinungsverschiedenheit zwischen E. M. Zerrs Glaubensgemeinschaft und den anderen Churches of Christ betraf die Einbeziehung der Bibelschulen. Manche der Gemeinden wurden als »institutionalisiert« betrachtet, weil sie ihren Nachwuchs ermutigten, Bibelschulen zu besuchen, wie z. B. die Bob-Jones-Universität. Die Gemeinde meines Urgroßvaters lehnte dies ab. Er glaubte, dass das Studium der Bibel eine sehr individuelle Sache sei und dafür keine Bibelschulen erforderlich seien. Trotzdem war er nicht gegen Bildung, denn sowohl seine Tochter (meine Großmutter) als auch seine Enkeltochter (meine Mutter) wurden Lehrerinnen und besuchten die Universität.

104 Einige dieser Lieder versammelte ich 2006 auf einem Album mit dem Namen »Cold as the Clay«, das bei ANTI erschienen ist, einem Sublabel von Epitaph Records.

105 Vgl. Thomas Lewis, Fari Amini und Richard Lannon, *A General Theory of Love*, New York: Random House 2000. Die Autoren beschreiben wissenschaftlich die Gründe für das Gefühl der Liebe und seine Bedeutung für unser emotionales Wohlbefinden.

106 Vgl. Jared Diamond, *Collapse. How Societies Choose to Fail or Succeed*, New York: Viking 2005 (deutsche Ausgabe: *Kollaps: Warum Gesellschaften überleben oder untergehen*, Frankfurt am Main: Fischer Taschenbuch 2011). Einer der Gründe, warum er dieses Buch geschrieben hat, war die Behauptung, dass zukünftige Tragödien vermieden werden können, wenn man aus der Geschichte lernt: »Die Globalisierung macht es Gesellschaften unmöglich, isoliert zu scheitern, wie es den Osterinseln oder dem nordischen Grönland ergangen ist. Jede Gesellschaft, die sich im Umsturz befindet – man denke an Somalia oder Afghanistan als Beispiele –, kann wohlhabenden Gesellschaften, die sich auf anderen Kontinenten befinden, Ärger bereiten und ist zugleich in deren Einflussbereich. (…) Zum ersten

Mal in der Geschichte sind wir der Gefahr eines globalen Niedergangs ausgesetzt. Aber wir sind auch die Ersten, die die Möglichkeit haben, schnell aus Entwicklungen zu lernen, die sich in Gesellschaften an anderen Punkten der Welt abspielen, und von dem, was sich uns von jeder vergangenen Gesellschaft enthüllt.« (Seite 23)

107 Eine ähnliche Beobachtung, die im Zusammenhang mit Arten und nicht mit einzelnen Individuen gemacht wurde, findet sich bei David M. Raup, »The Role of Extinction in Evolution«, *Proceedings of the National Academy of Sciences, USA* 91 (2002), Seite 6758–6763.

108 Donald R. Griffin, *Animal Minds*, Chicago: University of Chicago Press 1992.

109 »Eine Million Flaschen Bier auf der Mauer, eine Million Flaschen Bier ... Wenn eine dieser Flaschen herunterfällt? (Lange Pause) ... Neunhundertneunundneunzigtausendneunhundertneunundneunzig Flaschen Bier auf der Mauer, neunhundertneunundneunzigtausendneunhundertneunundneunzig Flaschen Bier ... Wenn eine dieser Flaschen herunterfällt? (Lange Pause) ... Neunhundertneunundneunzigtausendneunhundertachtundneunzig Flaschen Bier auf der Mauer ...«

110 G. Brent Dalrymple, *Ancient Earth, Ancient Skies: The Age of the Earth and Its Cosmic Surroundings*, Stanford, California: Stanford University Press 2004.

111 J. William Schopf und Bonnie M. Packer, »Early Archean (3.3-billion to 3.5-billion-year-old) Microfossils from Warrawoona Group, Australia«, *Science* 237 (1987), Seite 70–73. Vgl. auch Martin D. Brasier et al., »Questioning the Evidence for Earth's Oldest Fossils«, *Nature* 416 (2002), Seite 76–81, und J. William Schopf et al., »Laser Raman Imagery of Earth's Earliest Fossils«, *Nature* 416 (2002), Seite 73–76.

112 Der Geologe war John Phillips (1800–1874), ein Professor (Dozent) an der Universität in Oxford und von 1856 bis 1860 Präsident der Geologischen Gesellschaft von London. Vgl. John Phillips, *Life on the Earth: Its Origin and Succession*, Cambridge, England: Macmillan and Co. 1860.

113 Die Auswirkungen von Massenaussterben auf einzellige Organismen sind nicht völlig erforscht, dazu müssen noch mehr Daten gesammelt werden.

114 Vgl. Luis W. Alvarez, »Experimental Evidence That an Asteroid Impact Led to the Extinction of Many Species 65 Million Years Ago«, *Proceedings of the National Academy of Sciences, USA* 80 (1983), Seite 627–642.

115 Michael Benton, When Life Nearly Died: *The Greatest Mass Extinction of All Time*, New York: Thames & Hudson 2003.

116 David M. Raup, Extinction: *Bad Genes or Bad Luck?*, New York: W. W. Norton 1991.

117 Vgl. Stephen Jay Gould, *Wonderful Life: The Burgess Shale and the Nature of History*, New York: W. W. Norton 1989. Dieses Buch behandelt die Unvorhersehbarkeit der Entwicklung des Menschen von den Wirbeltieren, selbst wenn die einzelnen Stufen, in denen diese Evolution ablief, aufgrund von fossilen Funden nachvollziehbar sind. Für mich ergibt sich daraus, dass wir, selbst wenn wir wissen, woher wir kommen, nicht vorhersehen können, wohin wir gehen.

118 Einer meiner Lieblingsaufsätze zu diesem Thema stammt von Will Provine,»No Free Will«, *Isis: Catching Up with the Vision: Essays on the Occasion of the 75th Anniversary of the Founding of the History of Science Society 90* (1999), Seite S117–S132.

Kapitel 6: Kreativität, nicht Schöpfung

119 Vgl. Julian Huxley, *Evolution, the Modern Synthesis*, London: George Allen & Unwin 1945, Seite 458.

120 Vgl. Richard Dawkins, *The Blind Watchmaker, Why the Evidence of Evolution Reveals a Universe Without Design*, New York: W. W. Norton 1996, Seite 9 (deutsche Ausgabe: *Der blinde Uhrmacher: Ein neues Plädoyer für den Darwinismus*, München: Kindler 1987).

121 Obwohl Power-Trio üblicherweise ein Trio mit der Besetzung Gitarre, Bass, Schlagzeug meint, gelten auch Quartetts wie z. B. die Ramones (oder eben die ursprüngliche Besetzung von Bad Religion) als Power-Trio, da die vierte Person den Gesang übernimmt, wofür im»klassischen« Power-Trio meist der Gitarrist oder der Bassist zuständig ist.

122 Ich würde gerne den Unterschied zwischen Kreativität – etwas, das sich aus einer ziellosen und unbeabsichtigten Kombination vorangegangener Bemühungen ergibt – und Zweckmäßigkeit – das Streben, etwas Neues zu erfinden, mit dem Ziel, ein Problem zu lösen – darstellen. Viele der menschlichen Bemühungen, die wir als »kreative Künste und Wissenschaften« ansehen, sind eine Kombination sowohl aus Kreativität als auch aus Zweckmäßigkeit. Aber die Aspekte des menschlichen Lebens, die ich mit der Natur in Analogie setze, sind die blinden (im Hinblick auf Ziele) kreativen Künste, die sich eher aus skurrilen Experimenten ergeben als aus einem besessenen Streben nach einer Lösung für eine bestimmte Aufgabe oder ein Problem. Eine Menge sogenannter Hits sind eher aus Zufällen und Launen entstanden denn aus zweckmäßigen Bestrebungen.
Todd Rundgren erzählte mir einmal, dass ihm sein Song»Bang on the Drum All Day« eines Morgens in den Sinn kam, als er aus einem Traum erwachte.»Ich weiß noch nicht einmal, warum ich ihn an diesem Tag aufgenommen habe«, sagte er. Er entwickelte sich zu seinem bekanntesten Song, und heute hört man ihn in der Werbung und bei Sportveranstaltungen auf der ganzen Welt. Ric Ocasek erzählte mir eine ähnliche Geschich-

te, als wir darüber diskutierten, ob wir einen Song, den ich geschrieben hatte (Punk Rock Song), auf das Album, das er für Bad Religion produzierte, packen sollten oder nicht. Er fing davon an, dass er mit einem seiner Songs (Shake It Up) in einem ähnlichen Dilemma gesteckt hatte, als er eines der Cars-Alben aufnahm. »Ich bin wirklich froh, dass wir uns dafür entschieden haben, den Song daraufzupacken«, sagte er über dieses Lied, denn er wurde zum Titelstück und zum größten Pophit ihres Doppel-Platin-Albums. Wir beschlossen schließlich aus einer Laune heraus, den Punkrock-Song auf das Album zu nehmen, und er wurde zum »Punkhit« des Albums, und wir spielen ihn heute noch live. Keine dieser musikalischen Erfolgsgeschichten war vorhersehbar. Sie entstanden alle aus einer Laune und waren nicht die geplanten Höhepunkte der Arbeit. Manchmal entsteht auch die Instrumentierung aus zufälligen Experimenten. Auf unserem ersten Album gibt es einen Song mit dem Titel »Fuck Armageddon, This Is Hell« mit einem zeitlupenartigen Tempowechsel in der Bridge, in der man ein Klavier hört. Da ich den Song am Klavier geschrieben hatte, meinte unser Produzent Jim Mankey: »Lasst uns ein Punkklavier in die Aufnahme packen.« Keiner unserer Zeitgenossen hat je ein Klavier auf einem Hardcore-Punk-Album eingesetzt, und wenn wir an diesem Tag in einer weniger experimentierfreudigen Stimmung gewesen wären, wäre das wohl auch nie passiert. Aber ich spielte es, und das Klavier ist in der endgültigen Version des Songs zu hören. Der Titel wurde zu einem Punkklassiker und wird gerade wegen des kreativen Einsatzes des Klaviers geschätzt. Auch viele wissenschaftliche Entdeckungen sind aus Kreativität und nicht aus Zweckmäßigkeit entstanden. Die berühmten Entdeckungen von Penicillin, Röntgenstrahlen und Gummi, um nur ein paar zu nennen, sind alle bekannte Beispiele für unbeabsichtigte Zufälle. Es stimmt, dass einige wissenschaftliche und technologische Durchbrüche erst nach Jahren der Forschung und Tests möglich wurden, aber andererseits müssen wir zugeben, dass wir weit davon entfernt sind, die größten Herausforderungen – Erkältung, Grippe, Krebs, Depression, erneuerbare Energien und vieles andere – zu bewältigen, auch wenn wir schon Jahre mit der Arbeit an Lösungen zubringen. Ich möchte behaupten, dass die Heilmittel und Lösungen irgendwann sicher kommen werden und wahrscheinlich von erfahrenen Naturwissenschaftlern. Aber diese »Aha«-Momente werden sich eher aus kreativen als aus zweckmäßigen Ansätzen ergeben. Um eine Analogie aus der Evolution anzuführen: Wir versehen die kleinformatigen genetischen Veränderungen, die von einer Generation zur nächsten auftreten, mit dem Titel »zweckmäßige Veränderungen« (d. h. mikroevolutionär). Diese Veränderungen sind gering und führen vielleicht nicht zu der Herausbildung einer neuen Art. Die groß angelegten Veränderungen, die für anatomische oder physiologische Neuerungen verantwortlich sind – und für die Herausbildung neuer Arten und sogar höherer taxonomischer Kategorien –, können unter der Überschrift »kreative Veränderungen« zusammengefasst werden (d. h. makroevolutionär). Vieles an der Evolution ist zweckmäßig, aber die großartige Vielfalt des Lebens ergab sich aus Kreativität. Das kann theoretisch untermauert werden, wenn man die Grundzüge von Jay Goulds und Niles Elredges Theorie vom »punktuierten Gleichgewicht« akzeptiert, die besagt, dass die Evolution meist in kurzen Zeitsprüngen vorangeht (kurze Sprünge innovativer Kreativität), während die Geschichte jeder evolutionären Abstammung überwiegend aus langen Perioden des Stillstands besteht (Zweckmäßigkeit). Vgl. Stephen Jay Gould, *The Structure of Evolutionary Theory*, Cambridge, Massachusetts: Belknap Press 2002, Kapitel 9. Wie genau diese kreativen »Revolutionen« – die auch sprunghafte Episoden genannt werden – in der Evolution auftreten, ist immer noch etwas rätselhaft. Aber der Fortschritt findet statt. Es wurde beispielsweise basierend auf genetischen und entwicklungsgeschichtlichen Entdeckungen bei larvenartigen wirbellosen Tieren angenommen, dass in der Vergangenheit erfolgreiche sexuelle Begegnungen zwischen völlig verschiedenen Arten stattgefunden haben. Die Integration eines Genoms in das einer anderen Art (das Ergebnis ist ein »Heterogenom«) ist ein Phänomen, das unter Biologen für Aufsehen sorgt. Heterogenome Formationen von freiwillig geteilten Sexzellen bei wirbellosen Meerestieren treten ungefähr alle zehn Millionen Jahre oder so auf, was bedeutet, dass sich eine derartige kreative Episode in der Geschichte des Lebens zumindest 50-mal ereignet hat. Diese Zahl stimmt mit den Daten der Fossilienfunde und der Vielfalt der existierenden Stämme überein. Vgl. Lynn Margulis und Dorion Sagan, *Acquiring Genomes: A Theory of the Origins of Species*, New York: Basic Books 2002, Kapitel 10. Ein weiteres Beispiel für biologische Experimente zwischen Arten stammt von einem von Amerikas bemerkenswertesten Gärtnern, Luther Burbank. Vgl. Jane S. Smith, *The Garden of Invention: Luther Burbank and the Business of Breeding Plants*, New York: Penguin Press 2009. 1883 veröffentlichte Burbank einen Katalog mit dem Titel *New Creations in Fruits and Flowers (Neue Schöpfungen von Früchten und Blumen)*, der Bilder und Beschreibungen von bis dahin noch nie gesehenen Pflanzen enthielt. Er arbeitete unermüdlich daran, neue Formen von Pflanzen zu entwickeln, erst auf seiner Farm in Massachusetts und später auf seinem Hof in Santa Rosa, nördlich von San Francisco. Das waren aber nicht bloß neue Variationen oder Rassen. Soweit man das in der Praxis identifizieren konnte, waren Burbanks Präsentationen in dem Katalog neue Arten. Vgl. Luther Burbank, Luther Burbank: *His Methods and Discoveries and Their Practical Significance*, Band 12, New York: Luther Burbank Press 1915, Seite 128–134. Unter Biologen wird immer noch debattiert, wie man Rasse, Form, Vielfalt, Unterart und Art nicht nur bei Pflanzen, sondern bei allen Lebewesen genau definiert. Wenn Wissenschaftler eine Art mit einer anderen kreuzen, wird der sich daraus ergebende Nachwuchs Hybrid genannt. Hybride sind häufig steril, was heißt, dass sie sich nicht fortpflanzen können, häufig deshalb, weil die Samen- und Eizellen derselben Hybridgeneration nicht miteinander kompatibel sind. Aus evolutionärer Sicht sind Hybride deshalb Sackgassen. In der Natur wird der Blütenstaub eines Individuums durch den Wind auf unzählige verschiedene Arten von Blumen verteilt. Vielleicht entwickelt sich daraus ein Hybrid, aber wenn dieser Hybrid keinen Nachwuchs produzieren kann, dann ist er aus der Perspektive der Evolution im Grunde eine verschwendete Generation. Burbanks Kreativität offenbarte sich in den Kombinationen von Züchtungen, die er vornahm. Er brachte wiederholt den Blütenstaub von einer Art mit den weiblichen Organen einer anderen Art zusammen. Laut seinen Aufzeichnungen erzeugte nur eine von 10 000 Pflanzen einen lebensfähigen Nachwuchs. Aber seine unermüdlichen Versuche und Misserfolge zahlten sich aus. Burbank produzierte eine Menge lebensfähiger Hybride (die in der Lage waren, sich fortzupflanzen). Als die Öffentlichkeit all die Pflanzen, die aus Burbanks Hybridkreuzungen entstanden waren, zu Gesicht bekam, wurde die Entstehung neuer Arten viel plausibler. Burbanks Katalog trug dazu bei, eine skeptische Öffentlichkeit von der Wahrhaftigkeit von Darwins Evolutionstheorie zu überzeugen. Auch heute noch fällt es manchen Wissenschaftlern schwer, Hybride als neue Arten zu akzeptieren, da sie den gängigsten Definitionen von Arten widersprechen. Beispielsweise haben Schimpansen und Menschen beinahe dieselben Gene und werden als verschiedene Arten betrachtet. Einer der Gründe ist, dass sie in puncto Fortpflanzung voneinander »isoliert« sind. Das heißt, dass Angehörige der einen Art mit Angehörigen der anderen Art keinen lebensfähigen Nachwuchs erzeugen können. Ein lebensfähiger Hybridorganismus verstößt gegen diese Vorstellung von Arten. Wie Luther Burbank vorgeführt hat, gibt es eine Menge Leben, das wir nicht wahrnehmen, wenn wir uns starrsinnig auf die Definition der reproduktiven Isolation für Arten beschränken. Tatsächlich gibt es in der Gartenkultur, Viehzucht und in der Natur reichlich Hybride. Hybride Artenbildung kommt zwischen Grizzly- und Eisbären, Weißwedel- und Maultierhirsch, Schmetterlingen, die als *Heliconius* bekannt sind, bei zahlreichen Finken und Spechten und bei vielen Frisch- und Salzwasser-Fischarten vor. Beispiele in der Landwirtschaft gibt es sogar noch mehr, am bekanntesten ist der Hybridmais. Was Luther Burbank angefangen hat, wurde zu einer ganzen Industrie, die sich der Zucht und Verstärkung von kommerziell rentablen Hybridpflanzen widmet, um neue Märkte zu erschaffen und zu bedienen.

Das Vorhandensein von gut dokumentierten Hybridarten führt uns vor Augen, dass die Kreativität das Kennzeichen der Natur ist. Betrachtet man die breite Palette von reproduktivem Potenzial, dann könnte eine beinahe unbegrenzte Vielfalt von Lebensformen erschaffen werden. Mir gefällt die Unvorhersehbarkeit all dieser Dinge. Es gibt eine enorme Zahl an zufälligen Begegnungen zwischen Arten, die sich in jeder Sekunde ereignen. Das Potenzial für Kreativität ist offenbar immens.

123 John Emsley, *Nature's Building Blocks: An A–Z Guide to the Elements*, Oxford: Oxford University Press 2001, Seite 183.

124 An dieser Stelle möchte ich auf eine meiner Lieblingstheorien hinweisen, die nahe an der Grenze zur Science-Fiction liegt. Bestimmte Bakterien und Viren verfügen über eine seltsame Eigenschaft: Sie können hohe Dosen kosmischer Strahlung und sehr niedrigen Druck, der sich an der Grenze zum Vakuum befindet, aushalten, genau die Bedingungen, die im Weltall herrschen. Svante Arrhenius entwickelte im frühen 20. Jahrhundert die Idee, dass Bakterien und Viren im interstellaren Raum von Sonnenstrahlen transportiert werden könnten. Das stellt die Grundlage für die sogenannte Panspermien-Theorie dar. Der berühmte Astronom Sir Fred Hoyle und der Biologe Chandra Wickramasinghe griffen diese Idee auf und bauten sie aus, indem sie argumentierten, dass die Erde in unserem Sonnensystem die perfekte Lage hat, um Mikroben aus dem All aufzunehmen, die von Kometen fallen. Ursprünglich hat es diese Mikroben vielleicht auf die Erde geregnet, und sie haben geeignete Bedingungen vorgefunden, um sich zu duplizieren und den Prozess der organischen Evolution anzustoßen. (Andere Planeten wie der Mars hatten weniger gute Bedingungen für die Replikation, obwohl sie vielleicht genauso viel »Saat« von dem Kometen erhalten haben wie die Erde.) Der Kern von Hoyles und Wickramasinghes Gedankengang ist die Frage: Wie können Bakterien »Anpassungen« an die Bedingungen des Weltalls entwickelt haben, wenn keine dieser Bedingungen (Röntgenstrahlen und sehr geringer Vakuumdruck) auf der Erde vorkommen, außer es handelt sich um Merkmale, die sich entwickelt haben, um den Bedingungen ihres Ursprungsortes, des Alls, standzuhalten? Vgl. Sir Fred Hoyle und Chandra Wickramasinghe, *Evolution from Space: A Theory of Cosmic Creationism*, New York: Simon and Schuster 1981 (deutsche Ausgabe: *Leben aus dem All*, Frankfurt am Main: Zweitausendeins 2000).

125 Vgl. Robert M. Hazen, *Genesis: The Scientific Quest for Life's Origins*, Washington, D.C.: Joseph Henry Press 2006, oder Andrew H. Knoll, *Life on a Young Planet, the First Three Billion Years of Evolution on Earth*, Princeton, New Jersey: Princeton University Press 2003.

126 Eine Möglichkeit, wie das Leben entstanden sein könnte, wird ausführlich diskutiert bei Alonso Ricardo und Jack W. Szostak, »The Origin of Life on Earth«, *Scientific American* 301 (September 2009), Seite 54–61.

127 Das U. S. Geological Survey, das Amt für geologische Vermessung, ist u. a. für Kartografie zuständig.

128 Heute kann jeder, der Internetzugang hat, unsere Route auf Google Maps, Google Earth oder Bing Maps nachverfolgen. Einfach »Riberalta, Bolivien« eingeben und dem Rio Madre de Dios westwärts folgen.

Kapitel 7: Woran man glaubt

129 Aus dem Song »Rock Love« von dem Album *Adventures in Utopia* von Utopia, komponiert von Roger Powell, Todd Rundgren, Kasim Sulton und John Wilcox (Bearsville Records, 1980).

130 Aus Bertrand Russell, *The Autobiography of Bertrand Russell: 1872– 1914*, Boston: Atlantic Monthly Press 1967, Seite 3 (deutsche Ausgabe: *Autobiographie: 1872–1914*, Frankfurt am Main: Suhrkamp 1972).

131 In dem Film *This is Spinal Tap* (Regie: Rob Reiner) arbeitet der Gitarrist Nigel Tufnel am Klavier an einem Stück, das er als eine Mischung aus Mozart und Bach beschreibt – »das ist wirklich ein Meisterwerk« – und das in H-Moll geschrieben ist, der »traurigsten aller Tonarten«. Er mag diese Tonart, weil sie »die Leute auf der Stelle zum Weinen bringt«. Als er nach dem Titel des Stückes gefragt wird, antwortet er, dass es »Leck meine Liebespumpe« heißt.

132 Vgl. Ted Honderich (Hrsg.), *The Oxford Companion to Philosophy*, New York and Oxford: Oxford University Press 1995, Seite 838, siehe dort die Diskussion zu »Solipsismus« – der Ansicht, dass nur das eigene Ich existiert.

133 Craig T. Palmer, »Mummers and Moshers: Two Rituals of Trust in Changing Social Environments«, *Ethnology* 44 (2005), Seite 147–166.

134 Celia A. Brownell und Claire B. Kopp (Hrsg.), *Socioemotional Development in the Toddler Years: Transitions and Transformations*, New York: Guilford 2007.

135 Stephanie D. Preston und Frans B. M. de Wall, »The Communication of Emotions and the Possibility of Empathy in Animals«, in Stephen G. Post, Lynn G. Underwood, Jeffrey P. Schloss und William B. Hurlbut (Hrsg.), *Altruism and Altruistic Love: Science, Philosophy, and Religion in Dialogue*, New York: Oxford University Press 2002.

136 »Ich kann einfach nicht genug hassen.«

137 Anders als das Semester, das ein Jahr an der Universität in Halbjahres-Einheiten einteilt, zerlegt das Quarter-System das Studienjahr in vier Einheiten zu je drei Monaten bzw. zehn bis zwölf Wochen, wobei die drei Sommermonate zwar als eine Einheit gerechnet werden, aber (ähnlich wie bei der üblicheren Semesterregelung) frei sind.

138 In einem Artikel von Steve Appleford beschreibt Brett ein Ramones-Konzert im »Palladium«, das wir als Teenager besucht haben, »Live Nation's Crown Jewel: Hollywood Palladium Reopens This Week«, *L.A. Weekly*, 16. Oktober 2008.

139 So wurde Frank Zappas privates Tonstudio genannt.

140 Steven Weinberg, *The First Three Minutes: A Modern View of the Origin of the Universe*, New York: Basic Books 1977 (deutsche Ausgabe: Die ersten drei Minuten: Der Ursprung des Universums, München: Piper 1977).

141 Richard Dawkins, *River Out of Eden: A Darwinian View of Life*, New York: Basic Books 1995 (deutsche Ausgabe: *Und es entsprang ein Fluss in Eden: das Uhrwerk der Evolution*, München: Bertelsmann 1996).

142 Vgl. Steven Weinberg, *Dreams of a Final Theory: The Scientist's Search for the Ultimate Laws of Nature*, New York: Pantheon 1992 (deutsche Ausgabe: Der Traum von der Einheit des Universums, München: Bertelsmann 1993), Richard Dawkins, *Unweaving the Rainbow: Science, Delusion, and the Appetite for Wonder*, Boston: Houghton Mifflin, 1998 (deutsche Ausgabe: *Der entzauberte Regenbogen: Wissenschaft, Aberglaube und die Kraft der Phantasie*, Reinbek bei Hamburg: Rowohlt 2000), und William B. Provine,»No Free Will«.

Kapitel 8: Glaube weise

143 Aus einem Interview in Falmer, England, am 13. Juni 2003. Vgl. Graffin, *Evolution, Monism, Atheism, and the Naturalist World-View*, Seite 157.

144 Aus einem Interview in Bedford, Massachusetts, am 25. Juni 2003. Vgl. ebd., Seite 167.

145 Wir müssen uns hier zwangsläufig mit einer philosophischen Frage auseinandersetzen, die ich im 2. Kapitel schon kurz angesprochen habe. Sie betrifft den Einwand gegen meinen Ausgangspunkt, dass»die Natur gut ist«. Es gibt eine philosophische Diskussion über das, was»naturalistischer Fehlschluss« genannt wird. Dieser Fehler beruht auf einer ethischen Schlussfolgerung, die Naturalisten ziehen, wenn sie beispielsweise sagen, dass etwas gut sei, bloß weil es aus der Natur kommt – das behauptet z.B. auch ein Philosoph wie G. E. Moore, *Principia Ethica*, Cambridge, England: Cambridge University Press 1903. Sein Buch prägte den Begriff vom»naturalistischen Fehlschluss«. Im Grunde wollte Moore zeigen, dass man ethische Werte – z.B.»Was ist gut?« – nicht durch reduktionistische Argumente belegen kann. Ich habe einen ähnlichen Weg eingeschlagen, als ich im Text behauptet habe, dass alles»Natur« oder »natürlich« sei und deshalb jeder konkreten Definition trotze. Aber wenn man die Natur als identisch mit der organischen Evolution ansieht, dann kann sie analysiert und in Hinblick auf ihre Bauteile definiert werden. Das ist das Argument vieler Evolutionsbiologen, angeführt von denjenigen, die die Soziobiologie favorisieren. Ein Kritiker von Moores Behauptung ist der Naturalist E. O. Wilson, der argumentiert, dass das Gute letztendlich auf die Naturgeschichte der menschlichen Spezies zurückgeht. Er legt nahe, dass das »Gute« auf einer verstandesmäßi-

gen Anpassung basiert. Das Gespür für das Gute ist unseren Gehirnen
eigen und existiert innerhalb eines kulturellen Umfeldes. Da es Teil der
Koevolution von Genen und Kultur der Menschen ist, würde Wilson sagen, dass ein Sinn dafür, was gut ist, nicht absolut und feststehend ist,
sondern mit der Zeit eher sehr formbar ist und sich unter den Bedingungen der Umwelt womöglich verändert. Vgl. E. O. Wilson, *Consilience,
the Unity of Knowledge*, New York: Alfred A. Knopf 1998, Seite 248–
251 (deutsche Ausgabe: *Die Einheit des Wissens*, Siedler: Berlin 1998).
Ich möchte dieser zwiegespaltenen Debatte ausweichen, indem ich
Elemente aus beiden Denkschulen verschmelze. Ich nehme Moores
Aversion gegen den ethischen Reduktionismus wahr, stimme aber auch
Wilson zu, dass die Naturgeschichte der Menschheit den Weg bereitet hat für unsere ethischen Impulse. Philosophen, Gesetzgeber und
politische Kommentatoren sollten sich meiner Meinung nach in der
Evolutionsbiologie gut auskennen. Aber wie auch im Falle des Atheismus können Debatten über die Moralphilosophie von der wichtigen Arbeit, die großen Probleme in der Biologie zu lösen, ablenken.
Ich bin gezwungen, in die Diskussion über die Ethik einzusteigen. Ich
glaube nicht, dass die Evolution dazu geführt hat, dass wir von Geburt an
gut oder schlecht sind. Die gesamte menschliche Biologie entstammt einem Phänomen, das wir »Natur« nennen, und Vorstellungen von Gut oder
Böse werden durch eine Reihe von Ursachen (die wir »Kultur« nennen)
verstärkt oder vermindert, die von denen der organischen Evolution über-
lagert werden. Ich würde weiterhin behaupten, dass Moralvorstellungen
und alle Belange, die darunter zusammengefasst werden können, in unseren jungen Lebensjahren von den Menschen um uns herum übermittelt
werden – für gewöhnlich von unseren unmittelbaren Familienmitgliedern.
Alle unsere psychologischen Eigenschaften werden unser ganzes Leben
lang beeinflusst, aber in diesen frühen Jahren wird unser tiefer Sinn für
Richtig und Falsch vermutlich besonders geprägt.

146 Für weitere Informationen empfiehlt sich ein Besuch der Website der
Society for Ecological Restoration International (Gesellschaft zur in-
ternationalen ökologischen Wiederherstellung) http://www.ser.org. Die
Ausgabe des Science-Magazins vom 31. Juli 2009 widmete sich ebenfalls den aktuellen Forschungen zur ökologischen Wiederherstellung.
Man kann über nachhaltigen Umgang mit natürlichen Ressourcen und
Verfahren zur Wiederherstellung allerdings auch einiges lernen, wenn
man keine Hochschule besuchen möchte. Einige der praxistauglichsten
Informationen bietet ein von den Bundesstaaten geleitetes Gemeindepro-
gramm namens Agricultural Cooperative Extension, eine Folgeerschei-
nung der amerikanischen »Land-Grant-Universitäten« (wörtlich »Land-
schenkungsuniversitäten«. Die amerikanische Regierung übertrug laut
zweier Gesetze, der Morrill Land-Grant Colleges Acts von 1862 und 1890,
den Bundesstaaten Landbesitz, dessen Ertrag dazu dienen sollte, Univer-

sitäten aufzubauen, die vor allem Agrarwirtschaft sowie Ingenieurs- und Militärwissenschaften unterrichten sollten). Viele der besten Forschungseinrichtungen unseres Landes wurden infolge des Morrill-Gesetzes von 1862 während der Präsidentschaft Lincolns errichtet. Im gleichen Jahr wurde das U. S. Department of Agriculture (USDA; das Landwirtschaftsministerium der Vereinigten Staaten) von Lincoln ins Leben gerufen. Die Morrill-Gesetze führten zur Errichtung von Land-Grant-Hochschulen in jedem Bundesstaat mit dem Ziel, einen Schwerpunkt auf die höhere Ausbildung im Bereich landwirtschaftlicher, mechanischer, hauswirtschaftlicher und forstwirtschaftlicher Berufe zu legen. 1887 wurde, gesponsert von der USDA, mit dem Hatch-Experiment-Station-Gesetz ein bundesstaatlicher Fond gegründet, um landwirtschaftliche Forschungen zu fördern und praxistaugliche Erkenntnisse aus dem Labor zu den Landwirten und Bürgern in allen Bundesstaaten zu bringen. Heutzutage sind Landwirtschaft und ökologische Gesundheit eng miteinander verknüpft. Die Forschungseinrichtungen und deren Wissenschaftler beschäftigen sich daher mit ökologischen Themen, die weit über die lokalen Gemeinden hinausgehen. Es wurde erkannt, dass viele landwirtschaftliche Probleme wie Dürren, Erosion oder Klimaveränderungen ein regionales und globales Ausmaß haben. Die Cooperative-Extension-Programme helfen, Wissen über die Verantwortung für die natürlichen Ressourcen zu verbreiten, darunter auch Informationen über die Wiederherstellung der Umwelt, die sich wunderbar mit praxisbezogenen landwirtschaftlichen Forschungen kombinieren lassen. Um mehr über diese Programme zu erfahren, siehe http://www.extension.org.

147 Was auch immer der Grund sein mag, auch andere empfinden wohl die gleiche emotionale Verbindung: »Aber nur wenige, die stark und frei genug sind und einen ungetrübten sorgenden Blick haben, sind tatsächlich weit genug gegangen und haben lange genug mit Bäumen gelebt, um so etwas wie eine liebevolle Vorstellung für ihre Erhabenheit und ihre Bedeutung zu erlangen, die sich in ihrer harmonischen Verteilung und den abwechslungsreichen Aspekten während der verschiedenen Jahreszeiten offenbart, wenn sie in ihrer Wintertracht in den Stürmen frohlocken, im Frühling ihre frischen Blätter bekommen und einen harzigen Duft ausströmen, im Sommer die Gewitter und Schauer aushalten oder im Herbst schwer beladen mit Tannenzapfen im goldenen Sonnenlicht ruhen. Um diese Art Wissen zu erlangen, muss man eine Weile bei den Bäumen wohnen und mit ihnen wachsen, ohne auf die Zeit oder den Kalender zu achten.« Aus John Muir, *The Mountains of California*, New York: Century Co. 1907, Seite 107.

148 Dieses Szenario baut auf Daten auf (Radiokohlenstoffdatierung), die Arthur Bloom zusammengestellt hat, »The Late Pleistocene Glacial History

and Environments of New York State Mastodons«, *Palaeontographica Americana* 61 (2008), Seite 13–24. Das glaziale Maximum in diesem Teil Nordamerikas war vor etwa 23 000 bis 26 000 Jahren. Daher gehe ich von einem Zeitfenster irgendwo in der Mitte des Rückzugs der Gletscher zwischen dem Maximum der Gletscher und der »Jüngeren Dryaszeit« aus, also nach gegenwärtigen Rechnungen vor 12.900 bis 11.600 Jahren. Vgl. Michael Balter, »The Tangled Roots of Agriculture«, *Science* 327 (2010), Seite 404–406. Die Beschreibungen, die später in diesem Kapitel folgen, basieren auf Warren Allmon und Peter Nester (Hrsg.), »Mastodon Paleobiology, Taphonomy, and Paleoenvironment in the Late Pleistocene of New York State: Studies on the Hyde Park, Chemung, and North Java Sites«, *Paleontographica Americana* 61 (2008), und P. T. Davis u. a., »Quaternary and Geomorphic Processes and Landforms Along a Traverse Across Northern New England, U.S.A.«, in D. J. Easterbrook (Hrsg.), *Quaternary Geology of the United States, INQUA 2003 Field Guide*, Reno, Nevada: Desert Research Institute 2003, Seite 365–398.

149   Zum momentanen Zeitpunkt hat die International Union of Geological Sciences (Internationale Gesellschaft der Geowissenschaften) basierend auf Empfehlungen der International Commission on Stratigraphy (Internationale Kommission für Stratigraphie) den Zeitraum des Pleistozän neu berechnet (http://www.stratigraphy.org). Gestützt auf aktuelle Daten, wurde festgelegt, dass die Epoche des Pleistozän so weit ausgeweitet werden sollte, dass sie 800 000 Jahre glazialer Aktivität einschließt und das Anfangsdatum der Epoche bei etwa 2,5 Millionen Jahren vor der Gegenwart liegen sollte. Andere Daten und Kommissionen werden vermutlich dazu führen, dass sich diese Festlegung erneut verändert. Für dieses Buch gehe ich von einem Beginn des Pleistozän vor etwa zwei Millionen Jahren aus.

150   Das Aussterben aller Baumarten, die ich in den letzten beiden Absätzen erwähnt habe, ist nicht sicher. Aber die einzige Voraussetzung für die Evolution ist eine kontinuierliche Reproduktion, und in den Wäldern finden sich überall sehr junge Exemplare. Die Altersstruktur dieser Populationen hat sich beträchtlich verändert. Da die Parasiten bereits nahezu alle der reproduktionsfähigen Exemplare (die meisten Bäume in dem Bestand) zerstört haben und die übrig gebliebenen Bäume schnell von der Seuche ergriffen werden, sobald sie ausgewachsen sind, kann man eigentlich fast davon ausgehen, dass das Aussterben zumindest wahrscheinlich ist, zumal noch der Konkurrenzkampf mit gesünderen Arten hinzukommt und der Parasit seine Effizienz verstärkt hat. Insekten und Pilze könnten die Baumarten vollkommen zerstören, wenn sich nicht schneller eine Widerstandskraft herausbildet, als die Parasiten ihre Spezialisierung voranbringen.

151   Warren D. Allmon, Peter L. Nester und John J. Chiment, »Introduction: New York State as a Locus Classicus for the American Mastodon«, *Palaeontographica Americana* 61 (2003), Seite 5–12.

152 Vgl. George C. Frison,»Paleoindian Large Mammal Hunters on the Plains of North America«, *Proceedings of the National Academy of Sciences, U.S.A.* 95 (1997), Seite 14 576–14 583, und S. Kathleen Lyons, Felisa A. Smith und James H. Brown,»Of Mice, Mastodons and Men: Human-Mediated Extinctions on Four Continents«, *Evolutionary Ecology Research* 6 (2004), Seite 339–358.

153 Vgl. C. Vance Haynes Jr.,»Younger Dryas ›Black Mats‹ and the Rancholabrean Termination in North America«, *Proceedings of the National Academy of Sciences, U.S.A.* 105 (2008), Seite 6520–6525. Diese These wird durch Funde an uralten Wasserstellen gestützt, wo eine große Zahl von Riesensäugern, die von der knappen Ressource angezogen worden waren, von Clovis-Jägern überfallen und getötet wurden. Allerdings gibt es noch nicht genügend Beweise, um diese These letztgültig zu belegen. So haben andere Nachforschungen etwa zu der Annahme geführt, dass nur ein extraterrestrischer Einfluss eine solche ökologische Katastrophe herbeigeführt haben könnte, und geochemische Signaturen in Gesteinsablagerungen aus der Zeit des Übergangs vom Pleistozän zum Holozän verleihen wiederum dieser Behauptung Rückhalt.

154 Vgl. See Nigel Calder, *Magic Universe, the Oxford Guide to Modern Science*, New York: Oxford University Press 2003. Aktuelle Daten über Fischbestände finden sich bei Boris Worm u.a.,»Rebuilding Global Fisheries«, *Science* 325 (2009), Seite 578–585.

Kapitel 9: Ein sinnvolles Weiterleben nach dem Tod

155 Aus Aldo Leopold, *A Sand County Almanac*, New York: Oxford University Press 1949 (deutsche Ausgabe: *Am Anfang war die Erde: Plädoyer zur Umwelt-Ethik*, München: Knesebeck 1992), letzte Zeile des Vorwortes.

156 C. Wright Mills, *The Sociological Imagination*, New York: Oxford University Press 1959 (deutsche Ausgabe: *Kritik der soziologischen Denkweise*, Neuwied a. Rh., Berlin-Spandau: Luchterhand 1963), Seite 196.

157 Dieser Stil wird vor allem von einer Band verkörpert, den Eagles:»… die Eagles waren auf dem [Sunset] Strip Vorreiter für das, was wahlweise als Mellow Mafia, südkalifornische Mafia und Avocado-Mafia bezeichnet wurde, eine Siebziger-Jahre-Version von Frank Sinatras Hollywood Rat Pack aus den Fünfzigern.« Aus Marc Eliot, *To the Limit, the Untold Story of the Eagles*, New York: Little Brown 1998, Seite 5. Der Freund, von dem ich in diesem Abschnitt erzähle, ist Laurie Vitt von der Universität von Oklahoma.

158 Central Intelligence Agency, *The World Factbook*, Washington, D.C. 2010. Vgl. https://www.cia.gov/library/publications/the-world-factbook/rankorder/2127rank.html.

159 Die *Mayflower* war ein Pilgerschiff, das am 16. September 1620 in Plymouth/England in See stach und am 21. November 1620 in Provincetown/ USA ankam. Viele Amerikaner versuchen nachzuweisen, dass ihre Vorfahren auf der *Mayflower* waren.

160 Douglas L. T. Rohde, Steve Olson und Joseph T. Chang,»Modeling the Recent Common Ancestry of All Living Humans«, *Nature* 431 (2004), Seite 562–566.

161 Wenn eine Bevölkerungsgruppe völlig isoliert von allen anderen Menschen wäre, dann müsste der erste gemeinsame Vorfahre aller lebenden Menschen vor der Isolation dieser Bevölkerungsgruppe gelebt haben. Aber eine sorgfältige Untersuchung der menschlichen Gesellschaften, wie sie ebd. beschrieben ist, enthüllt, dass es eine derartige Bevölkerungsgruppe, die in ihrer Fortpflanzung isoliert wäre, für keinen längeren Zeitraum als wenige hundert Jahre gegeben haben kann. Selbst Nord- und Südamerika sind aufgrund ständiger Migrationsbewegungen über die Beringstraße genealogisch verbunden geblieben.

162 Eine der Verschwörungstheorien in *Sakrileg* rankt sich um die Nachkommen von Jesus und Maria Magdalena, die angeblich eine Tochter namens Sarah hatten.

163 Duncan J. Watts, *Six Degrees: The Science of a Connected Age*, New York: W. W. Norton 2003.

164 Judith S. Kleinfeld,»Could It Be a Big World After All?« *Society* 39 (2002), Seite 61–66.

165 Jon M. Kleinberg,»Navigation in a Small World«, *Nature* 406 (2000), Seite 845.

166 Albert-László Barabási, Linked: *The New Science of Networks*, New York: Perseus 2002.

167 Dieses Zitat stammt von Gustav Stickley, einem Möbelhersteller aus dem 19. Jahrhundert. Vgl. David Cathers, *Gustav Stickley*, New York: Phaidon 2003.

Zeitfracht Medien GmbH
Ferdinand-Jühlke-Straße 7
99095 Erfurt, Deutschland
produktsicherheit@kolibri360.de

Druck:
CPI Druckdienstleistungen GmbH
im Auftrag der
Zeitfracht Medien GmbH
Ein Unternehmen der Zeitfracht - Gruppe
Ferdinand-Jühlke-Str. 7
99095 Erfurt